철학의 모든 것

이 책의 원서 제목은 Philosophie. Ein Lehrbuch(철학입문)이지만
본 서에서는 역자 의견에 따라 '철학의 모든 것'으로 변경하였습니다.

철학의 모든 것

Philosophie
Ein Lehrbuch

요나스 피스터 지음
손영식·김보현·권용혁·이상엽·
강웅경·조창오·김남호 옮김

북코리아

역자 서문

철학은 세계관과 인생관, 그리고 논리적 추론과 비판적 사유를 포괄한다. 따라서 민주 시민으로서 보람된 삶을 살기 위해서, 그 얼개라도 반드시 알아야 할 것이 철학이다. 이런 점에서 거의 모든 대학에서 교양의 필수로서 '철학의 이해'를 개설해 왔다.

교양 교육을 위하여 철학을 개괄적으로 설명하는 책들은 변해 왔다. 1970년대만 하더라도 철학의 정통 분야를 설명했다. 형이상학과 존재론, 인식론, 윤리학을 개괄적으로 설명하거나, 서양 철학사를 전체적으로 설명했다. 말 그대로 '철학의 개론'이었다. 이런 책들은 철학의 핵심을 설명한다는 점에서 장점이 있다. 그러나 지나치게 딱딱하고 어려워서 초심자를 대상으로 하는 교양 교육 교재로서는 문제가 있었다.

치열한 민주화가 진행되던 끝 무렵인 1990년대 초반부터 철학 개론서들은 부드럽고 야들야들해졌다. 철학이 구름 위에서 내려와 땅 위에서 기능을 하게 하자는 것이었다. 이런 책들은 철학의 정통 분야보다, 응용 분야를 더 비중 있게 다루었다. 죽음, 성(sex), 생명, 환경 등이 그러한 분야였다. 요즘도 많은 사람들이 관심을 두는 『정의란 무엇인가』도 그런 계열이다.

이렇게 철학의 주변부를 다루다 보면, 정작 철학의 본령은 사라지게 된다. 그런 분야는 사실 다른 학문 분야에서 이미 많이 다루던 것들이었다. 결국 사회과학이나 자연과학과 다른 철학의 정체성이 무엇인지 모호해진다.

이래서 다시 철학의 본래 분야로 돌아가자는 분위기가 생겨났다. '철학의 이해'란 말 그대로 철학의 핵심을 이해하는 것이다. 이러한 관점에서 요나스 피스터가 쓴 "*Philosophie, ein Lehrbuch*"를 번역하기로 했다. 이 책은 서양 철학사를 따라가면서, 핵심적인 철학 문제들을 제시한다. 이런 문제들을 둘러싸고 어떤 논쟁과 추론이 있었는지를 간결하고 명확하게 보여 준다. 모든 군더더기를 뺀 건더기만 제시한다. 그리고 독자들에게 이 문제에 대해서 어떤 의견을 가지는지를 묻는다. 칸트는 '철학'이 아니라 '철학함'을 배우라고 했다. 이 책은 '철학함'을 익히기에는 더없이 좋다.

요나스 피스터는 1977년생으로서 베른과 파리에서 철학과 역사를 공부했다. 2007년 베른 대학에서 박사학위를 취득하고 2008년부터 2009년까지 오슬로 대학에서 박사후 과정 연구를 했다. 현재는 베른 대학의 철학연구소에서 연구와 강의를 하고 있다.

이 책은 독일에서 철학을 전공하신 분들이 나누어서 번역을 했다. 이상엽이 '서문'과 '예술', '인간', '응용윤리학' ; 김남호가 '고대'와 '철학', '중세'와 '신 존재의 증명', '인식', '마음과 몸' ; 강응경이 '덕과 행복'과 '자유와 필연', '정의로운 국가' ; 조창오가 '근대'와 '외부 세계', '20세기', '말과 의미' ; 권용혁이 '윤리학', 김보현이 '과학'과 '논리학'을 담당했다. 또한 전체적인 틀을 잡고 통일하는 것은 이상엽이 했다. 참고 문헌 작성과 교정 윤문에 김남호가 많은 애를 썼다. 손영식이 2차에 걸쳐서 전체를 교정하고 윤문을 했다. 수동태 문장과 같은 독일어 말투와 번역투를 바꾸고, 내용을 이해하기 쉽게 대폭 문장을 정리했다. 나아가 이해를 위해서 많은 내용을 첨가했다. 꺽쇠 ^이 붙은 문장이 바로 그런 것이다. 옮기는 데 최선을 다했지만, 사람의 일인지라 서투른 점은 차후에 깁고 보태어 나가기로 했다.

이 책은 서양 철학의 핵심 분야와 주제를 포괄하면서도, 현실 생활에 도움이 되는 이슈들을 다루고 있다. 철학을 처음 접하는 사람들에게 적합할 뿐만 아니라, 철학에 관심이 있는 사람들이 철학의 전체 얼개를 잡아 가는 데 큰 도움이 될 것이다.

언제라고 격동의 시대가 아닌 적이 있겠는가? 요즘도 그렇다. 지도도 나침반도 없이 별빛만 보고 항해해야 하는 때에, 이 책이 작은 도움이 되기를 바란다.

2019년 2월 15일

역자 대표 손영식

저자 서문

철학 입문을 위한 책

이 책은 철학에 호기심이 있는 독자를 다분히 익숙하지 않은 방식을 통해서 철학으로 안내하기를 원한다. 철학의 위대한 물음에 대한 대답을 실었다. 소크라테스와 플라톤으로부터 데카르트, 흄과 칸트를 넘어 비트겐슈타인과 콰인에 이르기까지 유명한 철학자들의 대답이 간결하게 제시되었다. 곧바로 이 대답은 반론에 처하게 된다. 그러고 나면 이제 독자들에게 물음이 던져질 것이다. 이 반론은 올바른 것인가? 이런저런 반론에 대하여 대답은 존재하는가? 또 다른 어떤 반론이 제기될 수 있는가? 여기서 물음에 대한 최종적인 대답은 제공되지 않는다. 오히려 각자가 논증을 정확히 검토하고 자신의 의견을 형성하도록 요구한다. 독자가 현재의 인식 수준 속에서 좋은 근거를 토대로 주장할 수 있는 의견 말이다.

우리는 어디에서부터 시작하는 것이 좋을까? 예컨대 처음부터, 역사적으로 그리고 체계적으로 ― 고대에서부터 그리고 철학에서부터 시작하는 것이 좋을 것이다. 그러나 반드시 그럴 필요는 없다. 어떤 주제에 특별한 관심이 있는 사람은 곧바로 해당되는 장부터 읽으면 된다.

각 장은 독립적인 텍스트로 고안되었고 그렇기 때문에 임의의 순서에 따라 읽을 수 있다. 또한 각 장에 있는 입장은 물론 다른 입장의 지식과 그 때마다 중요한 연관성을 만들어 낼 수 있다 할지라도 기본적으로는 개별적으로 검토될 수 있다. 몇 개의 절은 다른 절보다 요구하는 바가 많아 까다롭다. 그것은 별표(*)로 표시했다.

이 책을 어떻게 다루는 것이 좋을까? 대략 독자가 원하는 방식대로 다루면 된다. 그냥 이 책을 단순히 끝까지 읽어 보기만 해도 된다. 또는 이 책을 철학 원전을 읽기 위한 입문서로 사용할 수도 있다. 마찬가지로 먼저 철학 원전을 읽고 난 후 이해를 심화하고 사유를 촉진하기 위해 이 책의 서술과 반론을 읽는 것도 매우 의미 있는 일이다. 이와 반대로 철학사에 대한 전체적인 조망을 원하는 사람은 첫 번째 읽을 때에 반론 부분은 제쳐놓고 단지 입장에 대한 서술 부분만을 읽어도 된다. 물론 반론과 씨름해 보는 것은 각 입장을 깊이 생각해 보는 데 도움을 줄 뿐만 아니라 심층적으로 이해하는 데도 도움이 된다.

15장에 대해서 한 가지만 말하려 한다. 철학적 논증을 다루는 사람은 처음이건 아니면 나중이건 간에 반드시 논리적 형식의 물음을 만나게 된다. 타당한 논증이란 무엇인지, 그리고 그것이 타당한 논증인지를 어떻게 알 수 있는지에 관해서는 "논리학" 장에서 논의된다.

여하튼 나는 이 책이 독자들에게 유익한 텍스트가 되기를 원한다. 나는 이 책에 관한 아이디어에 우연히 자극을 주었고 초판에 대해 코멘트를 해 준 토마스 루프레히트(ftomas Ruprecht)에게 진심으로 감사를 드린다. 또한 어느 누구도 줄 수 없는 충고와 자극을 준 클라우스 페트루스(Klaus Petrus), 책을 쓰기 시작할 때부터 유익한 비판을 하고 그 외에도 수많은 도움을 준 페레나 탈러(Verena Thaler), 끊임없이 도움을 준 안드레아스 그레저(Andreas Graeser), 초고를 읽어 준 아니나 슈넬러(Annina

Schneller), 초판을 읽을 수 밖에 없었던 베른-노이펠트(Bern-Neufeld) 김나지움의 나의 학생들, 그리고 귀중한 충고를 준 안드레아스 베힐리(Andreas Bächli), 사라-얀네 콘라트(Sarah-Jane Conrad), 마르티나 피르츠(Martina Fierz), 안드레아스 혼(Andreas Hohn), 귀도 뢰러(Guido Löhrer), 다비트 뤼티(David Lüthi), 라우라 메르콜리(Laura Mercolli), 그리고 특히 디트리히 클로제 (Dietrich Klose)에게 진심으로 감사를 드린다.

베른, 2006년 4월

요나스 피스터

2판 서문

2판에서는 작은 오류들을 바로잡았고, 몇 개의 참고문헌을 보완했고, "인간"과 "응용 윤리학"이라는 두 개의 새로운 장을 추가했다.

베른과 프라이부르크, 2010년 8월

요나스 피스터

차례

역자 서문 / 5
저자 서문 / 8

I. 고대

1.	철학	24
1.1	철학이란 무엇인가?	25
1.2	철학은 쓸모가 있는가?	30
1.3	무엇을 위해 철학하는가?	34
2.	덕과 행복	38
2.1	양심 윤리	40
2.2	실용적 이론	44
2.3	쾌락주의	47
3.	자유와 필연	54
3.1	비양립주의	61
3.2	양립주의	66
3.3	비관주의*	70

II. 중세

4. 신 존재의 증명 79
- 4.1 기적 논증 80
- 4.2 목적론적 증명 83
- 4.3 인과론적 증명 86
- 4.4 존재론적 증명* 88
- 4.5 신의 존재를 부정하는 논증 92
- 4.6 파스칼의 내기인가? 오컴의 면도날인가? 94

III. 근대

5. 외부세계 108
- 5.1 회의주의 109
- 5.2 대상 실재론 113
- 5.3 관념 실재론 119
- 5.4 선험론적 관념론 123
- 5.5 회의주의로부터의 출구* 125

6. 인식 129
- 6.1 합리론 131
- 6.2 고전적 경험론 136
- 6.3 칸트의 선험적 관념론 139
- 6.4 논리적 경험론* 143
- 6.5 자연과학주의* 147

7. 마음과 몸 151
- 7.1 실체 이원론 155
- 7.2 논리적 행동주의* 160

7.3 동일성 이론과 기능주의* 164
7.4 무법칙적 일원론* 169

8. 정의로운 국가 174
8.1 자기 이익의 보호 176
8.2 자연법 181
8.3 일반 의지 183
8.4 공정함* 186

9. 윤리학 193
9.1 칸트의 의무 윤리학 195
9.2 영국의 공리주의 203

IV. 20세기

10. 말과 의미 221
10.1 지시 의미론 223
10.2 관념 의미론 227
10.3 명제 의미론 230
10.4 사용 의미론 233
10.5 의도주의적 의미론 237
10.6 진리 조건적 의미론 241

11. 과학 247
11.1 과학적 설명의 문제 248
11.2 과학적 증명의 문제* 255
11.3 과학의 이론* 259

12. 예술 265
12.1 물질주의 267
12.2 생산자적 정신주의 270
12.3 수용자적 정신주의 273
12.4 인과적 역사주의 275

13. 인간 280
13.1 이성적 존재 283
13.2 사회적 존재 285
13.3 도덕적 존재 288

14. 응용 윤리학 293
14.1 동물 293
14.2 낙태 297
14.3 빈곤과 부 300

15. 논리학 305
15.1 논리의 성분 306
15.2 타당한 논증 형식 314
15.3 논증 비판 326

참고문헌 / 333

별표(*)가 표시된 장은 전문적 학술적인 내용을 담고 있어
좀 더 주의력 집중을 필요로 하는 장입니다.

I
고대

시작

서양 철학은 고대 그리스에서 미토스(Mythos 신화)로부터 로고스(Logos 이성)로 이행하면서 시작되었다. 신화는 전래되어 오던 설화나 풍문을 의미한다. 반면 로고스는 이성, 합리적인 설명이나 과학적인 설명을 의미한다. 고대 그리스 철학자들에게 그러한 설명이 필요했던 이유는 일자(一者, 하나)와 다자(多者, 여럿)의 문제 때문이었다. 자연 사물들의 '많음(여럿)'은 '하나'의 유일한 원리에 의해 어떻게 설명될 수 있을 것인가? 최초의 철학자인 밀레토스의 탈레스(기원전 약 624~546)는 물을 모든 것을 만들어낸 '근원적인 재료'(arche)로 보았다. 아낙시메네스는 근원적인 재료를 '공기'에서 찾았고, 아낙시만드로스는 '무한정자'(das Unendliche, 무규정자)를 근본적인 원리로 보았다. 헤라클레이토스(기원전 약 550~480)는 "만물은 흐른다(pantarhei)", 그 모습은 '불'과 같다고 말함으로써, 일자를 상정하는 대신에, 다자의 풍성함과 변화무쌍함을 강조하였다. 반대로 파르메니데스(기원전 약 540~470)는, 현상의 많음(다자)은 순전한 환상이고, 오직 전체적이고 변화하지 않는 단 '하나'(一者)만 실제로 있다고 보았다.

소피스트들 — 돈을 벌기 위해 지식을 가르친 고르기아스(기원전 485~380)와 프로타고라스(기원전 약 480~410) 등은 철학적 논의를 자연에서 인간으로 전환시켰고, 사유와 언어 자체를 탐구의 대상으로 삼았다. 대부분의 소피스트들은 모든 의견과 이론은 상대적이며, 객관적인 진리는 없다는 강한 상대주의를 주장하였다. 프로타고라스는 "인간은 만물의 잣대(척도)이다"라고 했다. 세계에 대한 진술의 진리 여부는 인간에 의존적이라는 말이다. 고르기아스는 존재도, 인식도, 말도 성립이 불가능하다는 회의주의를 주장했다. 트라시마코스는 “정의는 강자의 이익이다”라고 했다.

이러한 상대주의는 많은 소피스트들을 철학에 대한 편향된 이해로 빠뜨렸다. 객관적인 진리가 없다고 보기 때문에, 철학은 진리를 찾는 것이 아니라, 능숙한 수사법으로 대화 상대를 자신의 의견에 따르게 설득하는 기술이 된다. 이런 점에서 소피스트는 아테네의 민주주의를 지지했다. 소크라테스가 이러한 테제를 극복하면서, 그리스 철학은 고전적인(classic) 시기가 시작된다.

고대 그리스 철학

그리스 철학의 고전적 시기(기원전 4세기)의 중심지는 아테네이다. 이 도시 국가에서 민주주의가 유기적으로 성장하였으며, 다른 도시 국가들에게 영향을 주었다. 여성들에게는 금지되었지만, 자유로운 남자 시민들에게는 철학 토론에 전념할 수 있는 여유가 허락되었다. 소크라테스, 플라톤 그리고 아리스토텔레스라는 세 사상가는 이 철학적 무대를 지배하였다.

〈**소크라테스**〉 기원전 약 470년 아테네에서 태어난 소크라테스에 대해서는 알려진 바가 별로 없다. 왜냐하면 소크라테스는 자기 자신에 대한 언급을 남기지 않았기 때문이다. 그러나 소크라테스는 철학적으로뿐만 아니라, 인간적으로 오늘날에도 여전히 많은 이들에게 모범이 되고 있다. 철학적 측면에서 소크라테스는 특히 소피스트들과 깊은 관련이 깊다. 객관적이고 절대적인 진리가 있다고 확신한 소크라테스는 지칠 줄 모르고 참된 앎을 얻기 위해 노력하였다. 인간은 한계가 있다. 따라서 소크라테스는 앎을 추구함에 있어서 겸손해야 함을 강조하였다.

이러한 생각은 "나는 내가 무지(無知)하다는 것을 안다"라는 그의 말에 잘 나타나 있다. 자신이 무지하기 때문에, 그는 앎(지혜)이 무엇인지 끊임없이 알기를 원했고, 사람들에게 질문을 했다. 그러나 그는 그 누구에게서도 앎이 무엇인지 만족스러운 답을 얻지 못 했다. 플라톤 등에 의하면, 델피 신전의 성스러운 무녀(巫女, 무당)는 "가장 지혜로운 사람은 누구인가" 라는 물음에, 자신만의 비밀스러운 방식으로 "소크라테스가 바로 가장 지혜로운 사람"이라고 답을 했다.

소크라테스는 자신이 무지하다고 생각하는데, 무녀는 왜 그가 가장 지혜롭다 하는지 이해하지 못했다. 그는 무녀의 답이 무지에 대한 그의 통찰과 관련된다고 생각했다. 그는 무녀가 자신이 가장 지혜로운 사람이라고 한 이유를 이렇게 생각했다. 사람들은 기본적으로 무지하다. 소크라테스 자신도 무지하다. 그러나 자신이 무지하다는 것을 알기 때문에, 그가 남들보다 지혜롭다. 그가 무지를 통찰하여, 자신이 아무런 앎도 가지고 있지 못하다는 것을 자각하기 때문이다.

이러한 깨달음은 델피 신전에 적혀 있는 "너 자신을 알라"라는 문구를 새롭게 해석하도록 만들어 주었다. 본래 그 말은 이런 뜻이었다. — 죽지 않는 존재들인 신들과 달리, 인간은 죽어야만 하는 특징을 지닌 존재라는 사실을 알아야만 한다! 소크라테스는 이렇게 해석했다. — 너 자신이 무지하다는 사실을 알라. 오직 신만이 완전한 앎을 가지고 있다. 신들과 달리 인간은 완전한 앎에 도달할 수 없다.

부당한 일을 하는 쪽이 부당한 일을 당하는 쪽보다 더 나쁘다. 소크라테스는 이런 기본 신념을 포기하지 않았다. 삶의 가장 높은 목표는 행복이며, 행복은 정의로운 영혼을 소유하는 것이다. 이러한 입장은 결국 그에게 비극을 초래했다. 기원전 399년 소크라테스는 신을 부정하고 젊은이들을 타락시켰다는 이유로 기소당했고, 사형 선고를 받았다. (그의 제자들이 아테네 민주정을 무너뜨린 쿠데타를 주도했다가 실패했다.)

그러나 소크라테스는 탈옥은 의롭지 못한 행동이라는 이유로 달아나지 않고, 독배를 마심으로써 죽음을 받아들였다.

〈**플라톤**〉 소크라테스의 가장 재능 많은 제자였던 플라톤은 스승의 죽음에 충격을 받고 스승의 사상을 기록으로 남기기로 결심한다. 그 결과물인 약 30편의 대화편은 서구 철학의 가장 위대한 저작들의 표준에 속하게 된다. 초기 대화편인 『프로타고라스』, 『메논』, 『고르기아스』와 같은 저작들은 주로 좋은 삶에 대한 물음을 논의한다.

『파이돈』, 『향연(잔치)』, 『파이드로스』와 같은 걸작이 속해 있는 중기에는 '변하지 않는 존재의 추상적 형태들', 즉 이데아가 어떻게 인식될 수 있는지에 대한 물음이 핵심이 된다. 플라톤의 주저로 꼽히는 『국가』에서도 이 물음은 논의되며, 정의로운 국가에 대한 물음을 다룬다.

『테아이테토스』, 『소피스트』, 『폴리티코스』와 같은 후기 작품에서 플라톤은 자신의 사상을 계속 발전시킨다. 저술 이외에도 그는 선생으로도 유명했다. 플라톤은 기원전 387년 아테네에서 최초의 학교를 창립하였다. 이는 '플라톤의 아카데미'로 불리며, 몇백 년 동안이나 존속하였다.

〈**아리스토텔레스**〉 플라톤의 가장 유명한 제자인 아리스토텔레스(기원전 384~322)는 플라톤이 죽은 뒤에 마케도니아로 가서, 알렉산더 대왕의 선생으로 활동한다. 그리고 기원전 335년 아테네로 돌아온다. 그는 소요 학파라 불린 학교를 창립하였다. 토론하는 동안 주로 산책(소요)을 하였기 때문에 그런 이름이 붙여졌다. 그의 주요 저작은 '오르가논'으로도 알려진 논리학에 대한 저작들과, 『형이상학』, 그리고 『니코마코스 윤리학』 등이다. '오르가논'에서 아리스토텔레스는 이후 1000년 동안 표준이 된 논리적 추론 형식인 삼단논법을 발전시켰다.

플라톤에 따르면, 이데아는 개별적 사물들로부터 분리되어 초월적으로 존재한다. 아리스토텔레스는 『형이상학』에서 이를 반박하고, 사물의 본질(이데아)은 사물 안에 내재한다고 하였다.

『니코마코스 윤리학』에서 아리스토텔레스는 중용의 이론을 주장했다. 각 개인이 탁월한 성품을 개발할 때에 중용을 이루어, 좋은 삶에 도달할 수 있다. 플라톤처럼 아리스토텔레스도 서양 철학 발전에 큰 영향을 미쳤다.

헬레니즘 철학

그리스 철학의 고전기는 아리스토텔레스의 죽음과 함께 끝이 났다. 동시에 그것은 그리스 도시 국가(폴리스)의 몰락이기도 했다. 기원전 약 323년 알렉산더 제국의 정복과 함께 이 모든 것들이 끝나 버렸다. 이어지는 헬레니즘의 시기(기원전 3세기~기원후 3세기)는 철학사적으로 두 경쟁자인 스토아 학파와 에피쿠로스 학파의 사상으로 특징지어진다. 전자는 이성을, 후자는 감성을 중심으로 한다.

스토아 학파는 이성이라는 측면에서, 철학을 논리학, 자연학, 그리고 윤리학으로 나누었다. 이성적 추론을 다루는 논리학에서 그들은 아리스토텔레스의 삼단논법을 더 확장시켰다. 자연학에서 그들은 단지 지각 가능한 대상들만을 실재하는 것으로 간주하였고, 현재의 상황은 이전의 상태들에 의해서 결정된다는 강한 결정론(운명론)을 지지하였다.

윤리학에 있어서 스토아주의자들은 이성적인 것에 관심을 두고, 감각 욕망을 억제하라는 소크라테스의 사상을 발전시켰다.

스토아 학파는 키티온 출신의 제논(기원전 약 332~265)이 창시하였다. 그의 제자인 크리시프(기원전 약 281~206)에 의해 체계화되었다. 후기 스토아 학파에 속하는 철학자로는 로마의 철학자 세네카(기원전 4~기원후 65)와 에픽테토스(기원후 50~138)가 있다.

에피쿠로스(기원전 약 342~약 271)와 그의 젊은 추종자들은 자연학 분야에서 운동하는 원자들 중 가장 작은 원자들 몇 개가 우연하게 운동의 방향을 바꾸게 된다는 견해를 지지하였다. 이렇게 하여 그들은 스토아주의자들의 결정론(운명론)에 맞서 인간의 자유 의지를 구출해 내고자 하였다. 에피쿠로스주의자들은 윤리학 분야에서 스토아주의자들과 반대로 삶의 유일한 목적은 쾌락이라 했다. 일종의 쾌락주의이다.

그러나 이 두 학파의 차이점들이 너무 과대평가되어서는 안 된다. 왜냐하면, 두 학파 모두 최고선이 탁월함(arete 덕)에 있다고 보았기 때문이다. 에피쿠로스 학파의 경우 탁월함이 최고선인 이유는 그것이 최고의 쾌락이기 때문이며, 스토아 학파의 경우 그것이 이성적인 것이며, 그 자체로 가치 있기 때문이었다.

회의주의 학파는 헬레니즘 시기의 세 번째 학파이다. 엘리스 출신의 피론(기원전 약 365~약 275)이 창시하였으며, 로마의 섹스투스 엠피리쿠스(기원후 약 200~250)가 체계적으로 발전시켰다. 회의주의자들의 주장은 이렇다. 모든 판단에는 그에 상응하여 반대되는 판단이 존재한다. 따라서 판단을 단념하는 것(epoche, 판단 중지)만이 우리를 영혼의 평온에 이르게 한다.

고대 그리스 철학은 플로티누스(기원후 약 204-270)와 함께 끝이 난다. 플로티누스는 최상위의 관념인 신으로 나아가는 철학적인 길(유출설)을 제시해 줌으로써 중세 시대로의 이행을 보여 주었다.

1. 철학

철학(philosophy)이란 무엇인가? 어원으로 보면, 그리스어 philein은 '사랑하다'이고, sophia는 '앎(지혜)'이다. 'philo · sophy'는 '앎에 대한 사랑', 혹은 '앎에 대한 추구'이다. 하지만 어원학적 의미는 철학이 물리학, 심리학 혹은 역사학과 같은 다른 학문들과 어떻게 다른지에 대해서는 설명해 주지 못 한다.

"철학이 무엇인가?" 하는 질문은 이미 철학적 물음이다. 그리고 철학적 질문이 통상적으로 그러하듯, 이러한 근본적인 물음에는 단 하나의 답은 존재하지는 않는다.

이처럼 정확한 대답이 없기 때문에 철학의 가치에 대한 몇 가지 편견을 낳는다. 만일 답이 없다면, 그것은 그 무엇도 확실하게 알 수 없음을 의미할 것이다. 즉, 철학이란 사람들이 다양한 견해를 놓고 싸우기만 하는 쓸모없는 활동에 불과할 것이다. 이 경우 철학을 해야 할 아무런 의미가 없게 된다.

그러나 이렇게 생각하는 사람은 철학이 무엇인지 모르는 사람이다.

따라서 철학이 무엇인지, 혹은 적어도 철학을 통해 무엇을 이해할 수 있는지에 대해 설명하고자 한다. 그 후에 철학 활동에 대한 편견들을 다시 모아서 정확하게 분석한다. 마지막으로 철학함이 왜 좋은지에 대해 하나의 답을 제시하고자 한다.

1.1 철학이란 무엇인가?

철학 역사상 영향력이 가장 큰 사상가 중 하나인 플라톤(기원전 약 427~347)은 『국가』에서 철학의 시작을 소위 '동굴의 비유'를 통해 묘사하고 있다. 동굴에서 앞의 벽만 바라보도록 묶여 있는 사람들이 있다. 그들은 동굴 벽에 비친 사물들의 그림자만을 본다. 그들은 다른 것을 알지 못하기 때문에, 그림자가 실재하는 것이라고 믿는다. 이들 중 한 명이 사슬에서 풀려나서 동굴 밖으로 나가서, 사물들이 그림자의 진짜 원인임을 알게 되었다. 이 사람은 다시 동굴 안으로 돌아와서 그들에게 자신이 발견한 것을 설명해 주지만, 그들은 그를 비웃고 만다. 왜냐하면 이들이 날마다 보는 것과 전혀 다른 것을 이야기하고 있기 때문이다.

이 비유는 철학의 시작을 말해 주고 있다. 철학함은 세계에 대한 사람들의 생각의 배후를 캐묻는 데서부터 시작된다. 동굴의 비유로 치자면, 보고 생각하는 것은 그림자에, 그 배후는 사물에 비유할 수 있다. 사람들은 지각하고 생각해서 어떤 의견을 가진다. 철학은 그 의견의 배후를 캐묻는다.

하나의 특정한 의견은 단순하게 받아들여지지 않고, 그 배후가 의문에 부쳐진다. 그러면, 배후를 캐묻는다는 것은 도대체 무엇인가? 누군가가 하나의 의견에 대해서 캐물을 경우, 대답으로 다음 두 가지를 요구한다. 우선 그 의견이 정확하게 무엇을 뜻하는지를 알고자 하며, 그 의견이 잘 근거 지어졌는지를 알고자 한다. 철학은 두 종류의 물음, 즉 의미에 대한 물음과 근거에 대한 물음을 다룬다.

1.1.1 의미에 대한 물음

제시된 의견 안에 포함된 개념들을 명확하게 모른다면, 결국 그 의견이 정확히 무엇을 의미하는지 알 수 없다. 만일 누군가가 "철학은 쓸모없다"고 말한다면, 철학자는 다음처럼 물을 것이다. "철학함이란 무엇인가?"[1] 이 물음이 해명되지 않는 이상, 그 의견은 평가될 수 없다. 왜냐하면, 그가 무엇에 대해 말하고자 하는지 알 수 없기 때문이다.

의미에 대한 물음은 개념의 의미에 대한 물음이다. 그러나 '재봉틀', '축구 경기', 혹은 '지팡이' 같은 개념들이 철학에서 문제시되지는 않는다. 그 이유는 이러한 개념들이 너무 세속적이거나, 이런 개념들에 대한 철학함이 불가능하기 때문이 아니라, 이 개념들이 보편적이지 않기 때문이다. 철학은 보편적인 것, 혹은 원리에 관심을 가진다. 예컨대, "물질적 사물은 무엇인가?", "마음은 무엇인가?", "인간은 자유로운가?", "무엇을 예술 작품으로 간주할 것인가?", "언제 사회는 공정한가?", "의미를 가진 기호와 그렇지 않은 기호의 차이는 무엇인가?", "행복한 삶은 무엇인가?"와 같이 묻는다. 이런 물음들이야말로 철학이 관심을 가지는

---

1 한 개념을 단순히 **사용**하지 않고 **언급**할 경우 인용 표시를 하도록 한다. 사용과 언급의 차이는 다음과 같다. "베른은 무엇인가"라는 질문의 가능한 답 — "베른은 스위스의 수도이다", "베른에는 몇십만명의 사람이 살고 있다"는 사용이다. "'베른(Bern)'은 네 글자로 되어 있다"는 언급이다.

것들이다.

철학은 어떻게 의미에 대한 물음들을 탐구하는가?

첫째로 철학은 일반적인 개념에 대한 정의를 내릴 수 있다. 가령, 우리는 물질적 사물을 '공간을 점유하고 있는 무엇'이라고 할 수 있다. 물론 이 정의는 옳지도 틀리지도 않으며, 단순히 시도해 본 것이다. 어떤 정의가 선호되어야만 하는가? 이는 세계를 설명하는 특정한 이론 내에서, 즉 진술들의 집합 내에서 그 개념이 얼마만큼 중요한가에 달려 있다.

두 번째로 철학은 개념을 분석한다. 한 개념을 더 단순한 개념들로 분해한다. 이상적인 경우라면 그러한 개념 분석은 개념에 대한 정의로 이끌어 준다. 그러나 아쉽게도 그러한 이상적인 경우는 드물다. 그 이유 중 하나는 개념 분석 자체가 논쟁의 여지를 허용하기 때문이다.

개념 분석이 정확히 어떠한 토대에 근거하고 있는가? 이에 대해서 답하기 어렵다. 대체로 우리는 직관적으로 가정한다. 개념의 정확한 사용을 통해 개념 분석이 이뤄진다고. 우리는 이미 답을 우리 안에 가지고 있다. 단지 그것을 잘 다듬어서 표현하면 된다. 플라톤이 말하듯이, 우리 안에 있는 그것을 다시 상기해 내기만 하면 된다. 개념 분석의 올바름은 무엇보다도 우리의 직관들과의 합치에 의해 평가된다. 우리의 직관은 숙고를 통해 바뀔 수 있으며, 분석은 그에 상응하여 바뀔 수 있다.

개념 분석의 결과가 어떠해야만 하는지를 정확하게 규정할 수 없지만, 그럼에도 불구하고 무엇을 피해야 하는지에 대해서는 말할 수 있다. 그와 관련하여 두 개의 중요한 조건을 언급할 수 있다.

첫째로 개념 분석은 순환적이어서는 안 된다. 하나의 개념을 동일한 개념으로 설명할 때, 분석은 순환적이게 된다. 순환적인 정의는 아무것도 말해 주는 바가 없기 때문에 좋지 않다. 예를 들자면, '철학'은 '철학적 활동'이라고 말한다면, 아무런 도움도 주지 못한다.

두 번째로 개념 분석은 모순을 포함해서는 안 된다. 만일 어떤 논증이 전제에 모순을 포함하고 있으면, 그 전제로부터 어떠한 것도 다 결론으로 연역되어 나올 수 있다. 만일 모순된 전제로부터 어떠한 주장도 다 연역되어 나온다면, 이를 통해서 모든 것이 설명될 것이다. 모순을 포함한 전제를 가지고, 우리는 심지어 "지구는 태양을 돌고, 풀은 파랗다"는 것도 연역해낼 수 있다. 그러한 이론은 시시하며, 유익하지 못할 것이다.

이렇게 철학은 결론이 순환적이지도 않고, 모순적이지도 않은 개념들의 분석을 다룬다. 만일 이 두 조건들을 충족시키는 다양한 의견들과 많은 분석들이 있다면, 무엇을 해야 할까? 이 경우 의견들이 잘 근거 지어졌는지를 탐구할 수 있다. 이와 함께 두 번째 종류의 철학적 물음을 주목해 봐야 한다.

1.1.2 근거에 대한 물음

이는 주장의 근거를 묻는 물음이다. 특정 의견이 뿌리박고 있는 전제들에 대한 좋은 근거를 찾는 것이다. 어떤 주장이 근거 지어지지 못하면, 그것은 단지 하나의 의견이며 객관적 지식이 아니다. 철학은 참된 지식을 추구하기 때문에 근거를 요구한다.

그러나 전통적 철학의 주류가 추구하는 지식은 경험적 사실에 대한 지식이 아니다. 철학은 경험 과학이 아니기 때문에 그러한 경험적 지식을 제공해 주지 않는다. 철학은 세계를 직접적 지각으로가 아니라, 간접적 추론으로 탐구한다. 철학함은 근본적으로 '세계에 관한 생각'이 아니라, '세계에 관한 생각'에 대한 숙고이다.

우리가 세계에 대해 숙고한 것은 근거가 있어야만 한다. 어떻게 근거를 제시할 수 있을까?

적절한 논증을 제시하면, 주장에 대해서 근거가 세워진다. 하나의 논증은 전제와 결론으로 구성된다. 전제는 논증이 근거하는 진술들이고, 결론은 논증을 통해서 세워지는 진술이다. 전제들과 결론은 논리적인 관계이다. 전제들을 받아들이면, 결론도 받아들일 수밖에 없다. 물론 이는 논증이 타당할 때에만 해당한다. 논증은 전제들이 참이고, 전제들로부터 결론이 논리적으로 도출되어 나올 때에만 타당(valid)하다.

그러나 결론이 전제들로부터 논리적으로 도출되지 않는 논증들도 있다. 그런 논증들은 타당하지 않다. 어떻게 타당한 논증 형식을 타당하지 않은 논증 형식으로부터 구분해 내는가? 논리학은 이를 탐구하는 철학의 분과이다. 근거에 대한 물음에 대한 해답에 논리학은 중 요한 도움을 제공해 준다.

올바른 논증은 타당(valid)하면서, 나아가 건전(sound)해야 한다. 삼단 논법과 같은 논증이 형식적으로 올바를 때 '타당하다'. 그리고 그 전제가 참이어서, 결론도 참일 때, 그 논증은 '건전하다'.

의미에 대한 물음과 마찬가지로 철학은 근거에 대한 물음에 있어서도 일반적인 것에 관심을 가진다. 철학은 일차적으로 이러저러한 개별적인 의견들을 뒷받침해 주는 근거가 아닌, 일반적인 의견, 즉 보편적인 진술에 대한 근거를 탐구한다. 두 개의 예를 들어보자.

만일 어떤 자연과학자가 실험 도구를 통한 측정으로 연구 결과를 근거 짓는다고 해 보자. 이 경우 철학자는 이 실험 도구에 의한 측정이 신뢰할 만한 것인지 물을 것이다. 즉, 사용된 실험 도구가 어떤 실수를 범했는지가 아니라, 실험 도구와 우리의 감각이 지식 획득을 위한 믿을 만한 만한 원천이 될 수 있는지 따질 것이다. (사실 인식의 문제)

누군가가 고기 한 점을 먹고자 한다. 그가 가진 욕구에 근거해서 이러한 자신의 의지를 합리화시킬 때, 철학자는 그것이 좋은 근거 대기인지에 대해 묻는다. 고기를 먹고자 하는 의지가 실제로 그러한 욕구 때문인지, 사실에 대해서 철학자는 따지지 않는다. 모든 비교 가능한 상황에서, 욕망에 근거하는 것이 그 행위를 정당화해 줄 수 있는가에 대해서 따진다. (당위의 문제)

지금까지 내용을 요약하자. '철학함'이란 개념 분석을 통해서 보편적인 개념들의 의미를 찾는 행위이고, 논리학의 도움을 통해서 보편적인 의견들에 대한 근거들을 찾는다.

1.2 철학은 쓸모가 있는가?

철학에 대한 이런 정의를 받아들였다고 해도, 철학이 유용한 활동인지에 대해서는 또 다른 설명이 필요하다. "철학이 유용하다"는 테제에 반대하는 최소 세 개의 반론이 있다.

반론 1 상대주의: 철학은 제각기 의견들을 내놓고 논쟁하는 자리일 뿐이다. 자기 의견을 내놓고, 그리고 자기 의견이 옳다면서 또 다른 누군가와 논쟁을 한다.

이런 논쟁은 의미가 없다. 왜냐하면 저마다 자신만의 의견을 가지고 있기 때문이다. 내가 다른 누군가의 의견을 받아들이지 않는다고 해서, 그 의견이 객관적으로 틀렸다는 것을 의미하지는 않는다. 내 의견이 나에게 참이듯, 그의 의견은 그에게 참이다. 객관적인 진리도 없고, 한 의견은 옳고 다른 의견은 그르다는 것을 보여 줄 수 있는 객관적인 잣대도 없다. 이것은 급진적인 상대주의이다. 만일 객관적인 진리들이 없다면, 참된 지식도 없다. 무엇이 없는지를 탐구하는 것도 의미가 없다. 즉 철학함은 의미 없는 활동이 된다.

대답

만일 "모든 의견은 참이다"라는 것이 옳다면, "모든 의견은 거짓이다"라는 주장도 옳게 된다. "모든 의견은 거짓이라"라는 것도 하나의 의견이다. 모든 의견은 참이다. 따라서 "모든 의견은 거짓이다"도 참이다.

이것은 모순이다. "모든 의견은 참이다"라는 주장이 옳다면, 이 주장은 거짓이 된다. 왜냐 하면, 이 의견이 참이 아니라는 의견도 참이 되기 때문이다. 그러나 한 의견이 참이자 동시에 거짓이 될 수는 없다. 따라서 모순에 빠지지 않고서, 모든 의견은 참이라고 주장하는 것은 불가능하다. 따라서 이런 극단적인 형태의 상대주의는 유지될 수 없다. 철학은 사람마다 모두 다 참인 의견들을 둘러싼 논쟁에 불과하다는 반론은 이런 결정적인 이유로 논박될 수 있다.

객관적인 진리가 있다는 것이 곧 우리가 그것을 이미 알고 있다는 말은 아니다. 두 사람이 철학 토론을 할 때, 그들의 입장에 더 이상 근거를 댈 수도 없고, 그렇다고 서로의 의견을 받아들일 수도 없는 지점에 도달하는 경우가 있다. 그러나 이런 경우는 그만한 이유가 있다. 세계의 근본적인 부분에 대한 의견들은 이상 근거 지어질 수 없는 몇 가지로 정리되며, 사람들은 그 가운데 하나를 선택할 수 밖에 없다.

더 이상의 근거 짓기가 불가능한 지점이 있을 수는 있다. 그러나 그런 지점이 있다고 해서 서로가 합의점에 도달할 수 없음을 의미하지는 않는다. 토론을 통해서 새로 도달한 상황이 원래의 상황과 비교될 수 있는 가능성은 열려 있다. 이전의 상황은 성찰되지 않았던 상황이었다. 새로운 상황에서는 무엇이 문제가 되며, 무엇이 중요한지에 대한 자각을 얻을 수 있다. 이런 자각은 그 이전과 차이를 만들어낸다. 그러한 과정은 그 자체로 가치 있는 과정이다.

반론 2 철학자들은 애초에 답이 없는 어리석은 질문들만 묻는다. 철학자들은 모든 것을 물으며, 특히 모두에게 명확하지만, 묻고 따질 때 만 문제시되는 것들을 묻고자 한다. 철학이 없으면 이 문제들도 없다. 그런 질문을 통해 철학자들은 우리를 불안하게 하고, 행위하지 못하게 만든다. 만일 세계에 관한 근본적인 질문들에 대해서 객관적인 대답들이 있다면, 우리는 그것들을 붙잡을 수 있다. 그러나 그런 대답들은 존재하지 않는다. 신념과 욕구가 명확하더라도, 철학을 하고 나면 그것들은 오히려 불분명해지고, 무엇을 해야 할지 더 이상 알 수 없게 된다. 그래서 철학을 하면 상황은 더 나빠진다. 철학함은 쓸모없을 뿐만 아니라, 위험하기까지 하다.

대답 요약하자면 철학은 모든 것을 그 근본 토대까지 의문에 부친다는 반론이다. 원칙적으로 모든 것에 대해서 그 토대까지 물을 수는 있다. 그렇지만 이것이 곧 모든 것이 의심을 받아야 하고, 그래서 그 모든 것이 한꺼번에 다 바뀌어야 한다는 것을 의미하지는 않는다. 이것은 이론적으로나 실천적으로 불가능하다.

과학 이론에 관심을 가졌던 철학자 오토 노이라트(Otto Neurath, 1882-1945)는 이를 인상적인 비유로 설명한다. "우리는 망망대해에 항해하면서 배의 전체를 최고의 부품들로 새로 조립해야 하는 선원들과 같다."[2] 이는 쉬운 일이 아니다. 모든 부품들을 한 번에 다 교체할 수는 없다. 조금씩 바꾸다 보면, 결국 전체 모두를 교체할 수 있다. 이 비유는 우리의 지식 체계의 본질을 보여준다. 원칙적으로 모든 의견이나 신념의 배후를 묻고 비판하고 부정할 수는 있다. 그렇다고 그것 전부가 다 부정될 수는 없다. 조금씩 바뀐다. 그러다 보면 전체가 다 바뀌게 된다.

이 비유는 더 많은 것을 우리에게 보여 준다. 철학은 삶과 무관한 무엇이 아니다. 망망대해에 있는 배는 바로 우리이다. 우리가 철학을 할 때에, 우리 자신이, 우리의 의견들이 문제가 된다. 배는 처음부터 완벽하지도 않고, 영원하게 만들어지지도 않았다. 그래서 널판지들이 여전히 쓸만한지, 썩지는 않았는지 검사하고 또 검사해야 한다. 그와 마찬가지로 우리는 항상 우리가 믿고 있는 바가 올바른지 비판하고 반론을 제기해야만 한다.

반론 2는 철학 행위를 오해하고 있다. 왜냐하면, 철학함이란 행위를 그만하게 만드는 활동이 아니라, 오히려 근거 지어진 견해들로 우리를 이끈다. 그러로써 숙고된 행위를 하도록 만들어 준다.

반론 3 철학은 늘 해체하기만 한다. 철학은 다른 사람이 노력해서 발전시킨 것을 파괴한다. 철학은 단지 우리의 의견들뿐만 아니라, 과학 이론도 의문에 부친다. 철학은 비판만 할 뿐 건설적인 작업을 수행하지 않는다.

---

2 Otto Neurath, "Protokollsätze"(프로토콜 명제), in: Erkenntnis (인식론) 3 (1932/33) S. 204-214, hier S. 206.

대답 이 반론은 철학이 배후를 캐묻는 것에 대한 잘못된 이해에 근거하고 있다. 그것은 단지 상대 주장을 해체하려는 것만은 아니다. 주장과 의견들의 배후를 캐물음은 근거의 부실함과 개념의 불명확함을 보여준다. 나아가 배후를 캐물음은 새로운 이론의 구성에도 기여한다.

철학은 참된 지식에 대한 추구이다. 철학자들은 늘 새 이론들을 세우고자 한다. 부분적으로는 과학으로부터 새롭게 물려받고, 또 반대로 과학에 새 이론을 제시한다. 고대부터 계몽의 시대까지 철학은 개별 과학들과 분리되지 않았기 때문에 이런 것이 가능했다. 과학의 역사의 수많은 예들이 보여 주듯이 오늘날에도 여전히 철학은 학문적 지식에 건설적인 작업을 수행하고 있다. 이것으로 반론 3에 대답할 수 있다.

1.3 무엇을 위해 철학하는가?

반론들에 대한 대답에도 불구하고 철학에 전념해야만 하는 긍정적인 이유가 있는지에 대한 물음은 여전히 남아 있다. 무엇을 위해서 우리는 철학을 하는가? 철학을 하는 가장 중요한 이유는 '**사유의 명료함**' 때문이다. 루드비히 비트겐슈타인(Ludwig Wittgenstein, 1889-1951)은 『논리철학 논고』에서 "철학의 목적은 사유의 논리적 명확함이다"(4.112)라고 한다. 물론 모든 철학자들이 여기에 동의하는 것은 아니다. 그러나 이는 문제가 되지 않는다. 왜냐하면 모든 철학자들이 그것에 동의한다면, 긴장감과 매력이 사라지기 때문이다.

철학이 사유의 명료함으로 이끌어 준다면, 이 명료함은 왜 가치가 있는가? 우리의 삶의 태도와 연관되는 생각들의 경우, 사유의 명료함이 지니는 가치는 분명하다. 우리는 극장에 간다. 왜냐하면 영화를 보려는 욕구를 명료하게 가지기 때문이다. 우리는 누군가를 도와준다. 왜냐하면 그래야만 한다고 명료하게 느끼기 때문이다. 우리는 우리의 몸을 건강하게 유지하려고 운동을 한다. 그 필요를 명쾌하게 느끼기 때문이다. 이런 예들은 많다.

그런 활동들에 대한 이유가 보여 주듯이, 우리는 이런 활동들을 무의식적으로 수행하지 않는다. 그렇다면 우리는 이러한 활동에 대해서 대는 이유가 **좋은 이유인**지 물을 수 있다. 이 물음은 우리가 실존적으로 직면하는 문제라는 점에서 가치 있다. 오직 사유하여 검토된 삶만이 살 만한 가치가 있다. 만일 우리가 검토된 삶을 살고자 한다면, 우리는 우리가 행하는 것이 좋은 것인지 검사해야만 한다.

앎을 추구한 소크라테스(기원전 약 470-399)가 바로 이런 삶을 권유하고 있다. 사람은 자신의 삶의 방식에 대한 사유와 검토로부터 벗어날 수는 없다. 이러한 주장을 비판하고 부정하려 하는 사람은 이미 그에 대해서 토론하는 것에 동의한 것이며, 그로써 그의 입장은 부정된다. 왜냐하면 토론한다는 것은 근거를 제시한다는 것이기 때문이다. 나아가 자신의 삶을 검토하지 않은 채로 내버려 두는 것이 아니기 때문이다.

좋은 삶과 관련하여 그 명료한 이유와 근거를 따지는 것은 다른 분야에도 적용할 수 있다. 우리가 세계에 대하여 사유하고, 세계를 구분하고 설명하는 방식, 즉 이론적인 생각들에도 적용된다.

즉, 우리는 무언가를 단지 믿기만 하지 않고, 왜 그것을 믿는지에 대해 명확한 근거를 마련하려고 한다. 이는 우리가 명료한 앎을 추구한다는 단순한 이유 때문에 그러하다.

'명확함'이라는 개념은 간과하기 쉬운 두 개의 의미를 가지고 있다. 명확함은 '명확하게 만들기'라는 활동이기도 하지만, 그러한 활동의 결과, 즉 '명확해진 생각'이기도 하다. 철학을 하는 사람은 '명료한 생각'을 추구하면서, 그의 생각을 명확하게 한다. 철학은 특정한 상황 속에서 명료함을 찾을 뿐만 아니라, 새로운 문제들의 '명확한 해결책'을 내놓을 수 있는 능력을 기르려 한다. 철학을 하는 사람은 더 명확하게 생각하는 법을 배우는 사람이다.

명확한 생각을 하는 능력은 이미 그 자체로 추구할 만한 목적이다. 뿐만 아니라, 이러한 능력은 일상에서부터 이론적인 과학에서까지 많은 영역에서 요구된다. 따라서 철학은 일반적으로 삶 속에서 유용한 능력을 단련시켜 준다. 어떤 이들은 이런 능력을 철학의 도구화로 여기기도 한다. 그들에 따르면, 철학의 가치가 다른 능력들을 위해서 쓰이는 도구여서는 안 된다는 것이다.

사람은 세계 안에 있는 우리 자신에 대해서 전체적이고 깊게 이해하고자 하는 욕구를 가진다. 철학함은 이에 대한 대답을 해 주는 행위이다. 이런 욕구를 느낀 사람이라면, 자연스럽게 철학에 이끌리게 된다. 그러나 그러한 욕구가 즉시 충족되지 못한다고 해서, 실망해서는 안 된다. 종교적 가르침과 달리 철학은 최종적인 답을 제공해 주지 않는다. 많은 답변들이 가능하며, 그중에 어떤 답을 선택하느냐는 것은 그가 무엇을 믿는지에 따르며, 그의 선택에 달렸다.

하나의 모순 없는 이론을 세우는 것이 목적일 수는 있지만, 지금까지 모든 문제들을 해결해 주는 이론은 발견되지 않았다. 따라서 모든 사람이 다 선택하는 이론은 없다.

철학함은 또한 즐거움을 준다. 어떤 사람들이 즐거움 때문에 축구를 하고 수학 방정식을 푸는 것처럼 어떤 이들은 생각에 전념하면서 즐거움을 얻는다.

요약

철학함이란 개념 분석의 도움으로 보편적인 개념들의 의미를 찾고 논리학의 도움으로 보편적인 의견들의 근거를 찾는 것이다. 그런 식의 철학함은 무익하다고 어떤 사람들은 주장한다. 철학이란 단지 여러 의견들을 둘러싼 논쟁에 불과하기 때문에 무익하고, 철학은 모든 것의 배후를 캐물음으로써 우리로 하여금 행동을 하지 못하게 만들기 때문에 무익하며, 철학은 건설적인 작업 없이 이론들이 틀리다고만 말하여 해체적이기 때문에 쓸모없다.

1장에서 이 세 반론들을 반박했다. 철학함은 단지 의견들을 둘러싼 논쟁에 불과하지도 않고, 모든 것의 배후를 캐묻지도 않으며, 단지 해체적일 뿐만은 아니다. 그리고 무엇을 위해 철학을 해야 하는가라는 물음에 대해, 철학함은 생각을 명확하게 하고, 삶의 방식을 검토하고, 생각을 단련하고, 더 깊은 이해에 대한 욕구를 달래 주는 데에 도움을 준다고 답했다.

2. 덕과 행복

행복이란 무엇인가?

사람들이 "누구는 운이 좋다"라고 한다면, 그 누구에게 다소 우연히 좋은 일이 생긴 것이다. 이는 운명(행운)으로서의 행복이다.

사람들이 "누구는 행복하다고 느낀다"고 한다면, 그가 즐겁고 만족하고 있는 것이다. 이는 최고조의 느낌(마음)으로서의 행복이다.

사람들이 "누구는 행복한 인생을 보낸다"라고 한다면, 그가 성공적인, 잘된 삶을 영위한다는 뜻이다. 이는 성공적인 인생으로서의 행복이다. 이러한 세 번째 의미의 행복은 첫번째 의미의 행복을 전제로 하지만, 때로는 두번째 의미의 불행을 초래하기도 한다. 이러한 세번째 의미의 행복이란 정확히 무엇인가? 이 물음이 이번 장의 주제이다.

고대 그리스에서는 잘된, 축복받은, 원하는 대로의 삶을 영위하는 것(행복)을 '유다이모니아'(eudaimonia)라고 불렀다. 이는 말 그대로 '선한 영혼(양심)을 소유한다'라는 뜻이다. 모든 사람이 이를 추구하며, 이것이 최고의 목표라는 데에 모두가 동의한다고 아리스토텔레스(기원전 384-322)는 썼다. 달리 말해 보자.

행복은 최종 목표이다. 우리는 그것을 그 자체로 추구하는 것이지, 예를 들어 식량과 옷을 사기 위해서 돈을 버는 것처럼, 뭔가 다른 것에 도달하기 위한 수단같은 것이 아니다. 우리는 목적을 위한 수단으로서의 행복이 아닌, 그 자체로서의 행복을 열망한다. 이에 관하여 모든 사람의 의견은 일치한다. 그럼에도 그들의 행복의 구체적인 내용은 서로 다르다. 유다이모니아란 정확히 무엇인가?

고대에 익히 알려진 답변은, 행복한 삶이란 "부, 영예, 건강"으로 이루어진 어떤 것이라고 한다. 그렇지만 이러한 견해는 적합하지 않다. 그 셋 모두를 소유하고 있는 인간도 불행한 삶을 살 수 있기 때문이 다. 부자이면서도 돈이 너무 적다는 망상에 쫓기거나, 부유하고 명성 있고 건강한 여왕도 행복하지 않다. "단지 돈이 행복하게 만들지는 않는다." 이는 오늘날까지도 통용되는 격언이다. 이는 물질적 조건이 필요하지 않다는 뜻이 아니라, 물질은 행복을 위해 충분한 것은 아니라는 말이다.[3] 반대로 가난하고 조롱받는 병약한 인간의 삶을 행복하다고 하는 것도 가능하다. 예컨대 한스라는 사람이 있다. 그는 첫 번째와 두 번째 의미에서 행복하다. 그는 과연 행복한가?

우리가 여기서 어떤 답변을 하든지 간에, 그러한 행복은 물질이라는 외적인 것에 매여 있다. 고대 그리스 철학자들에 따르면 이는 틀렸다.

3 어떤 y와 조건 x 가 있다. 조건 x가 있으면, 반드시 y가 있다. 이때 조건 x는 y의 존재를 위한 '충분 조건'이다. x가 있다고, 반드시 y가 있는 것은 아니다. 그러나 x가 없으면, y도 없다. 이때 조건 x는 y의 존재를 위한 '필요 조건' 이다. 물질은 행복에 대해 '필요 조건' 이다.

그들에 따르면 행복한 삶은 내적으로 자기 마음에 완벽함 또는 탁월함을 갖는 것, 즉 '덕(arete, 탁월함)'에 달려 있다. arete는 미덕, 즉 행복한 삶을 위해 요청되는 능력이나 특성을 뜻한다. 행복한 삶에 관한 물음은 이로써 인간의 탁월성에 관한 물음이 된다. '덕(arete, 탁월함)'이란 무엇인가? 이번 장에서는 세 개의 답변을 소개한다.

소크라테스와 플라톤의 양심 윤리, 아리스토텔레스의 실용적 이론, 에피쿠로스의 쾌락주의(헤도니즘)가 그것이다.

2.1 양심 윤리 – 덕과 행복 1

플라톤(기원전 약 427-347)의 대화편 속에 그려진 것처럼, 소크라테스(기원전 약 470-399)는 부와 명예라는 외적인 조건에 맞춰진 전통적인 행복론을 반박하려고 노력한다. 이때 소크라테스에게는 무엇보다도 그의 젊은 대화 상대들에게 덕(arete, 탁월함)의 의미를 명확하게 해 주는 것이 목표였다. 소크라테스는 항상 상대에게 묻는다. 탁월함이란 무엇인가? 그들은 답한다. 전쟁에서 더 용감하게 싸운 사람이 탁월하다. 또는 권력을 가진 사람이 탁월하다. 이에 대해 소크라테스는 자신의 물음에 대한 답이 아니라고 반박한다. 이런 대답은 단지 그들의 무지를 드러낼 뿐이다. 소크라테스는 탁월한 행위나 속성에 대한 예가 아니라, 탁월함 자체가 무엇이냐를 물은 것이다. 소크라테스는 어떤 사례를 찾는 것이 아니라, 탁월함의 '본질'을, 혹은 '탁월함'의 '개념 분석'을 추구한다.

그런 대답 가운데 가장 중요한 것은 이렇다. — 오로지 더 강한 자가 되어서 권력(힘)을 가질 때 탁월해진다. "정의는 강자의 이익이다." 이는 대화편 『고르기아스』에서 폴로스가, 그리고 『국가』에서 트라시마코스가 제기한 견해이다. 소크라테스는 이러한 견해를 반박한다. 강한 힘(권력)을 가지면 제 마음대로 하려 한다. 자신의 권력을 오용하는 사람은 탁월하다거나 행복하다고 할 수 없다.

오히려 정의를 소유한 이들이 탁월하다. 이때에 정의는 강한 자의 권리를 의미하는 것이 아니라, 선을 행하는 태도를 말한다.

이러한 정의의 입장은 '양심 윤리'라고 할 수 있다. 얼핏 명확한 정의관을 갖고 있지 않은 듯 보이는 소크라테스는 '다이모니온(daimonion, 양심)'[4]에 대해 언급한다. 그것은 나에게 바른 길을 제시하는 하는, 내 마음 안의 소리이다. 반면 플라톤은 '정의'에 대해 정확한 규정을 내리려 한다. 그의 주저 『국가』는 이러한 목표에 헌정된 것이다.

플라톤의 주저 이름인 "폴리테이아(*Politeia*)"는 『국가』라고 번역되며, "국가적 정의"를 의미한다. 이 책에서 플라톤은 정의로운 국가가 무엇인지 규정한다. 플라톤은 소크라테스를 따라서 정의를 '선한 영혼'(양심)에 비유한다. 영혼을 잘 발휘함이 탁월함(덕)이다.

한편으로 이상적인 국가는 세 계급의 시민으로 구성된다. 첫째로 농민, 수공인, 상인 — 생산자 계급인데, 이들은 물질적 부의 생산과 유통을 담당한다. 둘째로 전사(파수꾼) 계급인데, 이들은 물질적 부와 시민의 자유를 지킨다. 셋째로 통치자(제왕) 계급인데, 이들은 국가를 다스린다.

또한 영혼도 마찬가지로 세 부분으로 이루어져 있다. "욕망, 활력, 이성"의 부분이 그것이다. 정의로운 국가에서 세 계급의 시민 각자가 자

---

4 다이모니온(daimonion)은 '양심, 선한 영혼'이고, '유다이모니아'(eudaimonia)는 직역하면, "양심(선한 영혼)을 소유한다"이며, 일반적으로 '행복'을 뜻한다. 양심은 내 마음 안에서 나에게 속삭이는 목소리이다.

신의 몫을 수행하는 것처럼, 바른 영혼에서는 그 세 부분들도 마찬가지로 자신의 몫을 행한다. 정의는 정확하게 세 부분들의 조화로운 협동 속에서 성립한다. 그중 국가에 있어 왕(통치자)의 일과 영혼에 있어 이성적인 부분이 결정적인 것이다. 그것이 국가를, 정신을 조종하기 때문이다. 왕은 정의의 기본 원칙들에 따라 국가를 다스린다. 이 원칙에는 신중함, 중용, 용기라는 미덕이 들어 있다.

이러한 기본 원칙의 배후에 최고의 관념(idea, 이데아)인 선(善)의 이데아가 있다. 이러한 이데아를 통찰해야 정의를 실행할 수 있다. 인간은 이성을 토대로 이러한 통찰에 도달할 수 있다. 선의 관념을 인식한 인간은 또한 선을 행할 것이다. 그러면 그의 영혼은 조화와 건강의 상태에 있게 된다. 정의롭지 못한 영혼은 반대로 부조화와 질병의 상태에 처한다. 불의를 행하는 자는 스스로 자신을 해친다. 반대로 정의로운 인간은 "자신에게 알맞고 좋게 자기 자신을 다스리며, 이성은 마치 거문고의 으뜸줄처럼 영혼의 세 부분[이성, 욕망, 활력]을 조율한다. … 정의로운 인간은 이 모든 것을 한데 묶고 그래서 많은 것(多者)으로부터 참되게, 사려 깊고 조화롭게 하나(一者)가 된다"(443c).[5]

---

5 이성을 중시하는 양심 윤리는 로마 시대의 스토아 학파를 통해서 흥미로운 발전을 지속한다. 그들은 심리학적으로 해석하여 이성을 감성과 대립시킨다. '스토아적 마음의 안정'이 화두였다. 마음의 안정됨(고요함)은 '감정 없음'(apatheia 무격정) 속에 성립한다. 'a'는 없음이고, 'pathos'는 감정 욕망이다. 따라서 감정 · 욕망 없음, 금욕 견인(堅忍)이다. 격렬한 감정은 이성에 의해 성찰되지 않은 것이다. 예컨대 불필요하게 무서워하거나 호화로움을 갈망하는 것은 비이성적인 방탕이다. 스토아 이론에 따르면 탁월함(덕 arete)은 금욕에서 성립한다. 즉 감성의 비이성적인 방탕에서 벗어남과 이성이 본질적인 것에 집중함에서 덕이 이루어진다. 에픽테토스는 말한다. "뭔가가 네 (욕망이) 원하는 것처럼 일어나길 갈구하지 말라. 일어날 것이 일어나는 것을 (이성으로) 통찰하라. 그러면 네 삶은 즐겁게 그리로 흘러갈 것이다." 주의해야 할 점은, 이성은 필연적으로 일어나는 것을 통찰만 할 뿐, 세상을 변화시킬 수 없다. 이성은 그냥 관조만 한다. '443c'는

그렇게 사는 인간은 자신의 탁월함(arete 덕)을 발휘하여 행복한 삶을 살 수 있다.

반론 1 행복이란 오직 주관적인 정의로움, 즉 삶에 관한 바른 마음(내면의 덕, 이성)에 달려 있다. 이는 행복이 외적인 세계와 무관하다는 입장이다. 그러나 행복은 결정적으로 외적인 상황에 달려 있기도 하다.

이에 관해서 아리스토텔레스는 『니코마코스 윤리학』에서 반론을 제기한다. "왜냐하면 혐오스런 외모를 갖거나, 미천한 출신이거나, 완전히 혼자인 삶이거나, 아이가 없는 사람은 행복하지 않다. 누군가 원수같이 싸우는 자녀와 친구를 갖거나, 반대로 사랑스런 자녀와 좋은 친구가 죽었다면, 행복에 대해 더 이상 말할 수 없다."(1099b)

대답 주관적인 행복에 전폭적으로 만족한다면, 외적인 사물 자체는 어떠한 가치도 없다. 그것들은 내 마음 바깥의 것이고, 그것들이 반드시 내 마음의 주관적인 상태를 규정하는 것은 아니다. 행복한 삶은 마음의 상태가 가장 중요하다.

반론 2 행복이 결코 외적인 것이 아니라, 내적인 마음의 문제라고 하지만, 행복을 단순히 마음의 상태로만 규정하기에는 충분치 않다. 이성이 탁월(arete)하고 선한 사람들이지만 행복하지 않은 이들이 분명히 있다. 아리스토텔레스는 말한다. "고문받는 사람이나, 심한 불운에 처한 사람일지라도, 만일 이성적인 탁월성(arete 덕)만 가지고 있다

인용한 원문의 페이지 표시이다. 이하 같다.

면 행복하다. — 이것은 터무니없는 말이다."(1153b) 몸은 노예이지만, 마음은 제왕처럼 자유롭다는 것이 과연 가능한가?

대답 행복한 삶을 영위한다는 것은 몸과 마음의 조화 속에 있다는 말이다. 어떤 사람이 자신의 이상을 실현하기 위해 몸이 고통받아야 한다면, 그 고통이 아무리 크다 한들 그는 마음이 행복한 사람으로 남을 것이다. 마음의 행복을 위해서 몸의 고통은 댓가로 치룰 수 있다. 이는 스토아학파의 견인(堅忍 견고하게 견딤)주의이다.

2.2 실용적 이론 – 덕과 행복 2

소크라테스와 플라톤의 견해에 맞서서, 아리스토텔레스는 다음과 같이 '행복'을 정의한다. 행복은 "영혼에 고유한 본질적인 탁월성이라는 영혼의 활동"(1098a)과 "필수적인 외적인 조건들", 둘이 다 마련됨이다. 플라톤은 이성의 탁월성이라는 주관적 요소만 드는 데 비해서, 아리스토텔레스는 주관적 요소와 객관적 요소 둘의 절충을 주장한다. 객관적 현실을 말한다는 점에서 이는 '실용적 이론'이라고 할 수 있다. 이는 다음 두 가지 관점에서 설명할 수 있다.

첫째, 아리스토텔레스는 플라톤처럼 '선의 이데아'라는 초감각적 실체를 지향하지 않고, 현실적인 삶의 실천적인 관심사를 지향한다. 어떤 현실 상황에서도 스스로 올바르게 행위할 줄 아는 사람이 탁월(arete 덕)하다. 이때에 특히 아리스토텔레스가 플라톤에게서 인계받은, 개성적인 미덕들, 예컨대 "사려 깊음, 용기, 중용, 정의" 등이 요청된다. 물론 아

산치오 라파엘로, 〈아테네 학당〉, 프레스코화, 579.5×823.5cm, 1511,
바티칸성당 서명의 방 소장.

리스토텔레스에 따르면, 이런 실천에서 궁극적인 선의 이데아(관념)의 보편적 규정은 발견될 수 없다.

르네상스 시기의 화가 라파엘로는 플라톤의 이데아 추구와 아리스토텔레스의 세속적인 태도를 〈아테네 학당〉(1511)이라는 프레스코 벽화에서 손가락의 방향으로 표현했다. 중앙에서는 손가락으로 하늘을 가리키는 플라톤이 있고, 그 옆에서 손가락으로 땅을 가리키는 아리스토텔레스가 있다. 물론 그러한 묘사가 틀릴 수도 있다. 둘의 견해 차이는 주관이라는 관점에서 본다면 그다지 크지 않기 때문이다.

플라톤처럼 아리스토텔레스에게도 마음의 이성적인 부분이 관건이다. 마음에는 개인적인 미덕 외에 또한 지성적인 미덕, 즉 모든 초월적인 것에 대한 통찰이 존재한다. 통찰을 추구하고 정신적인 직관, 즉 명상에 헌신하는 사람은 행복하다. (주관적 마음 측면)

그렇지만 마음의 이성적인 태도만으로 충분한 것은 아니다. 여기에 추가적인 조건들, 즉 객관적 현실적 조건이 충족되어야 한다. 아리스토텔레스에 따르면, 사람은 건강한 육체와 물질적인 부를 가져야 한다. 친구들 또한 없어서는 안 된다. 인간은 공동체적 존재(zoon politikon, 폴리스적인 동물, 정치적 동물)이기 때문에 단지 친구들과의 유대에서만 행복해질 수 있다. (객관적 현실 측면)

둘째, 이 이론은 실천이라는 점에서 실용적이다. 행복은 필연적으로 행위적 특성을 갖는다. 선을 인식하는 것만으로는 행복에 도달하기에 충분치 않다. 잘 인식한 것(선)을 행위해야 행복하다. 행위하고 활동하는 사람만이 행복한 삶을 누린다.

이때 결정적인 것이 이성적으로 행위하는 습성(습관)이다. 이러한 습성을 형성하는 것이 철학의 목표이다. 아리스토텔레스는 말한다. "우리는 윤리적으로 가치 있는 것이 무엇인지를 알기 위해서가 아니라, 가치있는 인간이 되기 위해서 철학을 하는 것이다."(1103b) 탁월하게 '사유함'이 아닌, 탁월하게 '행위'하는 인간이 행복하다.

명상에 헌신하는 사람은 최고의 행복에 도달한다. 그러나 최고의 명상을 위해서는 이성적인 영혼 뿐만 아니라, 건강한 육체와 현실적 조건이 필요하다.

반론 1 실용적 이론은 행복의 핵심을 맞춘 것이 아니다. 자신의 정신적 이상을 위해 육체적 고통을 행복하게 받는 인간도 있다. 이처럼 물질적 재화나 현실적 조건은 행복을 위해 필요치 않다. 행복한 삶에서 본질적인 것은 사람의 마음이다. 행복은 마음이 느끼는 것이다. 이 반론은 플라톤의 입장에서 아리스토텔레스를 비판한 것이다.

대답 당신의 말처럼 명상에서 행복이 성립한다. 그러나 명상은 건강한 육체와 물질적 조건이 갖추어져야 이루어지는 힘든 활동이다. 주관적인 만족은 객관적인 조건이 떠받치고 있다.

반론 2 행위할 때만 우리가 행복한 것은 아니다. 휴식하고 있을 때도 행복하다. 최고의 행복은, 아리스토텔레스 자신이 주장하는 것처럼, 명상에 있다.

대답 명상은 휴식의 형식이 아니라, 실천이다. 아리스토텔레스에 따르면, 심지어 그것은 활동의 최고조의 형식(energeia 현실태)이다.

2.3 쾌락주의(헤도니즘) – 덕과 행복 3

이성적인 영혼을 가진 사람이 행복하다고 소크라테스와 플라톤은 주장한다. 이성적인 것을 탁월하게 행위하는 사람이 행복하다고 아리스토텔레스는 주장한다. 반면 에피쿠로스(기원전 341-271)는 두 가지가 다 결정적인 것을 고려하지 않고 있다고 주장한다. 인생의 행복은 '느낌으로서의 행복'이 핵심이다. 행복한 느낌을 에피쿠로스는 '헤도네(hedone 쾌락)'라고 한다. 이 때문에 이 입장을 '헤도니즘(쾌락주의)'이라고 한다. 헤도니즘의 기본 주장은 삶의 목표가 쾌락이라는 것이다.

쾌락이 행복인가? 강한 쾌락은 사실상 강한 고통에 불과하다. '쾌락주의의 역설'에 근거해서 많은 반론들이 제기된다. 이에 에피쿠로스는 자신의 주장을 가다듬는다. 따라서 그의 기본 주장의 해석에는 주의가 필요하다.

에피쿠로스는 보통 말하는 모든 종류의 달콤한 감각적 경험을 '쾌락'이라 하지 않는다. 그가 말하는 쾌락은 특수한 어떤 것, 즉 육체적 무고통과 영혼의 무자극(atarxia 아타락시아)의 상태이다. 다시 말해서, 영혼의 안정 상태이다. 쾌락은 욕망과 욕구 충동의 무제한적 충족이 아니다. 영혼이 완벽한 평온에 이르기까지 진정시키고 차분해짐이 쾌락이다. 여기에서 쾌락이 성립한다. 이것은 사실상 일반적으로 말하는 '쾌락'이 없는 상태이다.

고통스러운 노동을 해야 쾌락을 주는 것들을 살 수 있다. 따라서 쾌락을 위해서 고통을 감내해야 한다. 그렇다면 쾌락을 느끼기 위해서 먼저 고통을 맛보아야 한다. 만약 고통스런 노동을 해도 쾌락을 맛볼 수 없다면, 그런 고통을 견뎌야 하는가?

이런 고통과 쾌락의 관계는 영혼의 이성적인 부분이 검토한다. 따라서 쾌락 이전에 먼저 어떤 활동이 영혼을 평온에 이르게 하고, 기능을 발휘하게 하는지 신중하게 검토해야 한다. 이로써 소크라테스, 플라톤, 아리스토텔레스처럼 에피쿠로스도 영혼의 이성적 부분에 높은 지위를 부여한다.

따라서 에피쿠로스는 라이벌인 스토아 학파처럼 우리가 감각적인

격정에서 벗어날 것을 주장한다. 예컨대 자신의 죽음에 대한 두려움 같은 비이성적인 공포로부터 해방되는 것이다. 격정은 쾌락을 죽인다. 따라서 감성에서 벗어나라. 결국 아타락시아는 아파테이아와 비슷해진다.

에피쿠로스 학파는 감성에서, 스토아학파는 이성에서 출발했다. 서로 정반대이다. 스토아학파는 이성을 발휘하기 위해서는 이성을 옥죄는 감성을 소멸시키라 한다. 반면 에피쿠로스는 완전한 쾌락을 누리기 위해서는 이성적 사유를 중시한다. 그런 점에서 둘은 다 이성의 발휘로 수렴된다.

물론 중요한 차이도 있다. 사람의 행동의 목표가 쾌락이다. 쾌락은 인생을 성공적인 삶으로 만드는 것이다. 우리가 삶을 쾌락 속에서 보낼 때 행복한 것이지, 우리가 정의롭거나(플라톤) 혹은 명상에 헌신할 때(아리스토텔레스) 행복한 것이 아니다.

행복이 쾌락이라는 것은 에피쿠로스에게 명백해 보인다. 아이들이 본능적으로 쾌락을 주는 것을 선택하고, 고통스러운 것을 피하기 위해서 모든 것을 건다. 그는 이 사실을 가지고 자기 주장을 증명한다. 이러한 행동은 아이들 뿐만 아니라 어른들에게서도 관찰된다. 모든 인간은 쾌락을 추구하고 고통을 회피한다. 인간이 각자 최종적으로 추구하는 것은 행복이다. 그러므로 쾌락이 행복이다.

이 주장은 근대에 영국의 흄 등의 공리주의로 계승된다.

반론 1 쾌락주의를 찬성하는 논증은 타당하지 않다. "인간은 쾌락을 추구한다"라는 명제는 하나의 사실을 말한다. 그것은 "어떤 것이 어떠하다"는 사실을 말한다. 그것은 "어떤 것이 어떻게 **되어야 한다**"는 당위는 아니다. "뭔가가 어떤지"를 기술하는 명제는 사실을 말하는 '기술적 명제'이다. "뭔가가 어떻게 되어야 한다"고 명령하는 명제는 마땅히 해야 하는 규범을 담은 '규범적 명제'이다. "사람은 쾌락을 추구한다"는 것은 사람의 성향을 말하는 것이다. 그것은 하나의 사실이다. 그런 성향과 사실이 있다고 해서, 사람이 쾌락을 추구해야 한다는 당위, 혹은 규범은 나오지 않는다.

쾌락주의를 찬성하는 논증은 기술적 명제에서 규범적 명제로 결론 내린다. 그렇지만 그러한 결론은 허용되지 않는다. 존재(사실)로부터 당위가 결론 내려질 수 없다. 왜 그런가? 3단 논법이 그렇다. 전제가 사실을 담으면 결론도 사실을 담는다. 전제에 당위를 담아야 결론도 사실을 담는다. 전제가 어떠한 당위를 포함하고 있지 않다면 결론 또한 어떠한 당위도 포함하지 않는다. 그럼에도 불구하고 규범적 명제를 기술적 명제에서 도출하는 사람은 전제에 당위가 없는데, 결론으로 당위를 도출한 것이다. 이는 존재-당위 오류를 범하고 있다.

이러한 오류는 데이비드 흄(1711-1778)이 명백하게 밝힌 것이다. 예를 들어보자. 많은 부모들이 자기 자녀를 때린다. 이것이 사람의 자연스러운 행동이며, 하나의 사실이라고 가정해 보자. 여기로부터 "아이들은 때려야 한다"고 당위를 추론할 수 있는가? 그렇게 추론할 수 없다. 아이를 잘 키워야 한다는 생각에서 아이들을 때린다. 그렇다고 "반드시 아이들을 때려야만 한다"는 당위가 도출되어 나오는가? 그렇지는 않다. 이처럼 기술적인 명제에서 규범적인 명제가 도출되지 않는다.

대답 이는 근대 영국의 경험론에 근거한 공리주의적 윤리설에 대한 반론이다. 공리주의는 쾌락에 근거해서 윤리덕 당위를 이끌어내려 했다. 반면 에피쿠로스는 덕과 행복이 무엇인가를 말한다. 윤리적 당위를 논증하지는 않았다. 이 반론은 시대 착오적인 것이다.*

반론 2 에피쿠로스가 말하는 쾌락이란 영혼의 안정 상태이다. 육체적 무고통과 영혼의 무자극 상태(atarxia)이다. 그러면서 그는 쾌락을 추구해야 하는 이유로 아이들의 쾌락 선택을 든다. 영혼의 안정과 아이들의 쾌락은 전혀 다른 것이다. 아이들은 욕구의 직접적인 충족을 추구한다. 아이들은 영혼의 안정을 추구하는 것이 아니다. 에피쿠로스는 쾌락 개념을 혼동한다.

그의 논증은 '쾌락'이라는 말은 같지만, 의미가 동일하지 아니한 두 개념을 등치시킨다. 이는 애매어의 오류이다. 논증에서 한 개념은 하나의 의미로 사용되어야 한다. 한 개념이 여러 의미로 사용되면, 전제와 결론 사이의 필연적 연관성이 없어진다.

대답 물론 이는 애매어의 오류이다. 그렇다면 아이들이 쾌락을 추구한다는 예를 포기하면 된다. 그 예가 없다고 해서 에피쿠로스의 철학이 무너지지는 않는다. 아이들의 쾌락이란 예는 있으나 없으나 상관없다.*

반론 3 헤도니즘은 행복한 삶을 충분히 규정하지 않았다. 쾌락이 삶의 목표라고 하지만, 모든 쾌락이 선택할 만한 가치가 있는 것은 아니다. 따라서 쾌락이 유일한 최고의 목표가 될 수 없다. 쾌락을 주지만 행복으로 이끌지 않는 것은 많다. 흡연은 쾌락을 주지만 동시에 그의 건강을 해친다.

대답 맞는 말이다. 그래서 에피쿠로스는 그런 강한 쾌락에서 영혼의 안정된 상태(아타락시아)로 나간다. 흡연은 영혼의 안정으로 이끌지 않는다. 그래서 추구할 가치가 없다. '영혼의 안정'이 쾌락이고 행복이다. 이것이 헤도니즘의 돌파구이다.

반론 4 나쁜 행위에서 큰 쾌락을 얻는 사람들이 있다. 어떤 사람이 살인에서 쾌락을 얻는다면, 그렇다고 해서 살인해야 하는가? 살인은 쾌락의 문제와는 상관없이 나쁜 것이다. 그렇듯이 '쾌락'은 도덕적인 혹은 법적인 선과 악을 결정할 수 없다.

대답 위에서 이미 답했다. '영혼의 안정'이 쾌락이다.*

요약

행복한 삶은 어디에서 성립하는가?

소크라테스와 플라톤의 양심(이성) 윤리에 따르면 행복은 정의로움에서 성립한다. 바른 이성만이 조화롭고 건강한 영혼이기 때문에 정의롭다. 양심 윤리에 대해서, 아리스토텔레스는 정의가 결코 행복의 충분조건이 아니라고 비판한다. 영혼이 바른 사람도 현실에서 불행한 삶을 살 수 있기 때문이다.

아리스토텔레스의 실용적 이론에 따르면, 선에 대한 어떠한 보편적인 이데아도 발견될 수 없다. 다만 이성이 두드러진 사람이 그 이성을 행동으로 실천할 때 행복한 삶을 산다. 여기에 부와 우정 같은 외적인 조건도 필요하다. 이러한 실용적 이론에 대해서, 외적인 사물은 행복을 규정하는 것과 무관하다는 반박이 있다.

에피쿠로스의 쾌락주의에 따르면 삶의 목표는 쾌락이다. 이 쾌락은 감각적 향락을 추구하는 삶이 아니다. 그가 말하는 쾌락은 '영혼의 안정'이라는 담담한 쾌락이다. 어린이가 본능적으로 쾌락을 추구한다. 그렇기 때문에 쾌락주의가 맞다. 이에 대해서 반론이 많다. 에피쿠로스의 논증은 존재에서 당위를 이끌어내는 오류와 애매어 오류를 포함하고 있다. 게다가 쾌락주의는 행복한 삶을 충분하게 규정하지 않 았는다. 또한 예컨대 살인자가 행복하다는 것과 같은 잘못된 판단을 초래한다.

3. 자유와 필연(결정론)

자유의 조건

a0. 선택-주관적 의지

우리가 무엇을 할 것인지 우리는 자유롭게 결정하는가? 이 물음은 이상한 느낌을 불러일으킬 수도 있는데, 보통 우리는 우리 자신을 적어도 일정한 행위들을 자유롭게 선택하는 인간으로 간주한다. 오늘 저녁에 영화관에 갈 것인지 또는 시를 읽을 것인지, 휴가 때에 남쪽으로 갈 것인지 북쪽으로 갈 것인지, 힘든 공부를 시작할 것인지 모험적인 미지의 세계 여행을 떠날 것인지 우리는 결정한다. 우리는 우리가 무엇을 할 것인지를 자유롭게 결정하며, 또한 그런 자유를 갖고 있다고 의식하고 있다.

a1. 외적 제약 조건

물론 우리가 무한한 자유를 갖고 있는 것이 아니다. 예컨대 우리는 세계의 모든 가난한 사람들이 부유해지도록 돕거나, 물 없는 사막에서 살 수 있게 하는 것 같은 정책에 대해 결정할 수 없다. 이는 우리에게 가능한 영역이 아니다. 또한 우리는 세계 여행을 할 돈을 갖고 있지 않다면 여행할 수 없다. 입학 조건들을 채울 수 없다면 대학에서 공부를 할 수 없다. 행위를 자유롭게 결정할 수 있기 위해서는 적어도 이러한 행위를 수행할 수 있는 능력이 있어야 한다.

a2. 의식이 깨어 있음

더 나가서 우리는 일정한 의식을 가지고 있어야 한다. 우리 의식에 의해서 통제되지 않는 동작들을 한다면, 우리는 전혀 행위하는 것이 아니다. 예컨대 만취해서 맥주잔을 바닥에 던지는 사람은 결코 행위를 하는 것이 아니다.

a3. 의도-의지의 자유

우리가 하나의 행위를 하면서, 그 행위를 어떤 식으로든지 의도해야 한다. 의도치 않게 행하는 것은 자발적인 행위가 아니다. 그 비극적인 사례가 오이디푸스이다. 피티아는 그에게 그가 그의 부친을 살해할 것이라고 예언한다. 그래서 곧바로 왕위를 버리고 떠난다. 그러나 우연히 갈림길에서 한 노인과 다투다가 그를 타살한다. 오이디푸스는 한 남자를 의도적으로 죽였지만, 자신의 아버지를 죽인 것은 아니다. 그는 이 낯선 노인이 자기 아버지인 것을 알지 못했기 때문이다. 이 경우에 우리는 오이디푸스가 자발적으로 아버지를 살해했다고 주장할 수 없다. 그는 이러한 의도를 갖고 있지 않았다.

a4. 선택지

자유의 가장 중요한 특징은 처음에 언급된 '선택'이다. 우리는 이것을 할 것인지 또는 저것을 할 것인지 결정할 수 있다. 다시 말해서 선택지가 있어야 우리는 이 행위 대신에 다른 행위를 수행할 수 있을 것이다.

이상의 논의는 다음과 같이 요약된다.

일정한 행위를 완수하는 데에 있어 하나의 인격은,

a1. 그가 이 행위를 수행할 처지에 있고,

a2. 이 행위를 완수하기에 충분한 의식을 가졌으며,

a3. 이 행위를 의도적으로 완수하고,

a4. 이 행위 대신에 마찬가지로 다른 행위를 수행할 수 있다고 한다면,

바로 그렇다면 그는 자유롭다.

자유를 정의하려는 이러한 시도는 세부적으로는 더 손을 봐야 하겠지만, 전체 특징에서는 맞는 듯하다. 네 개의 조건들은 개별적으 로는 필요한 것이고, 합치면 충분한 것이다. 각각은 필요조건이고, 모두 합쳐서는 충분조건이다.

물론 아리스토텔레스의 다음 예에서 보이듯, 문제는 어떻게 우리가 선택지라는 네 번째 조건 a4를 정확하게 해석하는가 이다.

배가 폭풍우에 빠졌다. 배가 무거워서 물이 넘쳐 들어오려 한다. 선원들은 침몰을 면하기 위해 화물을 배 밖으로 던지기로 결정했다. 식량까지 던져야 하는가? 그러면 굶어 죽을 수도 있다.

선원들은 던지는 것 말고 달리 행위할 수 있었을까? 필연적으로 그것을 선택한 것인가, 아니면 자유 의지를 가지고 결정한 것인가?

첫 번째 대답-필연(결정론): 선원들은 살기를 원했다. 그래서 그들은 화물을 투척하기로 결정했다. 생존 의지는 선원들이 선택을 할 수 있는 다른 어떤 선택지도 막는다. 생존 의지란 모든 생물이 본래 가진 생물학적 충동이다. 그렇기 때문에 선원들이 했던 것은 이미 정해져 있던 것, 본래 결정되어 있던 것이다. 그들은 달리 행위할 수 없었다. 그들이 다른 선택을 할 어떤 의지도 가질 수 없다.

두 번째 대답-자유 의지: 선원들은 자유 의지를 가지고 화물의 투척을 의식적으로 결정했다. 그들은 이성적인 동기를 갖고 있다. 그들은 자기 생명을 구하길 원했다. 화물을 배 밖에 버리고 침몰을 면할 것인가, 화물을 배에 둔 채 배와 함께 침몰할 것인가, 양자 중 선택해야 한다. 전자를 선택할 경우, 침몰을 면하더라도 굶어 죽을 수 있다. 여기에서 그들은 화물을 투척하는 것이 그들이 원하는 바가 아니었을지라도, 침몰을 면해서 우선 살려고 전자를 선택했다. 물론 그 상황에 직면해서 그들이 두번째를 원했다면, 그럴 수도 있었을 것이다. 그들은 자유롭게 원했던 것을 한다. 즉 그들은 달리 행위할 수 있었을 것이다. 그들이 다른 의지를 가질 수 있었기 때문이다.

결정론과 비결정론(우연론)

네 번째 조건 a4의 다른 두 가지 해석이 문제의 핵심을 드러낸다.

(1) 자유 의지: 사람들은 이것 또는 저것을 스스로 결정할 수 있는

가? 그들은 자유로운 의지를 갖는가? 이른바 '자유 의지'는 존재하는 것인가? 이는 필연론(결정론)과 우연론(비결정론)이라는 점에서 따질 수 있다.

(2) **필연**(인과적 결정론): 우리는 일상에서, 과학에서 한 사건들이 다른 사건들로 인해 발생되었다고 전제한다. 우리는 모든 사건들은 원인을 갖는다고 전제한다. 누군가 우리에게 자기 지붕이 아무런 이유 없이 붕괴했다고 하면, 우리는 그에게 아직 더 정확히 조사해 봐야 할 것이라고 말할 것이다. 우리는 붕괴가 원인이 없는 것이라고 말하지는 않는다. 원인 없는 사건을 우리는 생각할 수 없다. 그 배후에는 인과성 원칙 또는 결정론 원칙이 있다. 이 원칙은 다음을 의미한다. 모든 사건들은 결정되어 있으며, 각각의 사건은 전적으로 그 이전에 일어났던 것에 의해 미리 정해져 있다.

따라서 우리는 이렇게 추론할 수 있다. 인간의 행위를 포함해서, 세계의 상태가 미리 정해져 있다면, 우리는 결코 자유 의지를 가질 수 없다.

(3) **비결정론**: 이러한 추론은 결정론이 참이라는 전제를 근거로 한다. 그렇지만 이것은 확실치 않다. 근대 물리학, 특히 양자 물리학은 원인이 없는 사건들이 존재한다는 것을 확인한다. 이것이 비결정론의 주장이다. 이 주장은 다음을 의미한다. 그 이전에 발생한 것에 의해 결정되지 않는 사건들이 존재한다.

(4) **우연론**: 양자 물리학적 차원에서 원인을 갖지 않는 사건들이 존재한다. 다시 말해서 우연히 등장한 사건들이 존재한다. 이런 비결정론

이 참이라면, 우리의 행위를 규정하는 것은 우리가 아니라 우연이다. 그러나 우연이 우리의 행위를 규정한다면, 우리는 자유로운 것이 아니다. '우연'은 우리의 의지가 결정하지 못 한다는 말이다.

여기로부터 요약하자면, 일이 '우연'을 통해서 정해지든, 반대로 '필연'을 통해서 정해지든, 우리의 의지는 부자유로 머문다. 왜 이런 비극적인 결론이 나오는가?

이 추론은 다음의 논증으로 간결하게 정리할 수 있다.

b1. 이 세계는 결정론적이거나 비결정론(우연론)적이다.
b2. 이 세계가 결정론적이라면, 어떤 자유 의지도 존재하지 않는다.
b3. 이 세계가 비결정론적이라면, 어떤 자유 의지도 존재하지 않는다.
b4. 그러므로 자유 의지는 존재하지 않는다.

이것이 결정론의 딜레마이다. 딜레마(dilema 두 선택지) — 정반대(모순)되는 두 선택지 가운데 하나를 선택해야 한다. 둘 중 어떤 것을 선택해도 똑같은 결과가 나온다. 똑같이 좋은 결과를 초래하거나 똑같이 나쁜 결과를 초래한다. 이것이 딜레마이다.

우리는 세계를 결정론으로 보아야 할지 또는 비결정론으로 보아야 할지 결정해야 한다. 결정론과 비결정론은 모순이기 때문이다. 그렇지만 두 선택지 중 어떤 것을 고르든지 간에, 결론은 같다. 우리 의지의 자유는 존재하지 않는다.

행위의 책임 문제: 자유 의지가 존재하지 않는다는 결론을 우리는 받아들일 수 없다. 우리가 자유스럽지 않다면, 우리는 더 이상 자신의 행위

에 책임을 질 필요가 없다. 내가 자유 의지로 행위해야 나에게 책임을 물을 수 있다. 그런데 결정론이던 우연론이던 자유 의지를 부정한다.

그러나 행위의 책임은 우리 삶의 핵심이며, 국가 사회의 틀을 유지하는 것이다. 나는 나의 행위에 대해, 타인들은 그들 자신의 행위에 대해 책임진다. 누군가 자기가 한 일에 대해 그의 책임이 아니라면, 우리는 그 일에 대해 그를 칭찬도 처벌도 할 수 없다. 의지의 자유가 없다면, 책임 또한 없다. 책임이 없다면 상도 벌도 내릴 수 없다. 이렇다면 사회 국가의 틀을 유지할 수 없다. 따라서 우리가 자유롭다는 것, 즉 의지의 자유는 그만큼 중요한 것이다.

해결책: 그 추론은 전제에서 결론이 논리적으로 도출된 것이다. 추론은 타당하다. 추론의 결론은 우리의 의지가 자유롭지 못하다는 것이다. 그렇다면 우리는 어떻게 해야 하는가? 우리에게는 네 개의 가능한 출구가 남는다. 우리는 첫번째 전제인 b1을 부정하고 제3의 길을 발견할 수 있다. 두번째 전제 b2를 부정하거나, 세 번째 전제 b3를 부정할 수 있다. 또는 결론 b4가 처음에 보였던 것만큼 나쁜 것은 전혀 아니라고 인식하고 그 결론을 감내할 수 있다.

먼저 첫 번째 전제 b1에서 가능한 출구를 고찰해 보자. 결정론도 비결정론(우연론)도 아닌 제3의 길을 찾는 것이다. 예를 들어 우리가 초콜릿을 먹을 것인지 바닐라를 먹을 것인지 선택을 앞두고 있다면, 또한 아무것도 전혀 먹지 않을 가능성도 있다. 하지만 결정론과 우연론의 딜레마에는 그런 출구가 결코 없다. 즉 하나의 사건은 앞서 일어난 것에 의해 전적으로 규정되거나 전적으로 규정되지 않는다. 결정론은 참이거나 참이 아니다. 결정론이 참이 아니면, 비결정론이 참이다. 제3자는 없다. 결정론의 딜레마는 즉 진짜 딜레마이다. 즉 우리에게 제3의 출구는 없으며 두 개의 선택지에서 택해야 한다. 따라서 첫 번째의 가능한 출구는 허용되지 않는다.

반면 다른 세 개의 출구들은 처음부터 배제되는 것이 아니다. 이제 차례로 논의해 보자.

3.1 비양립주의 - 결정론과 자유 의지의 비양립

1) 두 번째 전제인 b2 — “세계가 결정론적이면, 어떠한 자유 의지도 존재하지 않는다”. 따라서 결정론과 자유 의지는 양립할 수 없다. 이 비양립을 수용하기 때문에 결정론과 자유 의지의 ‘비양립주의’라 한다.

그렇다면 반대로 무엇이 양립하는가? 비결정론(우연론)에서 자유 의지가 나온다. 비양립주의자들은 자유가 존재한다고 믿는다. 자유 의지가 존재하기 위해서는 이 세계가 비결정론적이어야 한다.

요컨대 b2의 앞 부분을 수용하지만, 뒷 부분은 받아들이지 않는다. 반대로 b3의 앞 부분을 부정하고, 뒷 부분을 받아들인다. 이 둘을 합하면 “비결정론-자유 의지”이다. 그들은 자유 의지를 믿는다는 점에서 낙관주의자들이며, 이를 위해서 비결정론을 과감히 받아들인다.

부정적인 측면에서 말하자면 “결정론과 자유 의지의 양립 불가(비양립)”이고, 긍정적으로 보자면, “비결정론과 자유 의지의 양립”이다. 요컨대 ‘비결정론적 자유 의지론’이다.

2) 비양립주의자들의 추론은 두 개의 단계로 구성된다.

첫째, 결정론은 거짓이고, 비결정론이 참이다.

둘째, 비결정론에서 자유 의지가 나온다.

첫 번째 그들은 결정론이 참이 아님을 증명함으로써, 비결정론이 참이라고 결론을 내린다. 그렇다고 비결정론적인 세계에 자유가 존재한다고 아직 입증된 것은 아니다. 이것은 따로 두 번째 단계에서 증명되어야 한다.

도대체 왜 결정론을 옹호하는가? 고대에 많은 사람들은 만물의 흐름을 예정하는 운명(fatum 파툼)을 믿었다. 운명이 있다면, 세계는 결정론적이다. 결정론은 고대의 학자들에 의해 지지되었을 뿐만 아니라, 또한 오늘날에도 여전히 자연과학을 참조하면서 유지된다. 우리 인간은 자연적 존재이다. 사람의 몸은 물리적인 원소들로써 구성된다. 이러한 소립자와 원자 분자들은 기계적 방식으로 통합된다. 기계론적 법칙들은 결정론적이다. 따라서 인간의 행위도 미리 정해져 있다.

이 논증은 몇 가지 취약점이 있다. 그 여러 전제들 중의 하나가 기계론이다. 세계가 기계론적 법칙들에 의해 지배된다고 전제한다. 그러나 이 세계가 기계론적이라는 것은 자명한 것이 아니다. 먼저 입증되어야 할 것이다. 물론 자연과학은 기계론적 법칙들을 자명한 것으로 사용한다. 그래서 결정론을 지지하기 위한 강력한 근거로 쓴다. 그러나 자연과학의 대상인 물질적 사물은 자유 의지가 없다. 반면 사람은 자유 의지가 있다. 기계론이 적용되기 어렵다.

에피쿠로스에 따르면 결정론에 반대하는 보다 더 강력한 근거들이 있다. 그는 처음으로 자유 의지의 문제에 심취했던 이들 중의 하나이다. 그는 세 개의 논변을 내세운다.

첫째로, 우리는 우리 스스로가 미리 정해진 것으로 느끼지 않는다.

둘째로, 결정론이 참이라고 한다면, 책임이란 결코 존재하지 않는다.

셋째로, 심지어 우리는 결정론을 찬성해서 논증할 수조차 없다. 왜냐하면 우리가 그러한 논변을 시작하면, 우리는 이미 우리가 다른 견해를 가질 수 있다. 결정론은 이미 결정되었다는 것인데, 우리는 결정과 다른 것을 전제할 수 있다. 우리는 결정론이 거짓이라고 전제함으로써 결정론이 거짓임을 증명할 수 있다.

첫 번째 논변은 설득력이 없다. '느낌'은 좋은 증거가 아니기 때문이다. 다시 말해서, 우리는 스스로를 속일 수도 있다.

세 번째 논변도 마찬가지로 강력한 것이 아니다. 우리가 결정론을 반대해서 논증하면서 제시한 이 논증 자체가 이미 결정되어 있는 것이라고 할 수 있기 때문이다.

반면 두 번째 논증은 그 자체로 뭔가 있다. 결정론이 '책임은 존재하지 않는다'는 결과를 낳는 것이라고 해서, 결정론이 오류라고 입증된 것은 아닐 수 있다. 그렇지만 적어도 우리는 결정론을 부정하는 하나의 근거를 가진다. 물론 이것이 충분한 근거는 아니다. 책임을 향한 바램이 책임을 마법처럼 만들 수는 없기 때문이다.

일단 결정론 부정에 대한 최종적인 논증을 여백으로 남겨 두자. 그렇지만 비양립주의자들이 결정론에 맞서는 훌륭한 몇몇 근거들을 가지고 있음을 승인해 줄 수 있다. 이제 비양립주의자는 자유 의지가 비결정론적 세계에서 가능한 것임을 여전히 증명해야 한다.

3) 비결정론은 지금의 상황이 그 이전에 발생한 것에 의해 정해진 것이 아니라고 주장한다. 이는 특히 사람의 사유와 행위에 해당된다. 인간이 사유하고 의지하는 것은 결정론적으로 예정된 것이 아니다. 예정

되지 않은 것은 우연을 통해 정해진다고 우리는 가정할 수 있다. 그러나 우연을 통해 정해진다면, 사유는 다시 우리에게 이미 주어지는 것이며 우리는 자유롭지 않은 것이다. 이러한 결과에 비양립주의자들은 동의하지 않는다.

우리의 생각과 사유를 정하는 것은 우연이 아니다. 우리가 우리의 사유를 정한다. 우리는 정신을 통해서 두뇌에 작용한다. 우리는, 스스로는 움직이지 않는 첫 번째 운동자(부동의 원동자)이다.[6] 살아 있지 않은 대상들은 그것들이 움직여졌을 때만 움직일 수 있는 반면에, 우리는 우리의 의지 덕택에 스스로 움직일 수 있다. 그렇기 때문에 우리의 의지는 자유이다. 비양립주의의 낙관적인 주장은 이렇다. 우리는 자유 의지를 갖는다. 왜냐하면 우리의 마음(사유)은 '최초의 운동자'이기 때문이다. 우리의 정신은 물질(몸)에 자유롭게 작용할 수 있다.

이러한 '부동의 운동자'라는 개념은 아리스토텔레스에게서 나온 것이다. 그렇지만 그 자신은 자유 의지의 문제에 관해 명백하게 언급하지 않았다. 이 개념은 미국의 철학자 로더릭 치점(1916-1999)에 의해 재수용된다.[7]

---

6 아리스토텔레스의 개념이다. 그의 목적론적 체계에 따르면, 최고의 이데아는 스스로는 움직이지 않으면서, 다른 모든 것을 움직이게 만든다. 이를 '부동(不動)의 동자(動者, 원동자, 운동자)'라고 한다.

7 임마누엘 칸트(1724-1804)는 다소 다른 비양립주의를 제시한다. 그는 인간을 서로 다른 두 세계에 배치한다. 즉 육체는 결정론적 물질적 현상 세계에, 그리고 이성적 존재로서 마음은 비결정론적 지성(오성, 이해력)의 세계에 배치한다. 이렇게 함으로써 자유를 구해낸다. 육체로서 인간은 자유 의지를 갖지 않지만, 이성적 존재로서 우리는 자유롭다. '부동의 운동자'라는 비양립주의에 대한 세 개의 반박은 마찬가지로 칸트의 비양립주의에 대해서도 제시된다. 물론 약간 조정되어서 제시된다.

반론 1 비양립주의는 비결정론과 자유가 어떻게 함께 가능한 것인지 충분히 설명하지 않았다. 우리가 '부동의 운동자'인 정신을 통해서 물질(몸)에 작용한다는 가정은 인간의 자유를 설명하는 것이 아니다. 여기서 '자유'라는 개념은 '자유' 개념보다 더 명확하지 않은 '정신'이라는 개념으로 환원되었기 때문이다. 정신이 육체에 작용한다고 말한다면, 우리는 이를 통해 전혀 새로운 것을 말하는 것이 아니다. 이는 인간은 자유롭기 때문에 자유라고 말하는 것과 다름없다.

대답 '정신'이라는 개념은 많은 철학자들이 숱하게 설명했다. 그것을 무시하고 '명확하지 않은 개념'이라고 한다면, 이는 별 근거 없이 부정하는 것이다. 이는 부정하고 싶으니까 부정한다는 말과 다를 것이 없다.*

반론 2 물질에 대한 정신의 작용은 구체적으로 해명되지도 않을 뿐만 아니라, 물리적인 것의 닫힘(폐쇄성) 원칙에 모순된다. 오직 물리적인 것만이 물리적인 것에 인과적으로 작용할 수 있다. 몸은 물질-물리적인 것이다. 정신은 물질적인 것이 아니다. 따라서 정신이 몸(물질)에 작용할 수 없다.

대답 물리적인 것의 닫힘 원칙은 입증되지 않은 것이고, 또한 입증될 수도 없다. 또한 정신은 물리적인 것이 아니다.

대답에 대한 반론 그것은 물리학의 근본 원칙이다. 따라서 이 원칙을 받아들여야 한다. 게다가 이 원칙이 유효하지 않다면, 도대체 정신이 몸에 '일으킴(원인)'이 무슨 뜻인지 이해하기 어렵다.

반론 3 '부동의 운동자'라는 개념으로 규정한 '자유 의지'의 개념은, 우리가 '의지'라고 이해하는 것과 맞지 않는다. '부동의 운동자'는 어떤 것에게서도 영향받지 않으며, 그것은 다른 것들을 운동하게 만든다. 무(無)의 상태에서 뭔가를 운동하게 한다.

그러나 인간은 무로부터 행위할 수 없다. 우리는 경험을 통해 의지를 정한다. 여러 조건 속에서 의지가 결정된다. '부동의 운동자'로서 '자유 의지'는 '세상을 초월하는 의지'이다. 그렇지만 우리는 세상 속의 의지를 찾는다. 그 의지는 늘 앞선 상황에 의해 정해진다.

대답 우리의 의지는 물론 앞선 사건에 영향을 받는다. 그러나 논리적으로 볼 때, 상황에 영향받지 않는 의지가 있다. 영향을 받는 의지의 바닥에는 영향받지 않는 의지가 있다. 이 반론은 바로 그런 순수 의지의 존재를 부정한 것은 아니다.*

3.2 양립주의 – 결정론과 자유 의지의 양립

결정론과 자유 의지의 비양립 이론이 설득력이 없다면, 우리는 다시 결정론의 딜레마 앞에 서게 된다. 비양립주의자들은 먼저 결정론이 오류임을 입증하여, 비결정=자유라고 주장한다. 이유는, 결정론이 맞다면 개인의 책임은 존재하지 않기 때문이다.

이 논증은 맞는 것인가? 결정론이 참이라면 개인이 한 행위에 책임도 자유도 없는가? '아니'라고 양립주의자들은 말한다. 결정론과 자유 의지는 서로 배제하지 않으며, 서로 양립된다. 결정론(필연) 속에 자유가 있다. 양립주의는 결정론과 자유 의지의 공존이라는 일견 모순되어 보이는 이 주장을 어떻게 논증하는가?

일상 언어에서 '자유' 개념이 어떻게 사용되는지를 주목한다면, '자유' 개념이 필연(결정론)과 매우 잘 일치됨을 알 수 있다. 적어도 그런 종류의 '자유' 개념이 있다.

우리가 자유로울 때, 다시 말해서 이 행위를 할까, 저 행위를 할까 결정할 수 있을 때, 즉 이런 저런 것을 하는 것이 우리에게 개방되어 있을 때, 우리는 자유 의지를 갖게 된다.

이 장의 첫머리(56쪽)에서 말한 것처럼, 첫째(a1)로 우리가 이 행위를 수행할 처지일 때, 둘째(a2)로 이 행위를 완수하기에 충분하게 의식적일 때, 셋째(a3)로 이 행위를 의도적으로 완수할 때, 넷째(a4)로 이 행위 대신에 다른 행위를 또한 수행할 수 있을 때에만 그런 경우이다.

네 번째 조건은 '결정론과 자유의지'의 양립주의의 독해법에서 보자면 다음과 같은 것을 뜻한다. 마음이 심리적으로 다른 행위를 수행할 처지에 있고, 어떤 것도 그 다른 행위를 하는 것을 막지 않는다. 그런데도 이미 결정된 대로 행위한다.

태풍 때에 물에 잠겨가는 배 밖으로 선원들이 화물을 던진다. 살기 위해서는 어쩔 수 없다. 그것은 이미 필연적으로 결정된 것이다. 그러나 선원들은 자유로운 의지로 그것을 선택해서 행위한 것이다. 그들은 다른 행위를 할 수 있었고 누구도 그것을 막지 않았다.

이에 따라 부자유의 개념도 비양립주의와 달라진다. 그렇다면 언제 우리는 자유롭지 못한가? 부자유는 '결정론과 자유의지'의 양립주의적인 시각에서 볼 때, 우리가 어떤 행위를 하도록 직접적으로 강요되었을 때만 그렇다. 우리가 어떤 행위를 하도록 강요된다는 것은 우리가 다른 것은 전혀 할 수 없는 때이다.

어느 때가 그런 경우인가? 그것은 우리가 자율적-자발적으로 '행위'할 수 없는 바로 그 경우뿐이다. 우리가 전혀 의식이 없거나, 마약에 취해 있는 경우이거나, 혹은 누군가 뭔가를 하도록 우리를 물리적으로 강압할 때, 예를 들어 누군가 우리 머리에 총을 겨누었을 경우와 같은 때에만 부자유한 것이다. 그런 때에 우리가 하는 것은 순전히 신체 운동이지 행위가 아니다.

이런 의미에서 행위와 순수한 신체 운동은 구분된다. 인간은 자신의 '행위'에 대해서만 책임진다. 일정한 행위를 선택해서 결정한 사람은 이에 대해 책임이 있다. 양립주의에 따르면 자유의 문제는 간단한 답을 갖고 있다. 우리가 자유로운 의지로 행위를 결정하는 존재인 그런 한에서, 우리는 자유롭다.

'결정론(필연)과 자유'의 양립주의는 고대에는 스토아 학파가 주장했다. 크리시포스(기원전 약 281-208)와 키케로(기원전 약 106-43)가 대표적이다. 근대에는 스피노자(1632-1677), 데이빗 흄(1711-1776), 현대에는 피터 스트로슨(1919-2006), 대니얼 데넷(1942-) 등이 유명하다.

반론 1

양립주의가 제시하는 자유는 비양립주의가 말하는 '자유'가 아니다. 누군가 나에게 폭력으로 어떤 행위를 강압한다면, 확실히 이는 부자유이다. 하지만 이것만이 부자유의 전부는 아니다. 어떤 상황에서 우리가 자유 의지로 선택한 것이 결국은 필연적으로 미리 결정된 것이라면, 우리는 결코 자유 의지를 갖지 않는다. 선원이 폭풍우 속에서 침몰하는 배 밖으로 짐을 던지는 것은 필연적인 것이다. 선원이 그것을 자유 의지로 선택했다 하더라도, 어쩔 수 없는 것을 선택한 것이고, 그래서 부자유이다.

대답 상식적으로 우리가 '자유'라고 말할 때 자유는, 자유 의지로 행위를 선택하는 것을 의미한다. 그 상황에서 필연적으로 그렇게 선택할 수 밖에 없다 하더라도, 우리는 자유 의지로 그것을 선택할 수 있다. 필연과 반대로 배 밖으로 짐을 던지지 않을 수도 있다.

개인들은 타고난 성질과 일정한 역사적 배경, 상식과 규범들을 가진 존재이다. 그는 그것들에 의해서 필연적으로 매일 수 밖에 없다. 그렇다 하더라도 그는 자유로운 의지로 자기 행위를 결정할 수 있다.

'결정론과 자유'의 비양립주의가 주장하는 자유는 개인이 '부동의 운동자'일 때 가능하다. 최초의 행위자이기 때문에 그 의지는 어떤 것을 통해서도 미리 정해지지 않은 것이다. 이것은 현실적으로 불가능하다. 한 개인의 의지는 개인적인 특성, 사회적 규범과 역사 등을 통해 미리 정해지기 때문이다. 따라서 어떠한 인간도 '부동의 운동자'라는 의미의 절대적인 의지를 가질 수 없다.

반론 2 양립주의가 맞다면, 사람은 자유롭게 행위하지만 그 행위에 대해서 책임지지 않아도 된다. 그가 자유로운 의지로 선택해서 행했다고 하지만, 이 행위는 미리 결정되어 있기 때문이다. 결정론과 책임은 양립할 수 없다. 양립주의는 지지할 수 있는 입장이 아니다.

대답 우리가 절대적 자유를 갖지 않는 것과 마찬가지로, 우리는 또한 우리 행위에 대해 절대적으로 책임지는 것은 아니다. 어떤 개인은 남보다 침착하거나, 더 명예를 추구하거나, 더 느리거나, 더 호기심 많은 인간으로서 태어난다. 개인적 특성은 이미 결정되어 있다. 그에 따라 행위도 어떤 방향으로 결정되어 있다. 이미 결정되었다고 해서, 그 개인이 그 행위에 책임지지 않는 것은 아니다. 마찬가지로 사회 경제 역사적으로 개인들은 많은 것이 이미 결정되어 있다. 그들이 택할 수 있는 선택지가 많지 않다. 그렇다고 해도 그가 한 행위는 그가 책임져야 한다.

3.3 비관주의*

"결정론이 아니기 때문에 자유롭다"는 비양립주의도 마음에 들지 않고, "결정론이지만 자유롭다"는 양립주의도 성에 차지 않는 사람들은 제3의 길을 찾는다. 양립주의나 비양립주의나 '자유 의지'를 성립시키려 한다. 이에 반대해서 결정론이던 비결정론이던 간에 '자유'는 성립하지 않는다고 비관할 수 있다. 이래서 '비관주의'이다.

비관주의는 사람이 자유 의지를 갖고 있다는 것을 부정한다. 세계가 결정론적이던지 비결정론적이던지 간에 의지의 부자유는 두 경우에 다 성립한다. 비관주의는 두 가지가 있다.

(1) **운명론**: 비관주의에 대해서 우리는 이렇게 물어 볼 수 있다. 비관주의가 옳다면, 우리의 의지는 사물의 흐름에 결코 영향을 주지 못한다는 결론인가? 이것은 운명론이며 숙명론이다. 그들은 다음과 같이 추론한다.

이 세계는 미리 정해져 있기 때문에, 내가 무엇을 하든지 간에 세계는 항상 똑같다. 그렇다면 내가 뒤로 물러서 있던, 앞으로 나서던 간에 어쨌거나, 운명이 정했던 그것이 일어날 것이다. 이 논증은 사실에 맞지 않는다. 모든 것이 예정되어 있다고 해서, 의지가 사물의 흐름에 어떤 영향도 주지 않는다는 결론이 나오지는 않는다.

예컨대 내 뜻에 따라서 이제 내가 치즈 케이크(티라미수)를 준비한다면, 몇 시간 내에 이 케이크는 식탁에 오를 것이다. 반면 내가 현실 뒤로 물러나서 가만 있으면, 어떠한 케이크도 식탁에 오를 수 없다.

어쩌면 우연히 여자 친구가 치즈 케이크를 사서 가져다 줄 수도 있다. 그러나 이는 내가 준비한 케이크는 아니다. 그런 일이 운명적으로 일어날 거라고 해서, 내가 팔짱 끼고 가만히 있어도 되는가? 이는 나의 의지가 세계에 어떠한 영향도 미치지 못한다는 것을 입증하는 것은 아니다.

운명론은 부당하다. 우리는 세상 뒤로 그저 물러서서 운명을 구경만 하고 있을 수 없다. 우리의 의지로써 우리가 이 세계에 영향을 끼칠 수 있기 때문이다.

(2) **의지주의**: 또 다른 비관주의는 단순한 운명론의 문제점을 넘어선다. 개인의 의지는 자유롭지 않지만, 그 의지의 실천은 이 세계를 변화시킨다. 이런 비관주의의 가장 유명한 두 대표자는 독일의 쇼펜하우어(1788-1860)와 니체(1844-1900)이다. 그들은 의지의 중요성을 유별나게 강조한다.

쇼펜하우어는 심지어 의지가 세계라고 말한다. 그는 『의지와 표상으로서의 세계』라는 책을 썼다. 세계의 모든 사물의 본체는 '맹목적 의지'이다. 맹목적 의지가 몰아붙이는 대로 산다.

니체는 '권력에의 의지'를 주장한다. 그는 약한 의지와 강한 의지를 구분하고, 전통적 도덕 관념을 고려하지 말고, 자신의 의지를 관철하라고 설파한다. 자신의 의지를 실천하는 사람은 그 의지가 강한 것임을 보이는 것이다.

쇼펜하우어의 의지는 맹목적이고, 니체의 의지는 권력을 향한다. 개인의 의지를 맹목성이나 권력욕이 몰아붙이고, 결정한다. 그런 점에서 그들의 의지는 자유롭지 못 하다. 하지만 그렇게 몰리기 때문에 사람은 강력한 의지를 가지며, 그에 따라 산다.

반론 1 어떠한 자유도 존재하지 않는다는 주장은 이치에 어긋난다. 매일 매일 우리는 자유로운 인간으로서의 삶을 경험한다. 이와 반대되는 것은 정말 터무니없는 이야기이다.

대답 우리가 자유로움을 경험한다고 해서, "우리는 자유롭다"고 추론할 수 없다. 그것은 내가 내 자신을 속인 것일 수도 있다.

반론 2 우리에게 어떠한 자유도 있지 않는다면, 우리의 행위에 대해서 어떠한 책임도 없다. 그렇다면 사회나 국가는 존립할 수 없다. 타인의 행위가 마음에 들지 않으면, 우리는 그것을 책망하려 든다. 나의 성공은 내가 잘 해서라고 생각한다. 이처럼 우리는 각자에게 책임을 돌린다. 자유가 존재하지 않는다면, 우리는 우리 자신이나 남에게 책임을 귀속시킬 수 없다.

대답 비관론자의 주장처럼, 의지의 자유도 존재하지 않으며, 책임 또한 존재하지 않는다는 것이 전적으로 옳을 수도 있다. 우리가 타인을 칭찬하거나 책망할 때, 우리는 책임이 존재하는 것처럼 한다. 그러나 현실적으로 자신의 행위에 대해서 완전하게 책임지는 사람은 드물다.

요약

우리는 자유로운가? 아니다. 이 세계는 결정론적이거나 비결정론적이기 때문이다. 이 세계가 결정론적이라면 우리는 부자유하고, 비결정론적이어도 우리는 부자유하다. 여기서 결론은 우리가 어쨌든 부자유하다는 것이다.

이런 논증에 반대해서 '결정론과 자유'의 비양립주의자들은 비결정론적인 세계에서는 자유가 가능하다고 주장한다. 사람은 자신의 자유의지를 발휘해서 연쇄 운동의 첫 운동자, 즉 '부동의 운동자'가 될 수 있기 때문이다.

이에 대한 반론 — 이러한 자유는 현실적인 인간의 자유와 맞지 않는다. 이는 자유에 대해서 아무것도 설명하지 않는다. 또한 이는 물리적인 것의 닫힘 원칙에 모순된다.

'결정론과 자유'의 양립론은 지적한다. 우리가 일상에서 말하는 종류의 자유는 이 세계가 결정론적일 때에도 주어진다.

비관주의는 "의지의 자유가 존재한다"는 것을 부정한다. 문제는 의지의 자유가 없으면, 행위의 책임도 없다는 점이다. 비관주의에 따르면, 어느 누구에게도 책임을 귀속시킬 수 없다. 이는 심각한 문제이다.

II
중세

고대에 철학은 모든 학문들을 통합시켜 주는 왕자로 간주되었지만, 중세에서 철학은 '신학의 시녀(ancilla theologiae)'가 되었다. 철학의 과제는 기독교 신앙의 내용들을 이해할 수 있도록 만들고 이성을 통해서 근거 짓는 것이었다. 기독교 텍스트에 대한 연구는 주로 수도원에서, 12세기부터는 새로 설립된 대학들에서 교회의 감시를 받으며 행해졌다. 이 시대에 철학은 독자적인 존재 근거를 갖지 못했다.

기독교 철학의 **첫 번째 시기**에 교부(敎父)들은 후기 고대 철학(3-7세기)과 중첩되는 시기에 신학적 신념들의 체계화를 이룬다. 특히 아우렐리우스 아우구스티누스(354-430)가 가장 큰 기여를 하였다. 그의 저작들은 기독교 교의학의 첫 번째 통합된 체계였고, 지성의 역사에 지대한 영향을 미쳤다. 『고백록』에서 그는 자기 인식과 신에 대한 인식에 이르는 길을 서술하였다. 특히 주관적인 시간 지각과 객관적으로 존재하는 영원 사이의 관계를 밝힌 시간의 분석이 유명하다.

기독교 철학의 **두 번째 시기**는 스콜라 철학의 시기(9-15세기)이다. 학자들은 기독교 신앙의 가르침들을 더 이상 체계화하지 않고, 이성을 통해서 정당화하려고 노력하였다. 이를 위해 스콜라 철학자들은 논증을 통해서 찬성과 반대를 진술하고, 서로 대립시킴으로써, 이성을 통해 기독교 신앙의 진리들을 논증하는 방법을 개발하였다. 그들에게는 한편으로는 논증들의 설득력과, 다른 편으로는 고대 철학자들과 교부들의 권위가 중요하였다. 대학에서 금지되었던 논쟁은 스콜라 철학의 이러한 흐름에 부합하였고, 때때로 아주 정교한 생각을 보여 주었다.

스콜라 철학의 핵심적인 물음 중 하나는 **신의 존재가 증명**될 수 있는지에 대한 것이었다. 스콜라 철학의 아버지로 간주되는 캔터베리의 안셀무스(1033-1109)는 '존재론적 신 존재 증명'을 한다. 이는 신의 존재를 '신'이라는 개념 자체에서 도출해 내는 것이다. 스콜라 철학의 완성자는 토마스 아퀴나스(약 1225-1274)이다. 그는 아우구스티누스와 아리스토텔레스의 생각을 연결하고자 하였다. 이러한 시도가 가능했던 이유가 있다. 중세에 아랍의 학자들이 아리스토텔레스의 저작들을 번역했고, 이것들이 스페인을 거쳐 다시 유럽으로 들어왔기 때문이다.

스콜라 철학의 두 번째로 중요한 물음은 이른바 **보편자 논쟁**이었다. '소'와 같은 보편적 개념들, 즉 보편자가 실제로 존재하는가? 아니면 오직 개별적인 사물들만 실제로 존재하고, 보편자들은 단지 이름에 불과한가? 보편자 실재론은 보편적 개념들이 실제로 존재한다는 입장이다. 보편자 유명론은 보편자가 이름일 뿐이고, 오직 구체적인 사물들만이 실제로 존재한다는 입장이다. 가장 유명한 유명론자는 윌리엄 오컴(약 1280-1348)이다. 그는 '오컴의 면도날'이라는 원리로 유명했다. 필연적인 실재들만 가정되어야 한다. 불필요한 존재는 모두 면도날로 잘라내야 한다. 이에 따르면, 보편자들은 실재자로 간주될 수 없다. 보편자들은 필연적이지 않기 때문이다.

스콜라 철학 외에 **신비주의**도 발전했다. 신비주의는 신과의 합일에서 오는 신비를 주장한다. 마이스터 에크하르트(약 1260-1328)가 가장 유명하다. 중세 말기에는 신플라톤주의와 신비주의 사상을 수학적인 사유와 연결시켰던, 독자적인 사상가 니콜라우스 폰 쿠에(Nikolaus von Kue, 1401-1464)가 활동하였다.

4. 신 존재의 증명

신은 존재하는가? 이 물음에 답하기 위해서는 먼저 "무엇이 신인가"를 설명해야 한다. 무엇에 대해 말하는지 모른다면, 그것이 존재하는지 아닌지에 대해서도 말할 수 없기 때문이다.

고등 종교는 두 종류가 있다. 유일한 신이 사람 안에 있는가, 밖에 있는가? 전자는 내재하는 신이다. 범신론이다. 후자는 외재하는 신이다. 유일신론이다. 신 존재 증명은 후자에 해당되는 종교에서 나온다.

신은 누구인가? 혹은 신은 무엇인가? 기독교, 유대교, 이슬람교와 같이 유일한 신을 믿는 전통적인 유일신론에 따르면, 신은 두루 존재하고(遍在), 모든 것을 할 수 있고(全能), 모든 것을 아는(全知) 우주의 창조자이다. 신은 몸을 가지지 않으며, 완전하고, 선하다. 죽지 않고 영원하다. 완벽한 인격을 가졌다(인격신). 이런 특징들은 여러 시대를 거치는 동안 다양한 사람들에 의해 서로 다르게 해석되었다. 신에 대한 이러한 개념 정의들을 보면, 전통적으로 신을 어떻게 이해해 왔는지 알 수 있다.

이어서, "도대체 신은 존재하는가?"라는 물음이 제기될 수 있다. 신앙에 근거해서 이 물음에 답을 하는 것은 종교와 신학의 영역이다. 철학이 아니다. 나아가 신 존재의 물음에 대한 답은 신을 믿거나 믿지 않는다는 사실을 통해서 제시될 수 없다. 왜냐하면, 믿음을 통해 신의 존재를 입증하려는 태도는 독단(dogma)이다. 그것은 근거가 지어지지 않은 주장에 불과할 것이기 때문이다.

역사적으로 합리적으로 받아들일 만한 근거 찾아서 신이 실제로 존재함을 증명하려 했다. 이러한 시도는 '신 존재 증명'이라 불린다. 이 장에서는 가장 유명한 신 존재 증명들을 검토해 보기로 한다.

4.1 기적 논증

기적에 의한 신 존재 증명(das Wunderargument)은 기적의 존재를 가정하고, 그로부터 신의 존재를 유도해 내는 논증이다. 신이 기적을 일으킨다. 따라서 기적을 보면, 신의 존재를 알 수 있다.

기적이란 자연 현상과는 다른 어떤 사건을 말한다. 기적은 주로 종교와 연관하여 발생한다. 수태 고지(예수의 잉태를 알림)와 예수의 부활은 기독교 전통 내에서 가장 유명한 기적에 속한다. 작은 마을의 교회에 성모 마리아가 나타났다는 식의 더 작은 기적들도 이에 포함된다. 특히 중세 시대에 신과의 합일을 추구했던 신비주의자들은 기적으로 볼 수 있을 만한 신에 대한 인상 깊은 체험들을 증언한다. 마이스터 에크하르트(약 1260-1328)와 힐데가르트 폰 빙겐(1098-1179)이 유명한 신비주의자들이었다.

그렇다면, 이제 정말로 기적이 있다고 한번 가정해 보자. 기적은 자연적인 원인들을 가지고 있지 않을 것이다. 왜냐하면, 자연적인 원인을 가지는 사건이라면, 그것은 기적이 아니기 때문이다. 예를 들어, 처녀가 아이를 임신하거나 누군가가 밝은 햇빛에서 번개를 본다거나 하는 것은 자연법칙을 거스르며, 따라서 기적으로 간주된다. 만일 이런 현상들이 우연히 일어난 것이 아니라면, 이 현상들은 일어난 이유에 대해서 적당한 설명이 있어야만 한다.

만일 어떤 사건(기적)이 일어났는데, 자연의 현상이 아니라면, 초자연적인 것이 일으켰다고 해야 한다. 이 경우 신이 초자연적인 현상을 일으켰다고 할 수 있다. 신은 인간을 돕고, 사람들에게 자신의 존재를 알리기 위해서 이 세상에 직접 개입한다. 이런 점에 근거해서, 신은 존재한다는 것이 도출된다.

기적이 일어났는지에 관해서는 주로 목격자들의 진술에 의존한다. 신뢰할 만한 사람이 기적을 직접 목격했으며, 그가 사람들을 속이려고 거짓말을 하지는 않는다. 큰 규모의 기적인 경우 많은 목격자들이 아주 비슷하게 증언한다. 따라서 기적은 존재한다.

반론 1 기적처럼 상식으로 설명할 수 없는 것들이 매력적이고 종교적 믿음을 보호해 주기 때문에, 사람들은 기적을 믿으려는 성향을 가진다. 기적을 믿음은 이런 성향에서 나온다. 신을 가정할 필요가 없다.

대답 기적을 직접 경험한 사람들이 있다. 이들을 단지 초자연적인 것을 믿으려는 욕구가 강한 사람들로 미리 규정해버리는 것은 공평하지 않다.

반론 2 우리가 증언을 확보하고 있는 기적들, 특히 성경의 기적들은 몇백 년, 몇천 년 전에 일어났다. 그런 기적들은 단지 단편적인 목격담만이 전해져 온다. 또한 이런 목격담은 많은 전달자들을 거쳐서 우리에게 도달했다. 따라서 그 진술이 참일 것이라는 개연성은 그만큼 적다.

대답 아주 예전에 일어났다는 사실만으로 기적을 신뢰할 수 없다고 할 수는 없다. 몇 가지 기적들의 경우 신뢰할 만하고, 서로가 독립적인 목격담들이 잘 알려져 있다.

반론 3 기적을 증언하는 증인이 기만당하거나 스스로를 속이지 않는다고, 참된 증언을 한다고 치자. 그래도 문제는 있다. 기적적인 사건 자체가 얼마나 있을 법한 일인가? 잘 일어나지 않기에 '기적'이라 하지 않는가? 자연적인 설명을 허용하지 않는 진짜 기적은 그것이 얼마나 있을 법한 일인지 연구되어야 한다. 이 경우 다음과 같은 상황이 발생한다.

문제가 된 사건이 기적인 경우일수록, 그것이 실제로 일어날 확률은 적다. 증언이 더 생생한 것처럼 보일수록, 그 사건이 기적이었는지에 대한 의심은 더 커지게 된다. 따라서 그 사건이 발생했다는 사실이 불확실하거나, 그 사건이 기적이었다는 사실이 불확실하거나 둘 중 하나일 수 있다. 기적에 우선권을 주는 사람은 그것이 기적일 것이라고 미리 큰 신뢰를 부여할 것이다. 반면 초자연적인 존재의 개입을 기본적으로 믿지 않는 사람은 기적을 결코 신뢰하지 않으려 할 것이다.

반론 4 기적은 세계 안에는 없다. 세계는 자연 법칙이 적용된다. 자연 법칙은 초자연적인 것의 개입을 배제하기 때문이다. 만일 기적이 존재한다고 주장한다면, 그는 불가능한 것을 주장하는 셈이다.

대답 기적은 증명하기가 어렵지만, 논리적으로 보았을 때 기적의 존재는 불가능하지는 않다. 단지 '자연계'라는 하나의 닫힌 체계 안에서만 불가능할 뿐이다. '닫힌 체계'란 그 외부로부터 어떤 영향도 받지 않는 체계를 말한다. 물리학에서 '닫힌 체계'의 한 예는 에너지 보존 법칙이다. 에너지가 어떻게 변하던 에너지의 총량은 보존된다는 법칙의 배후에 놓인 가정은 '물리적인 것'의 '닫힘성 원칙'이다.

그러나 현실에는 그런 닫힌 체계가 없다. 한 학급, 한 국가, 지구 등은 닫힌 체계가 아니다. 가령 공기가 학급 안으로 들어가며, 한 국가는 다른 이웃 국가와 무역을 하며, 지구의 표면으로 운석들이 떨어진다. 물리계의 인과적 닫힘성 때문에 기적이 배제되어야 한다면, 우주가 인과적으로 닫혀 있다는 것이 먼저 증명되어야 한다.

대답에 대한 반론 기적이 불가능하다는 것은 분명 증명하기 힘들다. 그러나 기적은 자연과학의 기본적인 가정들에 위배된다. 자연법칙은 기적을 배제한다. 이는 기적을 믿지 않아도 되는 좋은 이유이다.

4.2 목적론적 증명

목적론에 근거해서 신의 존재를 증명한다. 자연 안에 목적(telos) 혹은 계획이 있다. 최고의 목적, 혹은 계획자가 바로 신이다. 목적론으로부터 신의 존재를 도출하려는 시도이다. 다음 두 논증이 있다.

고대 그리스의 아리스토텔레스(기원전 384-322)가 목적론을 체계화 시켰고, 중세의 토마스 아퀴나스(약 1225-1274)가 이런 증명을 제시하였다. 이 세계는 하위의 존재가 상위의 존재를 목적으로 삼아서 움직인다. 이런 목적의 연쇄의 맨 위에는, 모든 것의 목적이 되면서, 자신의 목적이 없는 최고의 목적이 있다. 이를 '부동의 원동자'라고 한다. 이것이 바로 신이다.

목적론과는 다른 측면에서 윌리엄 페일리(1743-1805)는 '시계 제작공 논증'을 제시한다. 이는 목적론적 신 존재 증명의 한 형태이다.

우리가 시계를 하나 본다면, 누군가 시간을 재기 위한 '목적'을 가지고 그것을 만들었다고 추론할 수 있다. 시계의 복잡성을 근거로, 시계를 제작한 지적인 기술자가 존재한다고 추론한다.

이 세계에는 사람이 만든 시계보다 더 복잡한 수많은 식물과 동물이 있다. 그런 복잡한 생명체들은 무(無)나 우연으로부터 나올 수 없다. 그래서 유비(類比)의 규칙에 따라, 시계를 만든 기술자처럼, 이 세계도 누군가 '목적'을 가지고 만드는 존재가 있어야 한다. 그는 '신'이라 불리는 계획자나 설계자이다.

이 논증은 신의 존재 뿐만 아니라, 신의 인격성도 증명한다. 신의 전지 전능함은 그 인격에서 나온다.

반론 1 이 논증은 신의 존재를 도출할 수 없다. 기독교의 신은 단 하나의 존재, 즉 유일신이다. 시계는 단 하나의 기술자가 만들지 않는다. 시계나 자동차처럼 복잡한 것일수록 수많은 기술자의 협업으로 만들어진다.

복잡한 시계가 있으면, 한 기술자가 만들었다고 단정할 수 없다. 마찬가지로 복잡한 이 세계가 있다고 해서, 그 창조자는 단 하나라고 결론을 내릴 수 없다.

반론 2 이 논증의 결론이 타당하지 않다. 이 논증은 비슷한 결과로부터 비슷한 원인을 추측한다. 시계라는 결과는 제작자라는 원인이 있다. 그렇다고 해서, 세계라는 결과에 대해서는 제작자로서 신이라는 원인이 있어야 하는가? 이는 모든 대안적인 원인을 배제한 것이다.

이 세계는 시계와 다를 수 있다. 제작자가 창조한 것이 아니라, 진화론처럼 다른 모델로 만들어질 수 있다. 만약 시계로 유추하려 한다면, 먼저 이 세계는 시계처럼 누군가 만들었다는 것을 증명해야 한다. 증명하지 않고, 미리 전제한다면, 이는 선결 문제 요구의 오류(petitio principii)이다. 제작자 모델은 이미 신의 존재를 가정한 것이다. 따라서 이런 논증은 인식론적 가치가 결여되어 있다.

반론 3 생명체들의 창조자로서 신을 하나의 가설로 도입하면, 이 가설이 얼마나 그것들을 잘 설명해 주는가? 과학 이론들과 얼마나 잘 연계될 수 있는가?

첫째, '신'이라는 가정이 별로 설명되지 않고 쓰이고 있다. 설명해야 할 대상인 '생명체'라는 말보다, 설명하는 말인 '신'이 더 모호하다. 그렇다면 '신'이라는 말은 우리의 무지에 대한 또 다른 이름에 불과한 것일 수 있다.

둘째, 신의 창조와 같은 초자연적인 개입은 '물리적인 것의 닫힘성' 원칙과 같은 과학의 기본적인 가정들과 모순된다.

반론 4 신이라는 하나의 가설을 도입할 경우, 이는 다른 가설들과 경쟁 관계에 놓이게 된다. 생명체의 탄생과 다양성 같은 것에 관해서는 이미 좋은 대안적 설명이 있다. 바로 진화론이 그것이다. 신이 생명체를 무로부터 창조했다. 진화론에서 보자면, 이런 주장은 너무 많은 부분에서 아무 근거나 증거 없이 단지 믿음에 호소하는 것이다.

대답 신은 생명체를 무(無)로부터가 아니라, 진화의 도움을 통해서 창조했다. 따라서 '신'의 개념은 진화를 설명해 준다.

이는 일종의 이신론(理神論)이다. 신은 이성적인 법칙에 따른다.

대답에 대한 반론 이런 대답은 목적론적 신 존재 증명의 본래 의도에 위배된다. 목적론적 증명에서 핵심은 신의 목적과 계획이다. 생명체들의 출현이 진화에 따른 것이라면, 신의 목적과 계획은 어디에 있는가? 또한 만일 '신' 개념이 진화론을 위해서 사용된다면, 목적론적 신 존재 증명이 아닌 다른 형태의 신 존재 증명으로 변질되고 만다.

4.3 인과론적 증명

'인과론적 신 존재 증명'은 더 거대한 추상화 작업을 통해 '목적론적 증명'에 대한 반론들을 피하고자 한다. 인과론적 증명은 신의 존재를 구체적인 생명체들의 존재로부터가 아니라, 세계의 존재, 세계의 추상적 질서, 질서 잡힌 우주의 존재로부터 도출해 내고자 한다.

토마스 아퀴나스(약 1225-1274)가 이 증명의 유명한 한 형태를 제시하였다. 첫째, 세계 안에는 원인과 결과가 있으며, 원인이 시간적으로 결과보다 선행한다. '원인과 결과'를 줄여서 '인과'라 한다.

둘째, 자기가 자신의 원인이 되는 것은 불가능하다. 왜냐하면 동시에 원인이자 결과라는 것은 모순이기 때문이다. 원인과 결과들 사이에는 '인과의 사슬'이라는 하나의 질서가 있어야 한다.

셋째, 인과의 사슬이 무한히 거슬러 올라가는 것은 불가능하다. 만약 인과 사슬이 무한히 거슬러 올라간다면, 맨 처음의 원인이 존재할 수 없다. 첫 원인이 없다면 그 이후에는 어떤 원인도 존재할 수 없다. 따라서 맨처음의 원인이 존재해야만 한다. 이 최초의 원인이 신이다.

이 논증은 우주 전체의 인과 사슬을 거론하기 때문에 '우주론적 증명'이라고도 한다.

인과론적 증명은 고대 그리스의 플라톤과 아리스토텔레스, 중세 아랍과 유대의 사상가들, 그리고 근대의 스피노자와 라이프니츠 등이 다양한 형태로 제시했다.

반론 1 원인과 결과들 사이에 '인과의 사슬'이라는 위계 질서가 있다고 치자. 왜 맨처음의 원인이 신이어야 하는가? 설사 그것이 신이라 하더라도, 신은 왜 더 이상의 원인을 필요로 하지 않는 예외이어야만 하는가? 신 역시 다른 원인에 의해 초래된 것일 수 있다.

반론 2 인과 사슬이 무한정 거슬러 올라갈 수 없다는 아퀴나스의 세번째 전제가 의심스럽다. 인과 과정은 무한하게 거슬러 올라갈 수도 있지 않는가? 우주가 무한하다는 가능성도 열려 있다. 따라서 무한 소급이 불가능하다는 것은 증명되어야 한다.

반론 3 인과론적 증명은 잘못된 근거에 기초해 있다. 이 증명에서 말하는 '원인-결과'는 일상적 경험에서 쓰이는 '원인-결과'와 같지 않다. 일상적에서 우리가 접하는 '원인'과 '결과'는 고작해야 몇 개일 뿐이다. 인과 사슬이 무한하게 후퇴하느냐, 하나의 시작을 갖느냐, 이런 것은 일상적 의미의 '원인-결과'와는 다르다. 따라서 그런 방식으로 신의 존재에 대해 답하고자 하는 것은 의미가 없다.

대답 철학은 이성적 추론이다. 그것은 일상의 감각적 경험에만 한정되지 않는다. 철학은 일상의 도움을 빌리지 않고도 이성적 추론으로 알 수 있는 것에 대해 숙고하는 과제를 떠맡아 왔다. 이는 개념의 일상적인 적용 영역을 넘어서는 개념의 사용을 포함한다.

4.4 존재론적 증명*

존재론적 증명은 신의 존재를 '신'이라는 개념으로부터 직접적으로 도출하는 것이다. '존재론적'이란 말은 '존재와 관련하는'이란 뜻이다. 개념의 존재에서, 그 개념이 의미하고 지시하는 대상의 존재가 도출되어 나온다. '신'이라는 개념에서, '신'이라는 말이 뜻하는 대상, 지시하는 대상이 끌려 나온다.

이 경우 경험이 필요 없기 때문에, 이 논증의 결론을 선험적(a priori)[1] 인식이라 할 수 있고, 또한 이 논증을 선험적 증명으로 볼 수 있다. 존재

1 라틴어 prius는 '무언가에 선행함'을 뜻한다. prius에서 priori가 나왔다. '경험에 선행함'이라는 뜻이다.

론적 증명의 가장 정교한 형태는 안셀무스(1033-1109)가 제시했다.

안셀무스의 주장을 요약하면 이렇다. '신'은 완전자이다. 완전하기 때문에 '신'이라는 말이 지시하는 대상은 현실에 존재해야 한다. 만약 존재하지 않는다면, 그것은 '신'이 불완전하다는 것이다.

안셀무스는 신 존재를 증명하기 위해서, 무신론자와의 대화를 가정한다. 무신론자는 신은 존재하지 않는다고 주장한다. 안셀무스는 먼저 신이 무엇인지 정의한다. 신은 그보다 더 큰 것을 생각할 수 없는 존재(G)이다. 가장 큰 존재이다. 무신론자는 안셀무스의 이 말이 무엇을 의미하는지 이해한다. 만일 그러하다면, 이 존재(G)는 적어도 무신론자의 의식 속에 존재한다. 안셀무스의 이 말도 또한 무신론자는 이해한다. 그리고 무신론자는 안셀무스에게 반론을 제기한다.

무신론자는 '신'이라는 말의 대상(G)은 오직 자신의 의식 속에서만 존재할 뿐, 객관적으로 실제로 존재하지는 않는다고 주장할 것이다. '신이 없음'(無神)의 의미가 그것이다. 여기서 무신론자의 주장에는 하나의 문제가 모순이 발생한다. 만일 사람의 의식 속에만 있는 존재(G1)를 생각한다면, 실제로 현실에 있는 똑같은 존재(G2)를 생각할 수 있다.

사람의 의식 속에만 있는 존재(G1)는 실제로 현실에 있는 존재(G2)보다 작다. 이로써 무신론자는 모순에 빠진다. 왜냐하면 그는 그보다 더 큰 것을 생각할 수 없는 존재(G, 신)를 부정하면서, 자신이 생각하고 있는 존재(G1)보다 더 큰 존재, 즉 실제로 있는 존재G2)를 말하고 있기 때문이다. 다시 말하자면, 무신론자는 논증 과정에서 가장 큰 존재(G)를 생각하고 있다고 주장하지만, 이 존재(G1)는 가장 크지 않다. 따라서, 가장 큰 존재(G)는 오직 의식 속에서만 존재한다(G1)는 무신론자의 첫 가정은 틀렸다. 무신론자는 이 존재가 실제로도 존재한다G2)고 인정해야만 한다. 고로 신은 존재한다.

안셀무스의 논증은 귀류법(reductio ab absurdum)의 형태를 갖추고 있다. 하나의 가정이 논증의 특정한 목적과 만난다면, 이 가정이 틀릴 수밖에 없는 불합리한 결론이 도출되게 된다. 다시 말해서, 어떤 주장 A를 증명하기 위해서, 먼저 모순되는 명제인 ~A가 옳다고 가정한다. 그리고 ~A가 틀림을 논증한다. 그렇다면 그 반대인 A가 옳게 된다. 이렇게 해서 A를 증명하는 것을 귀류법이라 한다.

반론 1 안셀무스의 존재론적 증명은 신의 존재가 아니라, 가장 큰 존재를 증명하고 있다.

대답 '크다'는 것은 전의(轉義)적인 의미로 이해될 수 있다. 신은 그보다 더 강하고 완전한 것이 생각될 수 없는 존재이다. 이런 의미들을 대표해서 '크다'고 한 것이다.

반론 2 그 증명이 건전하다[2]고 가정해 보자. 그러면, "그보다 더 큰 것이 생각될 수 없는 가장 큰 존재"라는 표현은 "그보다 더 강한 것이 생각될 수 없는 가장 강한 남자" 혹은 "그보다 더 사려 깊은 것이 생각될 수 없는 가장 사려 깊은 여자"라는 표현으로 대체할 수 있다.

만일 누군가 "가장 강한 남자는 없다"고 주장한다면, 그는 자기 모순에 빠지게 된다. 왜냐하면 '실제로 존재하는 남자'가 '순전히 생각된 남

2 논리학 용어인 'sound'는 '건전하다, 견실하다'로 번역된다. 삼단 논법의 경우, 논증 형식이 맞으면 'valid'(타당하다)라고 하고, 형식 뿐만 아니라 내용까지 맞으면 '건전하다'고 한다.

자'보다 더 강하기 때문이다. 이로부터 그보다 더 강한 것이 생각될 수 없는 가장 강한 남자는 실제로 존재한다는 결론이 나온다. 그러나 이런 결론은 불합리하다. 왜냐하면 이러한 의미에서의 가장 강한 남자는 존재하지 않기 때문이다. 이로부터 가정된 진술은 틀렸고, 증명도 유효하지 못하다는 결론이 도출된다.

대답 이 논증은 신이라는 존재에만 적용된다. 만일 위에 언급된 남자가 실제로 가장 강하다면, 그것은 신일 것이다. 왜냐하면, 신은 생각할 수 있는 가장 강한 존재이기 때문이다.

반론 3 만일 안셀무스가 무신론자의 의식 속에 그보다 더 큰 것이 생각될 수 없는 존재가 있다고 주장하면서, 동시에 이 존재가 실제로 존재한다고 주장한다면, 그는 스스로 모순에 빠진다. 즉, 그는 가장 큰 존재가 무신론자의 의식 속에 있다고 주장하면서도, 동시에 이 가장 큰 존재보다 더 큰 존재가 실제로 있다고 주장하기 때문이다. 이처럼 무신론자에게 적용된 논리를 그대로 안셀무스에게도 적용할 수 있다.

반론 4 지금까지의 반론들에서는 존재(있다)를 또 하나의 속성(이다)으로 간주하는 안셀무스의 가정이 의심 없이 받아들여졌었다. 실제로, 중세의 철학자들은 존재를 또 하나의 속성으로 간주하는 것에 대해 별다른 의심을 갖지 않았다. 그러나 안셀무스의 논증에 대한 더 중요한 반론이 외부로부터 제기되었다.

안셀무스의 논증에서는 'be' 동사의 두 뜻인 '이다'와 '있다'의 혼동이 중요한 역할을 한다. 안셀무스는 'be' 동사를 속성을 가리키는 '이다'로 쓰면서, 동시에 실재를 뜻하는 '있다'로도 쓴다. 이는 틀렸다. "신은 전능한 **이다**"와 같은 판단에서 '이다'는 단지 '신'이라는 주어를 '전능한'이라는 술어와 연결해 주는 언어적 도구(copula)일 뿐이다. 그런데 그는 "신은 xxx **이다**"라는 말을 "신은 xxx로 **있다**"로 동일시한다. 그렇게 해서 신의 있음(존재)를 당연한 것으로 간주한다.

안셀무스를 이어서 데카르트(1596-1650)는 존재론적 증명의 한 형태를 소개한다. 이에 맞서 임마누엘 칸트(1724-1804)가 가장 먼저 이런 반론은 제시하였다. 프레게(1848-1925) 이후 현대 논리학에서는 '이다'를 논리적 양화사(量化辭, 양을 표시하는 말) 가운데 "~인 X가 적어도 하나는 있다"라는 뜻을 가진 존재 양화사로 본다. 주어-술어의 연결을 그렇게 해석한 것이다.

4.5 신의 존재를 부정하는 논증

신 존재 증명을 비판하는 것과 신이 없음을 증명하는 것은 다르다. "신이 존재하지 않는다"는 논증 역시 다양하게 시도되어 왔다. 신의 존재를 반대하는 가장 유명한 논증들 가운데 하나는 세계 안의 악(惡)의 문제이다. 이 논증은 '변신론(辯神論 神正論 theodicy)'이라 한다.

신은 전지전능한 존재이다. 또한 신은 완전히 선한 존재이다. 신은 모든 것을 알고, 모든 것을 행할 수 있다. 그리고 선하다. 신이 이 세상을 창조했다.

이러한 가정들을 다 고려하면, 신은 오직 선한 것만을 창조할 수 있다는 결론이 나온다. 그러나 이 세계에는 악이 있다. 크고 작은 전쟁에 휘말린 수많은 사람들이 있다. 인류사에 끔찍한 자연 재해가 일어났다. 전지 전능하고 선한 신이 있다면, 이런 일이 일어났겠는가?

또 하나의 논증이 있다. 신은 착한 일을 하는 사람에게 상을 주고, 악한 일을 하는 사람에게 벌을 준다. 그러나 현실적으로 보자면, 악한 사람이 꼭 벌을 받는 것도 아니며, 착한 사람이 꼭 상을 받는 것도 아니다.

신의 존재에 대한 가정은 이러한 경험적인 판단들과 모순되기 때문에 옳지 않다. 세계에는 악이 있기 때문에, 그 어떠한 전지 전능하고 완전하게 선한 신은 존재할 수 없다.

반론 1 "신은 전지전능하다"와 "신은 완전히 선하다"라는 두 전제 중 하나를 포기하면, 이 문제는 발생하지 않는다.

대답 두 전제 가운데 하나를 포기한 신 개념은 기독교나 이슬람교 등에서 말하는 유일신 개념과 정면으로 배치된다. 전지전능하지만, 부분적으로 악한 신이나, 혹은 완전히 선하지만, 전지전능하지 못한 신이라면, 어떻게 그 신을 숭배할 수 있겠는가?

반론 2 악의 문제는 신에 대한 이해를 단념하게 하지 않고, 오히려 신을 더 정확하게 파악하게 해 주며, 종교 교리를 현실적으로 수정하도록 해 준다.

신은 전능하다. 그렇더라도 신은 제약들을 가진다. 예를 들자면, 신은 논리적으로 불가능한 것을 의도할 수도 없고, 창조할 수도 없다.

악은 선과 짝을 이루는 개념이다. 악이 없이는 선도 없다. 따라서 신이 선한 것을 창조하고자 한다면, 악도 역시 창조해야만 한다.

나아가 신은 인간이 자유 의지를 가지도록 창조했다. 자유로운 의지를 가졌기 때문에 인간은 잘못된 것을 할 수 있다. 인간은 불완전하기 때문이다.

자유 의지라는 큰 선물에 비하면, 자유 의지의 사용으로 발생할 수도 있는 악은 상대적으로 덜 중요하다. 그러므로 세계 내의 악에 대해서 모두 신의 책임은 아니다. 신이 전지전능하고 선하더라도 세상에는 악이 존재할 수 있다.

고대의 플로티노스(약 204-270)에서부터, 교부 철학자인 아우구스티누스(354-430), 근대 독일의 라이프니츠(1646-1716) 등이 이러한 생각들을 제시했다. 라이프니츠 이래로 이런 논증은 변신론(신을 변명하는 이론)이라고 불린다. 이 논증의 결론은 이렇다. 우리가 살아가는 세계는 악에도 불구하고 가능한 세계들 중 가장 최선의 세계이다.

대답 악이 있어야만 선이 있다는 원리는 의심스럽다. 악이 없다면, 우리는 선을 인식할 수 없을 수도 있다. 그러나 악이 없어도 선이 있을 수 있다. 이는 논리적으로 가능하다. 그럼에도 불구하고, 이것이 논리적으로 배제되어야만 한다는 주장은 여전히 해명을 필요로 한다.

인간이 자유 의지를 가지도록 신이 창조했다고 해도, 문제는 여전히 해결되지 않는다. 왜냐하면, 병을 앓거나 자연재해와 같은 자연적 악이 남아있기 때문이다. 신이 완전하게 선하다면, 그러한 악도 허용하지 않아야만 한다.

4.6 파스칼의 내기인가? 오컴의 면도날인가?

이 논쟁으로부터 어떠한 결론을 내릴 수 있을까? “신은 존재한다”와 “신은 존재하지 않는다”라는 두 주장 가운데, 우리는 어느 쪽에 더 우선권을 주어야 하는가?

4.6.1 파스칼의 내기

파스칼(1623-1662)은 한 상황으로 우리를 초대한다. 우리는 신이 있는지 없는지 모른다. 우리는 그것을 결코 알아낼 수 없을 것이다. 그러나 우리는 적어도 두 가지의 가능성이 있다는 것은 안다. 즉 신은 존재하거나 존재하지 않는다. 그렇다면 우리는 어느 쪽을 믿어야 할까? 적어도 어느 한쪽은 찬성을 해야만 한다. 물론 그 둘 다를 거부하는 제3의 길도 있다. 일단 둘 중 하나만 선택해야 하는 상황이라 가정하자.

만일 "신은 존재하지 않는다"는 쪽을 선택한다면, 우리는 모든 경우에 아무것도 얻지 못한다. 첫째, 신이 실제로 존재하지 않는다면, 죽은 뒤에 낙원에 가지 못할 것이다. 신이 있어야, 낙원도 구원자도 있기 때문이다. 둘째, 신이 실제로 존재한다면, 우리는 낙원에 가지 못한다. 신을 믿지 않는 자들은 신이 구원하지 않기 때문이다.

반대로 우리가 "신은 존재한다"는 쪽을 선택한다면, 이익을 얻을 수도 있다. 첫째 실제로 신이 존재하지 않을 경우, 위에서 말 것처럼 낙원에 가지 못할 것이다. 둘째, 만일 신이 실제로 존재한다면, 우리는 신에 의해 구원을 받을 것이다.

우리가 신을 믿지 않으면, 우리는 모든 경우에 아무것도 얻지 못한다. 그렇지만 신을 믿을 경우, 어떤 경우에는 구원을 얻을 수 있다. 따라서, 신을 믿는 쪽이 더 합리적이다.

4.6.2 오컴의 면도날로 잘라내기

신이라는 가정이 과학적 세계관에 포함될 수 있는지에 대해 생각해 본다면, 이 가정이 얼마나 문제가 많은지 알게 된다. 간단히 말해서 신이라는 가정은 과학적 세계관에 포함될 수 없다. 그럼에도 불구하고, 신이 존재한다고 가정해 보자. 그러면 신을 가정함으로써 우리가 세계를 더 잘 설명할 수 있는가? 답변은 부정적이다.

우리가 과학적으로 설명할 수 있는 모든 것은 '신'이 없어도 잘 설명될 수 있다. 자연을 설명하면서 '신'을 참조하라는 지시는, 그 문제에 대해서 "우리가 잘 모른다"는 말의 다른 표현에 지나지 않는다. '신'을 빼고 자연 안에서만 설명했기에(닫힘성 원리) 오히려 근대 자연과학이 발전한 것이다.

'신'이라는 개념을 삭제해도 세계에 대한 설명에는 아무런 문제가 없다. '신'이라는 개념은 '오컴의 면도날'에 따라 잘라내면 된다. 윌리엄 오컴(약 1280-1348)이 제시한 원칙에 따르면, 그 존재가 필연적이지 않은 실재들, 혹은 개념들은 잘라내야 한다. 따라서, '신' 이라는 개념은 삭제되어야 한다.

오컴은 신학자였다. 따라서 그는 '신'의 개념을 부정하려는 데에 자신의 원리가 사용되는 것을 동의하지 않을 것이다. 그는 이 원칙을 통해서, 불필요한 실재들을 잘라내야 신의 권능이 축소되지 않는다는 것을 증명하려 했기 때문이다.

요약

신은 존재하는가? 이 물음에 대한 긍정적인 대답은 다양한 방식으로 시도되어 왔다.

기적 논증은 잘 증언된 초자연적 사건들을 참조하라고 알려 준다. 그러나, 그 사건들이 기적일 수 있는 개연성을 확인해 보면, 기적 논증은 설득력을 잃고 만다.

목적론적 증명은 생명체와 인공물의 유비를 통해서 지적인 기술자의 존재를 추론한다. 그러나, 이 유비는 그러한 결론을 이끌어 내기에는 너무 약하다. 게다가 진화론과 같이 더 큰 설명력을 가진 이론이 있다.

인과론적 증명은 질서잡힌 우주의 존재로부터, 원인과 결과가 있다는 일반적인 사실로부터, 최초 원인으로서의 신을 추론한다. 그러나 최초의 원인이 반드시 신이어야 한다는 근거가 없다.

존재론적 신 존재 증명은 '신'이라는 개념에서 신의 존재를 도출해 낸다. 주어와 술어를 연결하는 말인 '이다'는, 실재함을 뜻하는 '있다'와 다르다. 이 증명은 언어적인 혼동에 기초해 있다.

변신론은 신의 존재에 반대하여, 세계 내에 악이 있다는 것을 들어 논증한다. 신은 전능하고 선하기 때문에, 그 어떤 악도 창조해서는 안 된다. 그러나 세계에는 악이 있다. 따라서 신은 존재하지 않는다.

그럼에도, 이 문제를 해결하고자 하는 시도가 있었다. 만일 신 존재에 대한 증거가 발견되지 않거나, 신이라는 가정이 설명상에 아무런 차이도 가져오지 못한다면, 파스칼이 제안한 내기를 해 보거나, '오컴의 면도날'에 따라 '신'이라는 개념을 우리의 이론에서 삭제할 수 있다.

III
근대

새 과학의 발흥: 신학 철학 과학

서양 근대는 철학이 신학에서 분리되는 것으로부터 시작된다. 교회는 2세기의 학자인 프톨레마이오스의 천동설을 가르쳤다. 지구는 우주의 정지된 중심점이다. 모든 천체는 지구를 중심으로 돈다.

코페르니쿠스(Nikolaus Kopernikus, 1473-1543)는 지동설을 주장하여, 그러한 세계상을 정면으로 반박했다. 태양이 중심점이다. 지구를 포함한 행성들은 태양을 돈다.

이를 '코페르니쿠스적 전회'라 한다. 지구에서 태양으로 중심점의 변화는 중세에서 근대로의 변화를 잘 보여 준다. 지동설이라는 자연과학적 세계상으로 해서, 성경 첫머리의 천지 창조 이야기는 신뢰성을 잃어버리게 된다.

이러한 변혁은 철학에게는 축복이자 저주이다. 철학이 신학에서 분리되어 자유를 얻게 된 것은 축복이다. 하지만 도약하는 자연 과학 때문에 철학은 점점 더 존재 의미를 잃어버리게 된다. 저주이다. 중세 스콜라 철학에서는 고대 철학자와 기독교 교부의 권위가 결코 간과될 수 없는 무게를 지녔다. 하지만 과학의 시대에 들어서자, 이제는 '이성적 추론과 경험적 지각'만이 인식의 기초로 인정된다.

갈릴레오 갈릴레이(Galileo Galilei, 1564-1642)와 프랜시스 베이컨(Francis Bacon, 1561-1626)은 새로운 학문적 방법을 발전시켰다. 즉, 개별적인 관찰과 측정을 통해 가설을 보편화시키는 것이다. 가설은 경험(실험)을 통해서 검증되어야만 한다. 만약 여러 가설이나 이론이 경쟁한다면, 결 정적 실험(experimentum crucis)을 통해서 진위를 결정한다.

철학은 여기에 아무런 기여를 하지 못한다. 왜냐하면 철학은 경험적 학문이 아니기 때문이다. 물론 긍정적으로 해석하자면, 철학은 자신만의 고유한 임무, 즉 이성과의 씨름에만 집중할 수 있게 되었다.

선구자 데카르트와 근대 철학

서양 근대 철학에서 중심적 의미를 가지는 사상가가 르네 데카르트(René Descartes, 1596-1650)이다. 그는 철학자이면서, 수학자이자[1] 자연과학자였다. 그는 모든 학문적 지식이 이성에로 소급되어야 한다고 주장했다. 그가 보기에, 당시에 비약적으로 발전하던 경험과학의 인식은 절대적으로 확실한 것이 아니었다. 왜냐하면 경험과학은 경험에 기초하기 때문이다. 그는 경험과학을 확실한 기초 위에 세우고, 동시에 철학을 학문의 기초로 보존하려는 기획을 세웠다. 이를 위해서 데카르트는 '방법적 회의(의심)'를 도입했다. 그는 확실한 지식에 도달하기 위해서, 우리가 자명하다고 확신하는 것까지 의심한다.

그는 방법적 회의의 하나로, 외부 세계의 존재를 의심했다. 우리는 우리의 감각적 지각을 믿을 수 있는가? 우리가 눈으로 볼 수 있기 때문에, 우리를 둘러싼 세계가 존재한다는 것을 확신한다. 그러나 외부 세계의 존재는 의심할 수 있다. 데카르트는 모든 것을 의심하고 의심한 끝에, 더 이상 의심할 수 없는 것을 하나 발견한다. 그것은 바로 '의심하고 있는 나', 즉 '생각하고 있는 나'이다. "나는 생각한다. 그러므로 나는 존재한다"(cogito ergo sum). 그는 의심을 철저히 수행하고 끝내는 자신의 존재의 인식에서 확실한 기초를 발견했다고 믿는다. (5장)

---

1 데카르트는 좌표를 발명했고, 라이프니츠는 미적분을 발견했다.

서양 근대 철학은 이성과 감성에 각각 근거하는 큰 두 조류가 있다. 데카르트는 이성(라틴어 ratio)을 강조하는 유럽 대륙의 합리론을 열었다. 스피노자(Baruch de Spinoza, 1632-1677)와 라이프니츠(Gottfried Wilhelm Leibniz, 1646-1716)가 그를 이었다. 스피노자는 신이 정신과 물질의 두 측면으로 드러난다고 한다. 일종의 범신론이다. 라이프니츠는 이성의 본질을, 그 안에 모든 관념을 다 담고 있는 모나드라 한다.

반대쪽에는 영국의 경험론이 있다. 확실한 지식은 오직 감각적 경험(그리스어 epeiria)에서 나온다. '모나드' 같이 이성적 추론으로 가정한 것은 현실에 실재로 존재하지 않는다. 이들은 감성에 근거하며, 이성적 추론을 불신한다. 존 로크(John Locke, 1632-1704)와 조지 버클리(George Berkeley, 1685-1753), 데이비드 흄(David Hume, 1711-1776) 등이 대표자이다.

칸트(Immanuel Kant, 1724-1804)는 경험론과 합리론을 종합한다. 우리의 앎은 감각적 지각(경험)에서 시작한다(경험론). 이렇게 마음에 들어온 것은 감성의 형식, 오성의 12 범주, 이성의 안티노미에 의해서 규정된다.(합리론) 전체적으로 그는 합리론의 입장에 선다. (이상 6장)

외부 세계의 존재 뿐만 아니라, 마음의 정체에 대해서도 데카르트는 후대의 철학의 출발점이 된다. 그는 방법적 회의를 통해서 생각하는 '나'를 발견한다. 이 사유하는 존재, 즉 마음은 그 자체로 육체(몸)와 근본적으로 다르다. 그는 실체를 '정신(마음), 물질(몸), 신'의 셋이라 했다. 이는 정신과 물질의 실체 이원론이다. 마음과 육체가 어떻게 상호 작용할 수 있는지의 물음은 심신 문제라 불린다. 예전에는 신체-영혼의 문제라 불렸다. 여기서도 데카르트의 작업이 현대적 논의를 위한 출발점으로 간주된다. (이상 7장)

계몽의 시대 – 국가와 권력

칸트는 말한다. “계몽은 인간 스스로 자초한 몽매함으로부터의 탈출이다. 몽매함은 다른 이의 지도 없이 자신의 지성을 사용하지 못하는 무능력이다.”[2]

계몽(enlighten)은 모든 것에 이성의 빛(light)을 비춤이다. 모든 것을 이성에로 소급시킴은 계몽 시대에 더욱 활발해진다. 특히 국가와 권력에 이성의 빛을 비추어 사유함은 큰 역사적 변동을 가져온다.

계몽은 어떠한 당파에도 무지몽매하게 구속되지 않는 정치 운동으로 이해될 수 있다. 계몽은 권위에 대한 믿음, 독단주의, 전통에의 얽매임에 반대한다. 예컨대 절대주의 왕정 시대에, 왕의 권력은 신이 내렸다는 왕권 신수설이 일반적이었다. 계몽주의는 국가가 신을 통해 정당화되는 것에 반대한다.

계몽주의는 이성적 사유를 통해서 국가의 기원을 탐구한다. 사회계약론이 그것이다. 홉스(Thomas Hobbes, 1588-1679)는 『레바이어던』에서 말한다. 태초의 자연 상태에는 국가가 없었다. 그래서 인간들은 만인에 대한 만인의 투쟁을 한다. 이를 종식시키기 위해서 사회계약을 체결한다. 이후 계몽주의는 왕권 신수설에 근거한 절대주의 왕정의 폐지와, 사회 계약론에 근거해 모든 권력을 국민에게 부여하기를 요구한다. 영국의 로크와 프랑스의 루소(Jean-Jacques Rousseau, 1712-1778)가 유명하다. 루소의 주장은 프랑스 대혁명에 큰 영향을 끼친다.

---

2 Immanuel Kant, 「계몽이란 무엇인가 라는 질문에 대한 답변」 (Beantwortung der Frage: Was ist Aufklärung?), in: 『무엇이 계몽인가 — 주장과 정의』(*Was ist Aufklärung? Thesen und Definitionen*), hrsg. von Ehrhard Bahr, Stuttgart 1974, S. 8-17, hier: S. 9.

몽테스키외(Montesquieu, 1689-1755)는 민주주의의 핵심 요소인 3권의 분립을 주장했다. 모든 권력을 거머쥔 절대 군주는 절대적으로 타락할 수 밖에 없다.

다른 중요한 계몽 사상가로는 모든 독단주의와 싸운 볼테르(Voltaire, 1694-1778)가 있다. 여성주의의 선구자, 즉 수천 년간의 여성 억압을 극복하고자 시도 한 선구자로서 메리 울스턴크래프트(Mary Wollstonecraft, 1759-1797)가 있다. (이상 8장)

이성적 계몽을 통해 행위의 도덕적 옳음에 대한 물음은 새로운 계기를 얻게 된다. 무엇이 마땅히 행위해야 하는 당위인가? 합리론과 경험론, 이성과 감성, 두 측면에서 대답이 있다.

첫째 이성, 칸트는 의무 윤리학을 주장한다. 실천 이성은 정언(定言) 명령(범주적 명령, categorical imperative)을 내린다. 범주로 보편화시킬 수 있는 것을 행위하라! 이것은 무조건적인 의무이다.

둘째 감성, 제레미 벤담(Jeremy Bentham, 1748-1832)과 존 스튜어트 밀(John Stuart Mill, 1806-1873)의 공리주의가 있다. 사람은 욕망과 쾌락을 추구한다. 욕망의 충돌을 막기 위해서 "최대 다수의 최대의 쾌락 충족"이라는 원리를 제시한다. 그들은 공리(功利, 이로운 결과)를 추구한다. 그래서 공리주의라 한다. (이상 9장)

19세기 - 칸트 이후

계몽 시기(17-18세기)에 이어지는 19세기 독일은 칸트의 비판 철학을 전폭적으로 추종한다. 여기에서 독일 관념론이라는 강한 영향력을 가지는 철학적 운동이 생겨난다. 피히테(Johann Gottlieb Fichte, 1762-1814),

셸링(Friedrich Wilhelm Joseph Schelling, 1775-1854), 슐라이어마허(Friedrich Ernst Daniel Schleiermacher, 1768-1834), 헤겔(Georg Wilhelm Friedrich Hegel, 1770-1831) 등이 중요한 대변자이다.

헤겔은 변증법을 발전시킨다. 모순되는 두 요소가 서로 갈등 대립하다 제3의 것으로 종합되고 지양(止揚)된다. 역사는 절대 정신이 변증법적으로 자기를 전개하는 과정이다. 절대 정신은 한 시대의 사람들의 정신의 총합이다.

칼 마르크스(Karl Marx, 1818-1883)는 헤겔의 생각을 뒤집는다. 정신이 물질적 현실을 만드는 것이 아니라, 반대로 물질적 현실이 정신을 만들어낸다. 이것이 역사적 유물론이다. (13.2절 참조)

역사는 계급 투쟁의 과정이다. 투쟁은 변증법적으로 진행된다. 억압하는 자(these)와 억압당한 자(anti-these)는 투쟁하게 되며, 투쟁은 국가 질서의 전복(종합), 즉 혁명으로 끝난다. 산업화된 세계에서는 노동자(프롤레타리아)가 자본가(부르주아지)와 싸워서 혁명을 이룬다. 모두가 생산수단을 공유하는 새로운 공산(共産)주의 사회를 건설한다. 역사상 어떠한 철학도 마르크스의 이론만큼 커다란 현실적 영향을 미치지 않았다.

독일 관념론의 헤겔과 유물론의 마르크스가 사회와 역사라는 객관으로 간 반면 다음 세 철학자는 개인의 마음이라는 주관으로 간다.

쇼펜하우어(Arthur Schopenhauer, 1788-1860)는 “세계는 나의 표상이다”라고 한다. 내 안에는 맹목적 의지가 있다. 이 의지가 추동해서 세계를 만든다. 그래서 저서 이름이 『의지와 표상으로서 세계』이다.

키에르케고르(Sören Kierkegaard, 1813-1855)는 ‘나’라는 실존이 무엇인가 라는 물음으로부터 철학이 시작해야 한다고 주장한다. 인간은 신 앞에 선 단독자이다. 따라서 불안은 실존의 핵심이 된다.

니체(Friedrich Nietzsche, 1844-1900)는 인간의 본질을 "권력에의 의지"라 한다. 기독교는 유대인들의 의지의 발현이므로 노예 도덕이다. 그는 "신은 죽었다"라고 하며, 기독교를 철저하게 비판한다. 과격한 허무주의(가치, 의미, 소망의 과격한 거부)를 주장하면서 초인을 제시한다.

5. 외부세계는 존재하는가?

우리를 둘러싸고 있고, 우리가 매일 지각하는 세계인 외부 세계가 존재할까? 이 물음에는 '그렇다'는 긍정적인 답변 밖에는 없는 듯하다. 일반인에게 외부 세계가 존재하는 것은 자명하다. 하지만 철학자들은 자명하다고 그냥 받아들이지는 않는다. 외부 세계가 존재하지 않는다는 것을 보여 주지는 못하지만, 그것이 존재하는지 안 하는지를 알 수 없다는 점을 보여 주는 논증들이 있다.

"외부세계가 존재한다"라는 명제는 형이상학(존재론)적인 발언이다. 이는 존재하는 것에 관해 이야기한다. "외부세계가 존재하는지를 우리가 인식할 수 없다"라는 명제는 인식론적인 발언이다. 이는 우리 인식의 가능성과 한계에 대해 무언가를 말한다. 정확히 말하자면 "외부 세계가 존재한다"라는 명제는, 외부세계가 존재한다는 점을 인식할 수 없다 해도 참일 수 있다. 하지만 인식론 없이 형이상학적인 명제만으로는 설득력을 가지기 힘들다. 우리는 항상 한 명제가 제시되면 그것이 참인지를 알고 싶어 한다. 그렇기 때문에 형이상학적 문제 제기는 항상 인식론과 결합되어 있다.

이 장에서는 먼저 "외부 세계의 존재는 알 수 없다는" 과격한 인식론적 회의주의를 소개한다. 이에 대해서 몇 가지 답변들이 알려져 있다. 실재론, 관념론, 선험론적 관념론이 그것이다. 이들을 설명한 뒤에, 결론적으로 '회의주의로부터의 출구'를 소개한다.

5.1 회의주의

회의주의는 우리가 아무것도 알지 못하며, 알 수 없다는 입장이다. 예를 들어 회의주의자(불가지론자)는 신의 인식과 관련해서, 신이 존재하는지를 우리가 알 수 없다고 주장한다. 과격한 회의주의는 우리가 세계에 대해 무언가 알 수 있다는 것 자체를 부인한다. 따라서 우리는 세계가 존재하는지, 그것이 어떻게 되어 있는지 알 수 없다.

5.1.1 방법적 회의 - 데카르트

데카르트(René Descartes, 1596-1650)는 회의주의자가 아니지만, 확실한 기초를 세우는 방법으로 과격한 회의주의를 제시한다. 당시 자연과학은 실험적 방법으로 확실한 지식을 쌓고 있었다. 철학은 과학의 등장으로 그 확실성이 도전받고 있었다. 데카르트는 그의 주저인 『제1 철학[3] 에 대한 성찰』에서 그는 철학을 새로운 기초 위에 세우려고 시도한다. 그는 절대적으로 확실한 지식을 찾아서 철학의 기초로 삼으려 한다.

3 '제1'은 '첫번째'이다. 철학의 첫 번째 분야는 '형이상학'이다.

이에 데카르트는 이른바 '방법적 회의'를 제시한다. 회의한다는 것은 확신이 참되는지를 문제 삼는 것이다. 데카르트는 그 자신이 실제로 회의하고 있기 때문에, 의심을 표현하는 것이 아니다. 오히려 그의 회의는 그가 확실한 지식에 도달하기 위한 수단이다. 확신이 거짓일 수 있다는 가능성은 이미 그 확신이 확실하지 않음을 보여 준다. 따라서 의심할 수 있는 어떠한 확신도 새로운 철학을 위한 튼튼한 기초가 될 수 없다. 그렇다면 문제는, 누구도 의심할 수 없는 어떤 것이 있는가 라는 점이다. 무엇이 학문의 기초가 될 수 있을까?

이에 대해서 데카르트는 다음과 같이 추론한다.

5.1.2 감각 지각의 불확실함

우리는 보통 우리의 앎이 감각 경험에 기반을 두고 있다고 생각한다. 하나의 나무를 볼 때, 우리가 지각하는 것처럼 나무가 실제로 그러하다는 것을 우리가 안다고 믿는다. 감각으로 지각한 것을 그대로 믿어도 되는가? 아니다. 우리는 곧이곧대로 믿어서는 안 된다. 왜냐하면 감각은 종종 우리를 속이기 때문이다.

예를 들어 물속에 담긴 곧은 막대기는 구부러진 것처럼 보인다. 해가 땅의 공기를 뜨겁게 달굴 때, 우리는 신기루를 본다. 고속도로 위에 물이 없는데, 물이 있는 것처럼 보인다. 우리는 신기루를 본 것이다. 이처럼 감각이 우리를 속인다. 따라서 감각 경험은 학문을 위한 확실한 기초를 제공할 수 없다는 결론이 나온다.

이 의심은 호들갑스러운 것처럼 보인다. 감각 지각이 우리에게 왜곡되게 보여 준다는 것을 우리는 알기 때문이다. 그렇다면 이런 문제들을 잘 대처하면 감각 지각을 믿을 수 있는가? 그렇지 않다.

감각이 이처럼 몇몇 경우에 우리를 속인다면, 감각이 총체적으로 우리를 속일 수 있지 않는가? 감각은 부분적으로 우리를 속일 뿐, 총체적으로 우리를 속이지 않는다고 확신할 수 없다. 데카르트는 객관 세계가 실제로 존재하는지에 대해서 이런 의심을 적용한다.

5.1.3 객관 세계의 비존재

우리가 감각하는 것처럼 세계가 그렇게 보이는지 확신할 수 없다 해도, 우리의 지각이 실재하는 대상에서 나왔다는 것을 확신할 수 있는가? 다시 말해서 대상은 객관적으로 실재하는가? 실재한다면, 우리는 대상의 존재를 학문의 기초로 끌어들일 수 있다.

하지만 외부세계의 대상들이 실제로 존재한다고 가정해서는 안 된다. 꿈이 있기 때문이다. 우리는 꿈을 꾼다. 꿈속에서 우리 마음이 만들어낸 많은 이미지들을 보게 된다. 이것들은 외부 세계의 객관적 대상들을 지각해서 나온 것이 아니다. 우리 마음이 만든 것이다.

여기에서 우리는 깨어 있을 때와 꿈꿀 때가 같다고 의심할 수 있다. 우리의 삶은 꿈을 꾸고 있는 것일 수 있다. 이 가능성은 배제할 수 없다. 왜냐하면 지금 꿈을 꾸고 있는지 아닌지를 판정할 기준을 우리는 가지고 있지 않기 때문이다.

이에 대해서는 이렇게 반론을 제기할 수 있다. 우리는 꿈속에서보다 깨어 있는 상태에서 대상들을 더 분명하게 지각한다. 그렇게 꿈과 현실을 구별할 수 있다. 하지만 어떤 사람들의 꿈은 현실보다 더 생생하게 대상이 나타난다. 장자의 나비 꿈이 그렇다.

이 단계의 의심은 지나치게 과격하다. 하지만 이 의심이 의미하는 바가 무엇인지 정확하게 따져봐야 한다. 우리가 항상 꿈을 꾸고 있으며,

우리의 삶 전체가 꿈에 지나지 않는다. 데카르트는 이 점을 말하려는 것이 아니다. 그것이 의미하는 바는 이렇다.

지금 혹은 그 어느 순간에도 우리가 보고 있는 것이 우리 마음이 만들어 낸 상상의 그림에 지나지 않는지를 확신할 수 없다. 우리가 깨어 있는 상태를 꿈의 상태와 구별할 기준을 가지고 있지 않다면, 지금 이 순간 우리가 꿈을 꾸고 있는지 아닌지를 확신할 수가 없다. 따라서 외부 세계의 대상들의 존재는 확실하게 인식될 수 없고, 따라서 학문을 위한 확실한 기초가 될 수 없다. 외부 세계의 존재는 의심이라는 시험을 통과하지 못 한다.

5.1.4 수학 공식의 불확실함

외부 세계의 대상의 존재가 확실하지 않다 해도, 적어도 "2+2=4"와 같은 수학적 명제들은 확실한 것처럼 보인다. 그렇다면 우리는 수학적 명제가 참이라는 것을 믿어도 되는가? 그렇지 않다. 이것 또한 안 된다. 데카르트는 우리를 속이는 악마를 가정한다. 우리가 수학 계산을 할 때마다 이 악마가 끼어들어 틀리게 답을 내게 만든다.[4]

---

4 미국의 철학자 힐러리 퍼트넘(Hilary Putnam, 1926)은 비슷하지만 다른 과격한 회의주의를 제시한다. 퍼트넘은 한 상황을 가정한다. 신경과학자가 뇌를 떼어낸다. 그는 뇌의 기능을 유지시키기 위해서 영양이 공급되는 용기 속에 뇌를 담는다. 뇌를 컴퓨터에 연결한다. 컴퓨터는 뇌에 전기적 자극을 가해서, 이미지들을 만들어낸다. 우리가 신체를 가진 정상적 인간으로 이 세계 속에 살아가는 이미지들을 만든다. 예를 들어 우리가 손을 들면, 우리는 손이 올라간다는 심상(心象)을 가진다. 물론 실제로 우리는 컴퓨터에 연결된 용기 속의 뇌에 지나지 않는다. 이때 우리가 실제로 몸을 가진 사람인지, 아니면 용기 속 뇌인지를 판정할 어떠한 근거도 가지지 못 한다. 이를 결정할 기준은 존재하지 않는다. 따라서 우리가 사는 세계가 원칙적으로 우리가 생각하는 것과 다르게 존재하는지를 알 수가 없다.

이 의심은 다른 모든 의심보다 더 과격하다. 이는 우리가 근본적으로 아무것도 알 수 없다는 주장이다. 왜냐하면 악마가 수학 계산에서만 우리를 속이겠는가? 우리가 사유하는 지금 이 순간에도 속이고 있을지 모르기 때문이다.

물론 이러한 세 번째 단계의 과격한 의심은 유지될 수가 없다. 왜냐하면 수학 판단에 전제되는 논리는 우리가 아무것도 알지 못 한다는 점을 논증하는 과정에서도 전제되어야 하기 때문이다. 하지만 꿈을 통해서 대상의 존재를 부정했던 두 번째 단계의 의심은 어떠한가? 이 의심 때문에라도 우리가 알고 있는 그러한 외부세계가 존재하지 않는다고 해야만 할까?[5] 이에 대해서 다음의 세 가지 답이 있다.

5.2 대상 실재론

대상 실재론은 외부 세계가 인간 의식과 독립적으로 존재한다는 입장이다. 이는 다음 둘을 함축한다. 첫째, 세계가 실제로 존재한다. 둘째, 이 세계를 지각하는 정신과 이 세계는 독립적이다. 이는 '형이상학적 실재론'이다. 이에 상응하여 우리는 다음과 같이 인식론적 함축을 말할 수 있다. 우리는 외부세계가 존재한다는 것을 인식할 수 있다. 나아가 우리는 세계가 어떠한지를 인식할 수 있다. 우리가 세계에 관해 인식한다는 것은 모든 것을 안다는 것이 아니라, 적어도 몇몇 사항에 대해선 안다는

5 데카르트 자신은 회의주의자가 아니다. 그는 의심에 의심을 한 결과, 의심할 수 없는 확실한 것을 발견한다. '의심하고 있는 나 자신'의 존재는 의심할 수 없다. 데카르트적 확실성은 6장에서 설명한다.

말이다. 이는 '인식론적 실재론'이다.

이런 실재론의 가장 상식적인 입장이 있다. 세계가 우리에게 드러나는 대로 그렇게 존재하기 때문에, 우리는 세계가 어떠한지를 안다는 것이다. 이것이 '소박한 실재론'의 입장이다. 이 입장은 믿을게 못 된다. 왜냐하면 앞 절에서 이미 설명한 것처럼 감각은 사람을 속이기 때문에, 세계는 우리에게 드러나는 대로 그렇게 항상 존재하지는 않는다.

이래서 개선된 실재론이 나타난다. 특정한 조건이 충족되면, 세계는 우리에게 드러나는 그대로 존재한다. 이것이 바로 '계몽된 실재론'의 입장이다. 계몽된 실재론은 어떤 상황에서 세계가 우리에게 드러나는 대로 그렇게 존재하는지를 우리가 결정할 수 있는 계몽된 기준을 제공해야 할 과제를 가진다. 경험적 지각에 대한 두 가지 기준으로 건전한 지성(상식)과 과학이 제시되었다.

대륙의 합리론은 이성을 강조하므로, 감각적 지각을 낮게 본다. 반면 영국의 경험론자들은 감성에 근거한다. 따라서 감각 지각의 대상인 현실 세계의 존재를 인정한다. 실재론이다.

5.2.1 상식적 실재론

인간이 가진 지성(상식)[6]의 건전성을 믿는 실재론이 있다. 우리가 가진 지성에 따르면, 세계 속의 대상들은 특정 상황 속에서 우리가 그것을 지각하는 것처럼 그렇게 존재한다. 이러한 주장의 확실성, 나아가 사물

---

6 원어는 'understanding'이다. '이해함'이란 뜻이다. 이를 일본사람들은 '오성(惡性, 깨달음의 본성)'이라 번역했다. '오성'은 알아듣기 어렵다. 그래서 '지성(知性)'으로 번역하기도 한다. 이 역시 오해의 소지가 있다. 원래의 뜻은 보통 사람이면 가지는 '이해력'이다. '상식'이라는 뜻에 가깝다.

이 실재함의 확실성은 지성이 제공한다.

플라톤 이래 데카르트 등은 가장 확실한 인식의 대상을 '사물'이 아니라, '사물의 관념'(idea)이라고 한다. 토마스 리드(Thomas Reid, 1710-1796)는 대상과 우리 사이에 관념들이 존재한다는 가정을 거부한다. 우리는 관념이 아니라, 대상을 직접 지각한다. "내가 이 나무를 보고 있다"라고 할 때, 세계 속의 한 대상을 지각하고 있다고 우리는 생각한다. 이는 우리 지성(상식)의 발로이다.

무어(G. E. Moore, 1873-1958)는 이를 외부 세계의 대상의 존재에 대한 증명으로 본다. 그는 자신의 두 손을 얼굴 위로 올리면서 말한다. "이것은 한 손이고, 이것은 다른 한 손이다." 여기에서 우리는 두 손이 존재하며, 그래서 외부세계가 존재한다고 결론 내릴 수 있다. 이러한 외부세계의 증명을 받아들이지 않는 사람은 건전한 지성(상식)이 없는 사람이다.

반론 이러한 논증으로 어떻게 회의주의가 반박될 수 있는지 석연치 않다. 내가 내 손을 보고 있을 때, 이는 손이 존재한다는 것을 의미하는 것이 아니다. 손은 나의 마음의 상상물에 불과할 수도 있다.

대답 지금 들고 있는 내 손이 상상물에 불과하다고 믿는 사람이 도대체 몇이나 되겠는가? 그것은 건전한 상식에 어긋난다.

5.2.2 과학적 실재론 - 로크

과학적 실재론자들은 무엇이 실재하는지를 과학이 결정해 준다고 믿는다. 이 입장의 초기 대변자가 존 로크(John Locke, 1632-1704)이다. 실제로 있는 세계에 대한 심상과 우리 마음에게 나온 심상을 우리는 과학적으로 구별할 수 있다. 그는 이 점을 보여 준다.

로크는 사람이 눈코입귀의 다섯 감각 기관으로 어떻게 지각하는지를 세세하게 탐구한다. 그는 이 지각을 외적 지각과 내적인 자기 지각으로 나눈다. 외적 지각은 대상에 대한 인상(impression)이다. 내적 지각은 내 마음의 감정 욕망의 자각이다. 이렇게 들어온 지각 내용들은 다시 관념(ideas)이 된다. 관념은 우리가 마음속에 가지는 심상(心象)들이다. 이처럼 우리가 어떤 나무를 볼 때, 이 나무의 심상 또는 관념을 가지게 된다.

이 관념은 결국 나무의 단순 모사이기 때문에, 나무의 존재를 확인해 주는 것이다. 지각에 의해서 우리 마음에 관념이 형성되는 것은 외부 대상 사물이 존재하기 때문이다.

로크는 다시 관념을 단순 관념, 복합 관념, 추상 관념으로 나눈다. 단순 관념(simple ideas)은 앞에서 말한 것으로, 감각 지각을 통해 마음에 직접적으로 만들어지는 관념이다. 여기에는 형태, 색, 소리의 관념이 속한다. 따라서 내가 나무를 지각한다면, 다양한 단순 관념들의 다발을 가지게 된다. 나무는 여러 색 형태를 가지기 때문이다.

마음은 단순 관념들을 결합하거나 불려서 복합 관념과 추상적 관념을 만든다. 복합적 관념의 예가 '금으로 이루어진 산'이라는 관념이다. 이러한 산은 존재하지 않지만, 나의 마음속에서 '황금'이라는 단순 관념과 '산'이라는 단순 관념을 연결시킬 수 있다. 그러면 '황금 산'이라는 복합 관념이 생긴다.

추상적 관념의 예는 기하학적 도형인 '삼각형'이라는 관념이다. 현실에는 다양한 삼각형 모양이 있다. 그러나 기하학에서 말하는 '삼각형'은 추상적인 것이다. 기하학적 도형의 관념은 단순 관념의 조합이 아니다. 삼각형에 본질적인 것, 즉 세 변을 가진다는 특징들을 추상할 때 생긴다. 이러한 추상적 삼각형은 등변도, 비등변도, 예각도, 직각도 아니다.

버클리(George Berkeley, 1685-1753)는 추상적 관념의 이론을 강하게 비판했다. 로크는 우리에게 예각도, 직각도 아니고, 등변도, 비등변도 아니면서, 이 모든 것이기도 하면서 동시에 그들 중 어떤 것도 아닌 그러한 '추상적 삼각형'을 떠올려 보라고 요구한다. 그러나 실제로 우리가 마음속에 그러한 삼각형을 떠올리려 시도한다면, 이는 불가능하다는 것을 알 수 있다. 우리는 항상 특정한, 예를 들어 구체적으로 직각 또는 예각 삼각형의 이미지만을 가진다. 우리는 예각이면서 직각인 그러한 삼각형을 떠올릴 수 없다. 그러한 관념은 존재하지 않는다. 즉 추상적 관념은 존재하지 않는다.

추상적 관념은 어떤 '이미지'(心象)가 아니라 '개념'으로만 파악될 수 있다. '개념'은 일련의 특징들을 통해 규정된다. '삼각형'이라는 개념 속에는 예각 또는 직각일 수 있는 세 변을 가진 기하학적 도형이라는 특징이 포함되어 있다. 세 변과 특정 각도를 지닌다는 특징은 감각으로 지각할 수 없다. 특징은 개념을 규정한다. 이 때문에 우리는 대상을 구체적으로 떠올리지 않은 채, 그에 대한 추상적 관념을 가질 수 있다. 우리는 기하학적 도형인 '삼각형'에 대한 구체적 '이미지'를 가지지 않지만, 이에 대한 '개념'을 가진다.

로크는 모든 추상적 관념들이 단순 관념으로 환원될 수 있다고 생각하지만, 버클리는 추상적 관념이 존재하지 않는다고 생각한다. 단순 관념이 기본적이라고 보는 점에서 둘은 같다. 이 지점에서 로크는 실재론을 위한 자신의 논증을 시작한다.

로크는 단순 관념이 지시하는 대상의 속성들을 1차 성질과 2차 성질로 나눈다. 1차 성질은 누가 지각하던 상관없이 외적 사물에 속한다. 여기에는 형태, 고체성, 연장(延長, 부피), 운동과 정지가 속한다. 2차 성질은 색깔 소리 향기 추위 부드러움 같이 인식하는 사람에 따라 다르게 느껴지는 속성들이다. 이 성질들은 우리가 그렇게 지각하는 것이지, 그 자체로 사물에 있다고 확신할 수 없다. 예를 들어 장미가 빨간 것은 우리가 그렇게 지각해서 그런 것이지, 장미 자체는 빨간색을 가지지 않는다. 색맹이 보거나 벌이 볼 때, 장미는 빨갛지 않기 때문이다. 색이나 냄새와 같은 2차 속성은 이런 의미에서 지각하는 주체에 달려 있다.

이러한 구별을 통해 어떤 관념들이 세계를 그대로 그리는지가 결정된다. 단순 관념과 1차 성질들이 바로 그것이다. 관념은 일차 성질에 의해 유발되고, 이를 통해서 외부 세계를 진실되게 모사할 수 있다.

반론 버클리는 1차 성질과 2차 성질을 구별할 수 없다고 주장한다. 이 구별은 관념 바깥의 한 지점을 전제한다. 이 지점으로부터 1차와 2차 성질이 갈린다. 관념이 사물 그 자체와 일치하면 1차, 아니면 2차이다. 현실적으로 우리는 그러한 지점을 가지고 있지 않으며, 도달할 수도 없다. 그런 지점이 없다면 이 구별은 성립될 수 없다. 이 구별이 이루어질 수 없다면, 로크는 더 이상 세계가 어떠한지를 알 수 있다고 주장할 수 없다. 말하자면 근본적으로 모든 관념들이 대상 세계와 상관없이 우리의 인식에 의해 만들어진다.

대답 인간의 건전한 상식으로 볼 때, 1차 성질과 2차 성질은 분명히 나뉜다. 나뉘지 않는다고 하는 것은 상식을 어기는 것이다.

5.3 관념 실재론 - 버클리

이는 물질적 대상 대신 지각으로 얻어진 관념만이 실재한다는 입장이다. 조지 버클리(George Berkeley. 1685-1753)는 로크의 1차 성질과 2차 성질의 구별에 대한 비판을 확장해서, 관념 실재론을 주장한다.

감각으로 지각한 내용을 1차 2차 성질로 구별하기 위해서는 그 둘을 나누는 '관념 바깥의 지점'을 우리가 가져야 한다. 감각적 지각과 독립된 '사물 그 자체'(실체, substance)가 그 구별 지점에 해당하며, 1차 성질은 '사물 그 자체'에 속한다.

그런 지점은 없다. 따라서 1차 성질도 2차 성질에 속한다. 그렇다면 우리가 지각하는 것은 2차 성질과 같은 '관념'일 뿐이다. 감각적 지각은 독립적인 '사물 그 자체'에 접근할 수 없다. 왜냐하면 우리에겐 오로지 감각적 지각만이 존재하기 때문이다.

지각과 독립적인 '물질적 사물 그 자체'는 인식 불가능하다. 인식이 불가능하다면, 왜 '물질적 사물'(실체)의 존재를 가정해야 하는가? 그런 것은 없다. 버클리는 그것을 삭제해도 세계에 대한 우리의 앎을 잃지 않는다고 한다. 우리는 '대상 사물'(실체)을 지각하는 것이 아니라, '관념'을 인식한다. 우리에게 확실한 것은 '지각된 내용'(관념)일 뿐, '사물 그 자체'는 아니다. 그래서 버클리는 단언한다.

"존재한다는 것은 지각됨이다!"(Esse est percipi)

내가 지각하는 내용만 존재할 뿐, 사물 그 자체는 없다. — 이 원칙은 맞는가? 내가 눈을 감거나 귀를 닫는다면 대상 사물 자체는 존재하지 않는가? 지각하는 사람이나 생명체가 존재하지 않았을 때에는 무엇이 있었나? 아무런 대상도 존재하지 않았는가? 당연히 그 당시에도 대상들이 존재했을 것이다. 우리가 지각하지 않을 때도 그것들은 존재할 것이다. 이에 대한 버클리의 답은 무엇인가?

그는 외부 세계의 존재가 아니라, 대상 사물의 물질성, 객관성을 부인한다. 외부 세계를 지각하는 것을 부인하는 것이 아니다. 외부 세계가 마음의 지각과 독립적으로 존재한다는 점을 부인한다. 즉 외부세계가 물질적이며, 객관적이라는 점만을 부인한다.

버클리의 결정적 가정은 "존재한다는 것은 지각된 것"이라는 점이다. 지각되지 않은 것은 존재하지 않는다. 지각된 내용이 '관념'이다. 우리는 관념만을 지각하지, 그외 어떤 것도 지각하지 않는다. 존재하는 것은 관념들이다. 우리가 지각하며 대상이라 부르는 것은 관념이다. 객관적인 물질적 대상이 아니다. 대상들은 관념의 다발이다. 따라서 대상들은 정신적이다. 이들은 지각되는 한, 우리의 의식 속에 존재하는 한에서만 존재한다.

그렇다면 오직 나만이 존재하며, 내가 지각하는 모든 것은 내 마음의 산물이라는 말인가? 내가 지각하지 않으면, 모든 것이 없는가? 이런 것을 유아론(唯我論 solipsism)이라 한다. 이는 믿기 쉽지 않은 이야기이다. 왜냐하면 세계 전체, 존재하는 모든 것이 나의 정신에 의해 산출되었다는 말이 되기 때문이다. 그렇다면 다른 사람들은 존재하지 않을 것이다. 이들은 오로지 내 마음의 산물이기 때문이다. 또한 여러 사람들이 나와 똑같은 대상을 접한다는 것은 설명될 수 없는 수수께끼일 것이다. 그렇기에 버클리는 자신의 입장이 유아론이 아니라는 것을 보여 주려 한다.

대상이 존재하는 것은 내가 그것을 지각하기 때문이다. 하지만 무조건 나만이 대상을 지각해야만 하는 것은 아니다. 다른 이의 마음이 대상을 지각할 수도 있다. 우리가 대상들을 지각하긴 하지만, 매 순간마다 지각하지는 못한다. 그렇다면 대상이 존재하지 않는 순간도 있는가? 버클리는 주교였다. 기독교적인 답을 내놓는다.

대상은 모든 곳에 존재하는 영원한 정신에 의해서 지각된다. 이 정신이 바로 하느님이다. 신은 모든 대상들을 안다. 그는 대상들이 일정한 규칙성에 따라 우리에게 지각되도록 만든다. 이러한 규칙성을 경험하기 때문에, 우리는 물질적인 외부 세계가 우리 의식에 독립적으로 존재한다고 믿는다. 우리는 이 규칙성을 자연 법칙이라 부른다. 근본적으로 자연 법칙은 신의 의지의 법칙이다.

이것이 관념론의 입장이다. 물질적 외부세계가 존재하는 것이 아니라, 오로지 관념 및 지각하는 정신적 존재만이 있다. 관념 지각을 통해서 우리는 세계가 어떠한지 안다. 지각 인식의 한계가 바로 세계의 한계이다. 그래서 관념 실재론은 로크의 실재론에 비해 커다란 장점을 가진다. 그것은 외부 세계의 존재를 의심하는 회의주의의 비판을 잘 견뎌낸다. 관념이 존재하는 것은 의심할 여지가 없기 때문이다.

반론 1 버클리와 동시대인의 반론 — 내가 돌에 딱 맞았다. 나는 '돌'이라는 물질에 맞은 것이지, '돌'이라는 관념에 맞은 것이 아니다. 따라서 비물질주의(관념 실재론)는 옳지 않다.

대답 이는 버클리의 이론을 제대로 이해하지 못한 것이다. 모든 것은 지각된 관념일 뿐이다. '돌', '맞음', '고통' 모두 지각된 관념이다. 돌에 맞은 사람은 고통을 느끼지만, 이는 돌이 물질이기 때문이 아니라, '돌, 맞음, 고통'이라는 관념이 연속된 것일 뿐이다. 신은 이러한 관념들을 결합시킨다.

반론 2 버클리의 이론은 건전한 상식(지성)에 반대된다. 상식에 의하면, 우리는 관념이 아니라 객관적 대상을 지각한다. 상식적으로 "나는 나무의 관념을 본다"고 하지 않고, "나는 한 나무를 본다"고 한다.

대답 우리는 상식적으로 대상을 지각하는 것처럼 말하지만, 버클리의 이론이 보여 주듯이, 이는 잘못된 표현 방식이다. 우리가 "나무를 본다"고 할 때, 우리는 실제로는 나무의 관념을 가진다. 지각한 대로 관념을 가진다. 따라서 이는 관념을 지각하는 것이다.

반론 3 버클리의 논증은 물질적 사물의 존재(실체)를 부정한다. 실체 부정은 지각하는 마음에도 적용될 수 있다. 마음의 실체를 가정할 아무런 근거도 없다. 그렇기에 우리는 마음의 실체를 삭제할 수 있다. 버클리가 논증에 일관성을 가졌다면, 마음의 실체를 부정하고, 오직 떠도는 관념들만이 존재한다고 주장했어야 한다.

대답 이는 흄의 비판이다. 버클리는 물질적 대상의 존재를 부정했다. 마음은 물질적 대상이 아니다. 따라서 마음의 실체를 인정한 것이다. 물질적 실체를 부정하는 것과 모든 실체를 부정하는 것은 다르다.

반론 4 나의 마음이 있다고 해도, 다른 존재들도 마음을 가진다는 점을 버클리의 이론은 정당화하지 못한다. 왜냐하면 내가 타인들에 대해 지각하는 모든 것은 관념들이기 때문이다. 그래서 버클리의 이론은 유아론(唯我論)이며, 그래서 믿을 수 없는 입장에 불과하다.

대답 버클리는 신의 존재로 유아론의 문제에 답을 했다. 신이 지각하기 때문에 모든 대상들이 존재하게 된다. 유아론이라 비판하기 위해서는 먼저 신이 존재하지 않음을 논증해야 한다.

5.4 선험론적 관념론 - 칸트

이는 임마누엘 칸트(Immanuel Kant, 1724-1804)가 주저 『순수 이성 비판』에서 전개한 입장이다. '선험(先驗)'이란 '경험 이전'이라는 뜻이다. 선험론은 마음 안에, 경험을 초월하고 넘어서 있으면서, 경험적 지각이 가능하게 하는 조건들을 가지고 있다는 이론이다. 감성의 형식, 오성의 12 범주, 이성의 안티노미가 바로 그런 조건이다. 이를 통해서 선험론적 관념론은 실재론과 관념 실재론을 연결시키려고 노력한다.

칸트는 대상 사물을 '현상'과 '사물 그 자체'(物 자체)로 구별한다. 물 자체가 현상을 우리 마음에 보내면, 우리는 현상을 인식하게 된다. 하지만 물 자체에 대해서 우리는 아무것도 알 수 없다.

이는 관념 실재론과 대상 실재론을 결합한 것이다. 우리의 감각 지각과 독립된 물 자체가 존재한다. 물 자체가 바로 대상 사물의 실체이다. 이는 실재론과 같다. 우리의 마음이 현상만을 지각한다. 이는 관념만을 지각한다는 버클리의 관념 실재론과 같다.

버클리와 같은 회의주의자에게 외부 세계의 존재에 대한 아무런 증거도 제시하지 못하는 것을 칸트는 '철학의 스캔들'이라 부르면서, '관념 실재론의 비판'을 시도한다. 칸트에 따르면, 자아의 인식은 나 바깥의 대상의 존재를 전제한다. 우리는 시간 속에서 자신을 지각한다. 하지만 시간의 인식은 자아와 동일하게 머무르는 것, 즉 대상을 전제한다. 이 동일하게 머무는 것(대상)은 내 안에 있는 관념일 수 없다. 왜냐하면 나의 현재의 존재(자아 마음)는 오히려 동일하게 머무르는 것(대상)을 통해 규정되기 때문이다. 따라서 그것은 나 바깥에 존재해야만 한다. 여기에서 바로 "외부세계가 존재한다"는 결론이 뒤따른다.

반론 1 칸트의 논증은 외부 세계가 존재한다는 것이 아니라, 다만 자아와 동일하게 머무는 것이 존재한다는 것만 증명한다. 그것은 정신일 수도 있다. 따라서 칸트의 입장은 버클리의 관념론과 같다. 따라서 똑같은 반박을 할 수 있다.

대답 나의 자아와 동일하게 머무는 것이 또 다른 정신이라면, 그것은 또 하나의 주관이다. 칸트는 주관에 대응되는 객관을 '자아와 동일하게 머무는 것'이라 했다. 따라서 그것을 정신이라 할 수 없다.

반론 2 물 자체가 어떠한지를 알 수 없다면, 우리는 물 자체를 아무런 손해도 볼 필요 없이 삭제할 수 있다. 칸트의 입장은 이런 이유로 버클리의 관념론과 다르지 않으며, 따라서 동일한 반박에 노출되어 있다.

대답 이는 칸트의 입장을 독일 관념론으로 확장함으로써 반박할 수 있다. 피히테(Johann Gottlieb Fichte, 1762-1814), 슐라이어마허(Friedrich Ernst Daniel Schleiermacher, 1768-1834), 헤겔(Georg Wilhelm Friedrich Hegel, 1770-1831), 셸링(Friedrich Wilhelm Joseph Schelling, 1775-

1854) 등이 발전시킨 독일 관념론은 '절대적 자아'를 제시한다. 칸트가 말하는 자아는 '절대적 자아'이다. 자아가 절대적이라면, 이 자아는 절대적 인식을 가지며, 따라서 외부 세계를 인식할 수 있다. 여기서부터 우리는 외부 세계의 존재를 도출할 수 있다.

대답에 대한 반론

첫째, 이는 칸트의 입장과 다르다. 칸트는 물 자체가 어떠한지를 알 수 없다 한다. 절대적 자아라고 물 자체를 인식할 수 있는 것은 아니다. 둘째, 여기서 말하는 '절대적 자아'라는 개념은 명확하지 않다. 그것은 대체 무엇인가?

5.5 회의주의로부터의 출구*

실재론, 관념 실재론, 선험론적 관념론은 회의주의를 반박하려고 시도한다. 회의주의에 대한 반대 논증들 가운데 어떤 것도 완전한 설득력을 가진 것 같지는 않다.

그렇다면 우리는 절망해야만 하는가? 루트비히 비트겐슈타인(Ludwig Wittgenstein, 1889-1951)과 피터 스트로슨(Peter Strawson, 1919-2006)은 아니라고 한다. 회의주의는 절대로 반박될 수 없으며, 그래서 회의주의와 대결하는 것 자체가 목적을 잃어버린 짓이 되기 때문이다. 데카르트가 정식화한 회의주의를 반박하려고 노력하는 대신, 우리는 회의주의에 대해서 관심을 끄면 된다. 그렇다면 왜 어째서 회의주의에 대해서 몰두하지 않아도 되는지를 먼저 해명해야 한다.

비트겐슈타인은 지적한다. 회의는 어떤 가정 아래에서만 의미를 가진다. 사람들이 무언가를 의심할 수 있으려면, 먼저 어떤 확실한 것을 전제해야 한다. 즉, 특정한 기본적 가정 아래에서만, 일정한 관계틀 내에서만, 우리는 참과 거짓을 구별할 수 있다. 틀이라는 그런 어디선가부터 우리는 시작해야만 한다. 비트겐슈타인은 『확실성에 대하여』라는 책에서 말한다. "시작점을 발견하는 것이 매우 어렵다. 또는 더 적절하게 표현한다면, 시작점에서 시작하는 것이 어렵다. 거기에서 뒤로 돌아가는 것은 그렇게 어렵지 않다."

스트로슨에 따르면, 외부 세계의 존재를 증명하거나 반증하는 논증이 필요 없다. 왜냐하면 외부 세계에 대한 의심은 외부 세계가 존재한다는 것을 미리 전제해야 한다. 그렇지 않으면 회의를 의미 있게 표현할 수 없기 때문이다. 즉, 우리가 의심을 표현하려면 일상 언어를 사용해야 한다. 일상 언어 속에는 특정 세계상이 이미 포함되어 있다. 이 세계상은 외부 세계의 존재에 대한 믿음을 포함한다. 일상 언어를 사용하면, 우리는 외부 세계의 존재에 대한 믿음과 불가분적으로 묶이게 된다. 그래서 회의주의자가 자신의 의심을 일상 언어로 표현하면, 이미 외부 세계가 존재한다는 가정을 전제하게 된다.

반론 1 외부 세계가 존재하는지, 그리고 우리가 이를 알 수 있는지가 문제이다. 일상 언어가 외부 세계의 존재를 전제하고 있는가를 따지자는 것이 아니다. 일상 언어 문제는 다른 것이다.

대답 회의주의자가 외부 세계의 존재를 문제 삼는다. 그는 이를 말로 표현한다. 그가 어떤 언어를 쓴다면, 그 언어는 외부 세계의 존재를 이미 전제한다. 이 문제에 대해서 먼저 답해야 한다.

반론 2 외부 세계가 존재한다는 것을 보이고자 하는 이는, 우리가 외부 세계 없이는 살아갈 수 없다는 점을 주목하지 않고, 오직 회의주의를 반박하는 것에만 나간다.

대답 회의주의를 반박해야 한다는 요구는 너무 과도하다. 이 요구를 가지는 자는 회의주의와의 경기에서 이미 진 것과 다르지 않다.

요약

외부 세계, 즉 우리를 둘러싸고 있고 우리가 매일 지각하는 세계가 존재하는가? 우리는 이를 알 수 없다. 데카르트는 꿈을 통해서 논증한다. 우리는 이 순간 꿈을 꾸고 있으며, 외부 세계의 객체는 꿈처럼 오직 우리 상상력의 생산물일지도 모른다.

실재론자들은 지각하는 정신과 독립적으로 외부 세계가 존재한다고 한다. 이는 건전한 상식(지성)으로 알 수 있다. 실재론자인 로크는 1차 성질과 2차 성질을 구별함으로써 객관 세계의 실재를 증명한다.

버클리는 그 두 성질의 구별이 불가능하다고 논증한다. 둘을 구별해 주는 관념 바깥의 한 지점을 필요로 하기 때문이다. 그런 지점은 없다. 모두 2차 성질과 같다. 그는 이 논증을 발전시켜 "존재한다는 것은 지각됨이다"라는 관념 실재론(경험론)의 근본 명제에 도달한다. 물질적 외부 세계는 존재하지 않는다. 오직 관념들과 이를 지각하는 정신만 존재한다. 관념 실재론이 참되다면, 우리는 외부 세계를 알게 된다. 관념들이 그것이다. 문제점도 있다. 타자들 또한 정신을 가지고 있는가? 관념 실재론은 이를 설명할 수 없다. 따라서 이는 유아론에 빠지게 된다. 오로지 나 자신의 정신만이 존재한다는 것이다.

칸트는 선험론적 관념론을 주장한다. 관념 실재론의 비상식적 결론을 배제하고, 그 장점만을 수용하려 한다. 그는 현상과 물 자체를 구별한다. 물 자체는 현상을 내보낸다. 우리는 현상은 지각하지만, 물 자체는 지각할 수 없다. 물 자체가 어떠한지를 알 수 없다면, 우리는 물 자체를 아무런 손해 없이 삭제할 수 있다. 그렇다면 칸트의 입장은 관념 실재론과 다름 없게 되고, 관념 실재론이 받는 반박에 그대로 노출된다.

회의주의로부터의 출구 ; 이들은 외부 세계의 실재 문제보다, 회의주의 자체를 문제 삼는다. 비트겐슈타인과 스트로슨은 일상 언어의 기초를 파괴하지 않으면서 회의주의를 표현할 수 없다는 점을 보여 주려 한다. 일상 언어는 외부 세계의 실재를 기초로 해서 성립한다.

6. 인식

인식(epistemology)이란 무엇인가? 플라톤으로까지 거슬러 올라가는 전통적인 견해에 따르면, 인식(지식)은 '참'으로 근거 지어진 의견이다. 이 정의를 다음처럼 표현할 수 있다.

A는 p를 안다. 오직 다음과 같은 경우에만,
(1) A는 p라는 확신을 가진다.
(2) p는 참이다.
(3) A의 확신은 잘 근거 지어졌다.

이 세 조건들은 무슨 뜻인가? "내가 p라는 것을 안다"는 것은 "내가 p를 참이라고 간주한다"는 뜻이다. 예를 들어, 내가 축구팀 울산 현대가 한국 프로 리그에서 우승을 할 거라고 믿을 수는 있다. 그러나 이것만으로는 내 믿음을 지식으로 보기는 충분하지 않다. 만일 울산 현대가 우승을 차지하지 못한다면, 나는 그것을 제대로 알지 못 한 것이 된다. 내가 p

라는 것을 알기 위해서는 p는 참이어야 한다. 그러나 이것만 가지고는 여전히 충분하지 않다.

예컨대 내가 울산 현대가 우승하기를 희망하기 때문에, 그 팀이 우승을 차지할 거라고 믿는다고 해 보자. 그리고 울산 현대가 실제로 우승을 했다고 하자. 이 경우 울산 현대가 우승을 할 것을 내가 알았다고 말할 수 없다. 희망한다고 우승하는 것은 아니기 때문이다. 내가 p라는 것을 알기 위해서는, 내 믿음은 잘 근거 지어져야 한다. 즉, 희망은 좋은 근거가 아니다.

믿음을 앎으로 만들어 주는 충분한 근거가 무엇인가? 이는 답하기 쉽지 않은 물음이다. 다양한 맥락에 따라 다양한 기준이 적용될 수 있다. 그러나 이 기준을 어떻게 규정하느냐와 무관하게 변하지 않는 근본적인 점이 있다. 그것은 바로 "지식은 '참'으로 근거 지어진 의견"이라는 것이다.

이성적인 사람이라면 그 누구도 의심할 수 없는 참인 지식이 존재할까? 이 물음에 답하기 위해서, 우선 인식의 근원 혹은 토대가 무엇인지 생각해 보자. 역사적으로 경험, 그리고 이성이 인식의 근원으로 간주되었다. 전자는 영국의 경험론이고, 후자는 대륙의 합리론이다.

경험은 우리가 다섯 감각 기관(눈, 귀, 코, 입, 손)으로 받아들인 모든 것이다. 우리는 해바라기의 색깔, 코끼리의 형태, 신선한 커피의 향기를 지각한다. 경험은 이런 감각적 지각이다. 사람의 아는 것, 즉 지식은 오직 감각적 지각(경험)으로만 들어온다. 이것 이외의 지식의 근원은 없다.

경험적 인식은 후험적[7] 인식이라 불린다. 이와 반대로 경험 이전에, 경험과 상관없이 성립하는 지식이 있다. 이성은 사유하고 논리적으로

7 '후험'은 '경험 이후'이고, '선험'은 '경험 이전'이다.

추론하는 능력이다. 우리는 이성적 사유를 통해서, 삼각형의 내각의 합이 180°이며, 2+2=4이며, 남자인 요셉은 어머니일 수 없다는 것을 안다. 이처럼 이성의 추론만으로 획득한 인식을 '선험적 인식'이라고 한다. 이는 경험 이전에, 경험과 상관없이 성립된 지식이기 때문이다.

인식의 결정적인 토대는 어느 쪽인가? 감각적 지각(경험)인가? 논리적 추론과 사유(이성)인가? 가장 유력한 답은 이성뿐만 아니라 경험도 인식의 토대로서 기여할 수 있다는 것이다. 둘 다이라고 답하는 것이 최선이지만, 그러나 지금 우리는 둘 중 어느 쪽이 더 근본적인 것인가를 묻고 있다.

이에 대해서 전통적으로 두 조류가 있었다. 합리론은 이성에, 경험론은 경험에 우선권을 준다. 합리론은 우리의 지식이 오직, 혹은 많은 부분은 선험적 지식이라 한다. 경험론은 경험적 지식이라고 주장한다. 그러나 이러한 간단한 진술만으로는 두 가지 지식이 어느 정도 배분되는지 규정할 수 없다. 따라서 자신을 '합리론자' 혹은 '경험론자'라고 정체성을 밝히는 철학자들은 많지 않다. 그러나 이러한 기본적인 구도는 확실한 지식이 있는가 하는 물음을 논의할 수 있게 하는 틀을 마련해 준다.

6.1 합리론 – 데카르트와 라이프니츠

합리론은 이성을 선택한다. 이성은 논리적인 추론 능력이다. 이를 통해서 우리는 선험적 지식을 갖게 된다. 경험적 지각 없이 우리는 이성적 사유를 통해서 세계에 대한 특정한 인식들을 획득할 수 있다. 이런 사유 능력은 이성 혹은 지성(ratio)으로 불리며, 이런 이유로 '합리론'이라 한다.

오직 사유를 통해서 획득할 수 있는 지식이 있는가? **플라톤**이 대화편 『메논』에서 말하는 기하학적 도형에 대한 지식이 그런 예이다. 소크라테스는 노예에게 기하학 문제를 낸다. 그 노예는 그 어떤 수학 교육도 받지 않았지만, 소크라테스가 노련한 질문을 하여 그를 안내한 결과, 결국 그는 문제를 푸는 데 성공한다. 노예의 마음에는 어떤 특정한 종류의 지식이 이미 존재하는 것이 틀림없다. 그는 단지 자신 안에 있었던 지식을 기억해 낸 것일 뿐이다. 이것을 산파술이라 한다.

또 다른 예는 자신의 존재의 인식에 대한 것이다. 『성찰』이라는 책에서 **데카르트**는 말한다. 모든 것을 속일 수 있는 악마가 있다고 가정해 보자. 그는 "이 악마가 정말로 모든 것을 속일 수 있는가?"라는 물음을 던진다. 이것은 불가능하다. 악마는 원하는 대로 나를 속일 수 있겠지만, 결국 내가 생각하고 있다는 것은 속일 수 없다. 악마는 내가 생각하는 내용은 속일 수 있겠지만, 내가 직접적으로 의식하고 있는 바, 즉 내가 생각하고 있다는 것은 속일 수가 없다. 이런 생각을 통해서 나는 나 자신의 실존(실재 존재)을 의식할 수 있다. 내가 생각을 하고 있다는 것은 나에게 확실하며, 따라서 나는 존재한다. 그래서 데카르트는 선언한다. "나는 생각한다. 그러므로, 나는 존재한다"(cogito ergo sum).[8] '생각하는 존재

---

8 여기서 'ergo'(그러므로)는 별다른 뜻이 없다. 데카르트는 『성찰』 그 어디에서도 "cogito ergo sum"이라 한 적이 없다. 그는 단지 "'나는 있다', '나는 존재한다'가 필연적으로 참이라"고 한다.

ergo는 "~로부터 도출되는"이라는 논리적인 의미로 이해해서는 안 된다. 왜냐하면, 악마가 전제와 결론과 관련하여 기만할 수 있기 때문이다. 악마가 속일 수 없는 것은 '우리가 생각하고 있다'는 사실이다. 우리가 생각하는 동안, 우리가 생각하지 않는다고 할 수가 없다.

또한 'ergo'가 의미가 있다면, 데카르트의 명제는 "생각하는 자는 존재한다. 나는 생

인 나'에 대한 관념은 이미 우리 안에 있으며, 순전히 사유를 통해서 우리는 그 관념에 도달할 수 있다.

이런 논리적 사유를 통해서 얻는 지식은 내 안의 뭔가를 이용하는 듯하다. 우리 안에 이미 존재하는 관념(개념)은 '선천적'이라 한다. 데카르트는 '본유 관념'을 제시한다.[9]

그러나 경험론자들은 선천적인 관념들이 있다는 것을 믿지 않는다. 로크(1632-1704)는 어린애들은 기하학적 도형이나, 나에 대한 추상적인 관념들을 가지고 있지 못하다는 점을 지적하며, 합리론자들의 주장에 반대한다.

합리론자들은 어린애들은 선천적 관념들을 단지 의식하지 못하는 것일 뿐이라며 로크의 공격에 답을 한다. 어린애는 관념들을 기억 해내는 능력을 발전시키기 위해서 먼저 그와 연관된 경험을 해야만 한다. 반대로 상응하는 관념들이 없는 경험은 이루어질 수 없다. 칸트가 말했듯이 "(이성적) 관념이 없는 직관(경험)은 맹목적이다. (경험적) 내용이 없는 (이성적) 사유는 공허하다." 이성은 관념을 써서 사유한다. 감성은 경험적 지각을 통해 마음에 내용을 전달한다. 우리가 인식을 하기 위해서는 경험뿐만 아니라 관념도 필요하다.

문제는 개념들이 어디에서 오는지(기원)가 아니라, 우리가 경험과 독립적으로 정당화할 수 있는 지식이 존재하는가이다. **라이프니츠**(1646-1716)가 말하듯이, 인식의 기원과 인식의 정당성은 구분된다. 하나의 지

각한다. 그러므로 나는 존재한다"는 삼단 논법이 될 것이다. 그렇다면 먼저 대전제인 "생각하는 자는 존재한다"를 증명해야 한다. 이래서 데카르트는 'ergo'가 별 의미가 없다고 한다.

9 '선천적'이란 태어날 때부터 이미 가졌다는 말이다. '본유'라는 말과 같다.

식이 정당화되는 것과, 그 지식이 어떻게 형성되었는지는 서로 다른 것이다. 하나의 지식이 어떻게 형성되었는지 설명하기 위해서는 그 지식의 정당성을 물을 필요가 없다. 지식의 정당성은 기원에 대한 물음과 독립적으로 판단될 수 있다.

앞에서 든 예로 설명해 보자. 경험과 독립적으로 정당화될 수 있는 지식은 존재하는가? 합리론자는 그렇다고 한다. 2+2=4라는 사실은 경험을 통해 정당화하지 않고도 우리가 알 수 있다. 물론 누군가 경험을 통해서 이러한 결론을 얻는 것은 자연스러운 일일 수도 있다. 예를 들어, 계산기에 숫자를 입력하고, 그 결과로 나온 값을 믿는다. 그는 어떤 지식을 가지고 있는데, 그 지식이 정당하다고 믿을 수 있는 수단을 가지고 있다. 그는 계산기의 메커니즘을 신뢰한다. 이것은 결코 나쁜 정당화는 아니다. 따라서 우리는 그가 지식을 가지고 있다고 말할 수 있다. 그러나 이 지식은 경험에 근거하는가?

이 사례는 합리론에 대한 하나의 반론인가? 아니다. 이는 합리론의 주장과 상관이 없다. 합리론에 따르면, 지식이 경험과 독립적으로 정당화되어야만 한다는 것이 아니라, 정당화될 수도 있다는 것이다. 만일 하나의 지식이 경험 없이 정당화될 수 있는 가능성이 있다면, 그 지식은 선험적 지식으로 간주될 수 있다. 하나의 지식을 선험적으로 정당화할 수 있는지 아닌지는 개별적인 경우마다 다르게 평가될 수 있다. 그리고 선험적 지식을 경험으로 정당화할 수 있음이 배제되는 것은 아니다.

반론 1 지식의 기원과 지식의 정당성을 구분하는 것은 의미가 없다. 지식의 정당화에는 반드시 그 지식이 어떻게 형성(기원)되었는지를 다루어야만 한다. 2+2=4는 수학적 법칙을 통해서 정당화되지만,

이 경우에도 과거에 누군가 '2+2=4'라는 것을 경험해서 알았고, 학습을 해야만 했다. 이처럼 경험은 필수적이다. 지식은 항상 경험을 통해서만 정당화된다.

대답 지식이 형성되기 위해서는 경험을 해야 한다는 것은 당연하다. 그러나 수학적 법칙 같은 것은 오직 순수한 사유를 통해서 파악된다. 경험에 관계없이 수학적 지식을 정당화할 수 있다.

반론 2 합리론자는 경험에 근거해 있지 않은 지식이라고 말하거나, 혹은 사유를 통해서 얻을 수 있다고 말하는 식으로 선험적 지식에 대해 부정적 소극적 설명만 한다. 그러나 합리론자의 이런 생각은 도대체 무슨 뜻인가? 사유란 무엇인가? 어떻게 선험적 지식이 형성되는지에 대한 구체적인 설명을 해 보라. 경험론은 지식이 형성되는 과정을 구체적으로 지적한다.

반론 3 합리론은 어떻게 선험적 지식이 존재 가능한지에 대해서는 설명하지만, 왜 이 지식이 세계에 대한 지식인지는 설명하지 못한다. 2+2=4라는 지식은 선험적이다. 그러나 수학적 법칙이 왜 세계 안에서 타당한지에 대해서는 말하지 못한다. 합리론이 말하는 선험적 지식은 세계와의 관계를 결여하고 있다.

대답 순수하게 이성적 추론으로 수학적 지식이 만들어졌다고 해서, 그것이 현실과 무관하다고 할 수는 없다. 문학은 순수한 상상의 산물이다. 반면 수학은 현실의 법칙에 근거한 추론의 산물이다. 사과나 양파를 셀 때, 2+2=4와 같은 수식이 쓰이고 있다.

6.2 고전적 경험론 - 흄

1) 영국의 경험론자은 사람들이 선천적 관념을 가지고 태어나지 않는다고 주장한다. 태어날 때부터 가지는 '본유 관념'은 없다. 태어날 때의 마음은 백지이다. 자라면서 감각 경험을 하면서 그 백지에 관념들이 들어온다. 관념은 감각한 인상이며, 모든 복잡 관념들은 단순한 인상으로 환원된다. 경험의 결과로 인상들이 생긴다. 따라서 경험론은 세계에 대한 우리의 지식이 오직 경험에 근거한다고 주장한다. 지식의 경험에의 환원은 정당화의 의미에서 이해될 수 있다. 경험을 통해서만 우리의 지식이 정당화된다.

물론 우리는 선험적 지식도 가진다. 흄(1711-1776)은 로크(1632-1704), 버클리(1685-1753)와 함께 영국 근대의 경험론을 대표한다. 그는 선험적인 지식을 규정할 수 있는 척도를 제시한다. "이 집은 네 개의 면으로 이뤄져 있다"는 후험적 판단이다.[10] "삼각형은 세 개의 면으로 이뤄져 있다"는 선험적 판단이다. 전자는 부정해도 되지만, 후자는 부정하면 모순에 빠진다. 따라서 선험적 판단은 필연적인 반면, 후험적 판단은 우연적이다. 필연적인 진리들은 표상, 사고의 영역에 존재할 뿐 세계에 대해서는 아무것도 말해 주지 못한다. 세계에 대해 우리가 알고자 한다면, 우리는 반드시 경험을 통해서 지식을 얻고, 경험에 지식을 근거 지어야 한다.

2) 귀납의 문제: "내일도 해가 뜬다"는 진술은 선험적으로도, 후험적

---

10 '선험적'은 '경험 이전'이고, '후험적'은 '경험 이후'이다. 따라서 '후험적'이라는 말은 '경험적'이라는 말을 강조한 형태이다.

으로도 근 거지울 수 없다. 첫째, 이는 선험적으로 근거 지어질 수 없다. 얼핏보면 자연이 지금까지 그래 왔으니 계속해서 그렇게 되리라 믿을 수도 있다. 그러나 이 진술의 부정은 그 어떤 모순도 함축하지 않는다. 모순에 빠지지 않고도, "자연 현상은, 내일은 오늘과 다르게 될 수 있다" 라고 주장할 수 있다.

후험적으로도 이 진술은 근거 지어질 수 없다. 지금까지의 경험은 단지 지금까지의 경험에 지나지 않는다. 내일은 아직 경험하지 못 했다. 자연 안에는 자연이 계속 그렇게 될 것이라고 쓰여 있지 않다. 지금까지의 경험에 대한 진술은 미래의 경험들에 대한 근거를 짓기에는 충분하지 않다. 이성도 경험도 근거를 제공해 줄 수 없다면, 지금의 관찰에 뒤를 이어 미래에 비슷한 관찰들이 나올 것이라 가정을 할 수 없다. 내일은 해가 떠오르지 않는다는 가능성을 배제할 수 없다.

이 문제는 미래에 대한 진술 뿐만 아니라, "모든 백조는 희다"와 같은 일반적인 진술에도 해당된다. 우리는 이를 이성으로도 경험으로도 근거지을 수 없다.

이는 '귀납의 문제'로 알려져 있다. 연역 추론은 전제로 부터 결론이 필연적으로 도출된다. 반면 귀납 추론은 전제로부터 결론이 필연적으로 나오지 않는다. 결론은 단지 개연적이다.

흄은 '자연 현상에 익숙해짐'[11]이라는 것으로 귀납의 필연성 문제를 해결하고자 한다. 우리의 일상적인 의견들에 기초가 되는 것이 익숙함의 원리이다. 해가 날마다 뜨는 것이 우리에게 익숙하다. 따라서 이로 부

---

11 일반적으로 '자연의 제일성(齊一性 Uniformity)'으로 알려져 있다. 자연 현상은 가지런함, 고름이 있다는 것이다. 이는 경험으로 검증할 수 없는 가정이다.

터 우리는 내일도 해가 뜰 것이라 믿는다.

그러나 우리는 이 믿음에 정당성을 가지고 있지 않다. 이런 점에서 흄은 회의주의자이다. 경험론에 근거하는 한, 세계에 대한 우리의 일반적인 진술의 필연성이 정당화될 수 없다. 그렇다면 우리는 세계가 이러저러하다고 확신을 가지고 알 수 없게 된다. 보다 강하게 말하자면, 경험론은 결국 회의주의에 빠질 수 밖에 없다.

반론 1 경험론은 왜 2 + 2 = 4가 필연적으로 참인지 설명할 수 없다. 만 일 경험이 인식의 유일한 토대라면, 필연적인 진리는 존재하지 않는다.

대답 인간의 지식은 경험에 근거한다. 경험에 근거하는 한 필연성을 확보할 수 없다. 필연적 진리를 찾지 못 하는 것은 경험론의 한계가 아니라, 인간의 한계일 뿐이다.

반론 2 경험론은 결국 우리가 세계에 대해서 확실한 지식을 가질 수 없다는 결론으로 빠진다. 우리는 현재까지의 경험적 지각(관찰) 만으로는 "모든 X는 ~하다"라는 보편적 판단을 할 수 없다. 미래는 아직 관찰하지 못 했기 때문이다. 흄은 이 문제를 상세히 다룬다. 지금까지 관찰했다고 해서, 미래에도 똑같이 관찰할 수 있는가? 예컨대 오늘까지 해가 떴다고 해서, 내일도 해가 뜰 것이라는 믿음은 어떻게 정당화될 수 있을까?

대답 이는 경험론에 대한 반론이 아니다. 인간 인식 능력의 한계를 지적한 것이다. 인식 이론은 있는 사실을 지적한다. 현재 인간이 가지지 못 하는 획기적인 인식 능력을 발명하는 이론이 아니다.

6.3 칸트의 선험적 관념론

칸트(1724-1804)는 흄의 책을 읽고 '독단론의 잠'에서 깨어났다고 고백한다. 칸트는 합리론의 독단에 빠지지 않았지만, 흄과 달리 회의주의의 유혹에 넘어가지 않았다. 그 결과 그는 '선험적 관념론'이라는 독창적인 이론을 발전시켰다.

『순수 이성 비판』의 첫 부분에서 칸트는 자신의 목적이 '학문'으로서의 형이상학의 가능성을 기초 지우는 것이라고 명시한다. 철학의 본령은 형이상학이다. 이를 위해서 칸트는 '선험적 인식과 후험적 인식'을 구별하고, '분석적 판단과 종합적 판단'을 구분한다. 이 넷을 조합하면, 아래처럼 모두 네 종류의 판단이 가능하다.

그 의미의 분석만으로 그 개념이 참이 될 때, 그 판단은 분석적이다. 예를 들어, "원은 둥글다"라는 판단은 분석적이다. '원'이라는 개념은 '둥글다'는 뜻이기 때문이다.

"모든 코끼리는 회색이다"는 판단은 종합적이다. 왜냐하면, '코끼리'라는 말의 안에 '회색'이 들어 있지 않기 때문이다. 이 판단이 옳은지 알기 위해서는, 개념 분석 이상의 무엇이 필요하다. 그것을 종합해야 한다.

(1) 선험적 분석 판단

(2) 후험적 분석 판단

(3) 후험적 종합 판단

(4) 선험적 종합 판단

합리론 뿐만 아니라 대부분의 경험론자들도 (1)의 '선험적 분석 판단'을 받아들인다. "원은 둥글다"는 판단은 분석적이고 선험적이다.

(2)의 '후험적 분석 판단'은 존재하지 않는다. '후험'은 경험으로 판단함을 뜻하고, '분석'은 개념 분석으로 판단함을 의미한다. 이 둘은 모순이다. 만일 어떤 판단이 개념이 포함하고 있는 의미만으로 참이 된다면, 참인지 거짓인지 판단하기 위해 그 어떤 경험도 할 필요가 없다.

(3)의 '후험적 종합 판단'은 대부분의 철학자들이 인정한다. 정원에 핀 꽃이 어떤 색인지 알기 위해서는 그 꽃을 봐야 한다. 플라톤은 이성에 의한 이데아의 인식만을 참된 인식으로 간주한다. 이런 강경한 합리론자들은 경험을 통해서 인식에 이를 수 있음을 부정할 것이다. 또한 흄은 (3)의 판단이 필연성을 확보할 수 없다는 것을 증명했다.

그러면 (4)의 '선험적 종합 판단'은 어떠한가? 이것이 칸트의 근본적 인 물음이다. 이 판단은 필연적 지식을 준다. 이것이 가능할 때, 학문으로서의 형이상학이 가능하다. '선험적인 종합 판단'은 가능한가?

이 물음에 답하기 위해서, 칸트는 먼저 선험적 학문 안에서 종합적인 판단을 찾고, 그 다음 경험적 학문 안에서 선험적 판단을 찾는다.

선험적 학문의 전형은 수학이다. 수학적 판단은 오직 사유를 통해서만 이루어지며, 이들은 필연적이다. 그러나 모든 수학적 판단이 분석적인가? "7+5=12"라는 명제는 칸트에 따르면 종합적이다. "7+5" 안에

"12"가 아직 포함되어 있지 않기 때문이다. 이처럼 수학에도 선험적 종합 판단들이 존재한다고 칸트는 주장한다.

자연과학은 경험적 학문에 속한다. 예를 들어, "물체는 공간과 시간 안에 있다", "한 물체는 다른 물체에 인과적 힘을 행사한다"는 명제들은 자연과학에서 일반적으로 받아들여진다. 칸트에 따르면, 이 두 명제는 우리가 경험으로부터 얻을 수 없는 개념들을 포함하고 있다.

공간과 시간 안에 있지 않은 물체를 상상하려고 시도할 수 있지만, 그런 시도는 실패한다. 우리는 공간과 시간을 벗어난 물체를 상상할 수 없다. 우리가 경험을 하기 위해서는, 경험하는 대상이 공간과 시간에 주어져만 한다. 공간과 시간은 경험이 가능하게 하는 조건들이다. 공간과 시간은 대상 자체에 주어지지 않는다. 일종의 형식이다.

'물체'의 '원인-결과'도 똑같다. 칸트는 천재적인 역발상을 한다. 인식이 대상들에 따라 방향이 잡히는 것이 아니라, 대상들이 인식에 따라 방향이 잡힌다. 대상 사물에 인과 관계가 있기 때문에 우리가 그것을 인식하는 것이 아니다. 반대로 우리의 인식이 외부 대상들을 사물로서 지각하여, 원인과 결과의 구조에 위치시킨다. 우리의 사유 안에 인과의 구조가 있기 때문에, 우리는 선험적인 인식을 가질 수 있다. 우리가 그런 인식 구조들을 대상에 부여할 수 있기 때문에, 우리는 대상들의 형태를 선험적으로 알 수 있다. 이처럼 우리는 경험 과학 안에서도 '선험적 종합 판단'을 내릴 수 있다.

선험적 종합 판단은 사물의 속성에 대한 것이다. 우리에게 세계가 실제로 어떠한지, 즉 실체에 대해서는 말해 주지 않는다. 사물은 '속성+실체(substance)'로 구성된다. 이 실체를 칸트는 '물 자체(Ding an sich)'라고 한다. 우리는 물 자체가 어떠한지에 대해서 알 수 없다. 그것은 우리의 인식의 한계를 벗어나 있기 때문이다. 그러나 물 자체는 존재한다. 물 자체가 없으면, 우리가 속성을 경험할 수 없기 때문이다.

칸트의 사상에서 두 가지가 중요하다. 첫째, 칸트는 합리론적 요소와 경험론적 요소를 결합시킨다. 우리는 선험적 지식을 가지지만, 이는 항상 경험과 연관된다. 이를 통해 칸트는 합리론의 공허한 독단과 경험론의 회의주의를 극복한다. 합리론이 세계와의 연결점을 결여하고 있음과, 경험론이 확실성을 결여하고 있음이라는 주요 난점을 해결한다.

둘째, 전통적인 형이상학은 "존재, 자연, 신, 불멸하는 영혼" 등과 같이 경험을 할 수 없는 것을 탐구한다. 칸트는 이처럼 얻을 수 없는 지식을 탐구하고자 했던 전통 형이상학을 인식론에서 제외한다.

반론 1 만일 칸트가 주장하듯 판단 '7+5=12'가 종합적이라면, 이 명제는 필연적으로 참일 수 없다. 즉 내일이 되면, 이 판단은 더 이상 참이지 않을 수도 있다. 그러나 우리는 수학적 명제들은 언제나 필연적으로 참이라고 한다.

대답 7+5 안에 12가 들어 있지 않다는 점에서만 '종합적'이라 한 것이다. '7+5=12'는 형식적인 것으로, 논리적으로 추론할 수 있다. 따라서 언제나 필연적으로 참이다.

반론 2 칸트의 이론은 근본적인 문제에 직면한다. 칸트에 따르면, 인과의 원리는 경험을 가능하게 한다. 인과는 오직 현상에만 해당할 뿐, 물 자체에는 해당되지 않는다.

물 자체는 현상들을 붙잡고 있다. 현상과 접촉점을 가질 수 밖에 없다. 따라서 물 자체는 현상에 대한 원인으로 이해될 수 있다. 그렇다면 물 자체에도 인과가 있다는 말이다. 그러나 인과성이란 범주는 오직 현상에만 적용된다.

이처럼 물 자체가 무언가를 인과적으로 일으킨다고 하는 것은 논증 안에서의 모순(contradicto in adjecto)이다. 따라서 칸트는 물 자체에 대한 언급을 그만두거나, 물 자체의 인과적 효력을 부정해야만 한다.

대답 물 자체가 속성(현상)을 붙잡고 있는 것을 '원인-결과'의 관계로 파악할 수 없다. 그것은 지나친 비약이다. 원인-결과란 그런 관계를 말하는 것이 아니다.

6.4 논리적 경험론*

논리적 경험론자들은 전통적인 형이상학을 비판하고자 했을 뿐만 아니라, 더 발전시키려고 했다는 점에서 칸트의 유산을 물려받았다. 다른 한편으로 그들은 경험주의의 유산도 물려 받았다. 논리학의 도움을 통해서 경험론의 기본적인 생각들을 체계화하기 때문에 '논리적 경험론'이라 한다. 논리적 경험론의 주요한 사상가는 슐리크(1882-1936), 노이라트(1882-1945) 카르납(1891-1970) 등이다.

그들은 전통 형이상학에 대한 칸트의 기본적인 비판을 발전시켰다. 칸트가 형이상학에서 합리적이지 못한 요소들을 제거하고자 했던 반면, 논리적 경험론자들은 형이상학을 완전히 없애려 했다. 이들은 논리학의 도움을 빌어 형이상학적 명제들을 분석하고, 그 명제가 의미가 없는 것임을 증명하려 했다. 이런 방식으로 형이상학을 제거하고자 했다.

논리적 경험론자들에 따르면, 두 종류의 명제들만이 의미가 있다. "분석적 명제와 종합적 명제"이다. 분석적 명제는 필연적으로 참이다. 종합적 명제는 경험적으로 검증될 수 있을 때에만 의미를 갖는다. 다시 말해서 그 명제가 참인지 검토할 수 있을 때 그것은 의미를 갖는다. 예컨대 "절대자는 25시에 식사를 한다"는 명제는 검증할 수 없기 때문에 의미가 없다.

이것이 바로 의미에 대한 경험주의적 기준이다. 따라서 모든 의미 있는 명제들은 분석적이거나 종합적이어야 한다. 그렇지 않은 명제는 의미가 없는 명제이다.

논리적 경험론자들은 헤겔의 "참(眞)은 전체이다", 하이데거의 "무(無)는 무화(無化)한다(Das Nichts nichtet)"와 같은 명제들에 불쾌해한다. 이런 명제들은 언어의 혼란에 근거하고 있기 때문이다.

헤겔의 명제는 첫째, 경험적으로 확인할 수 없는 표현인 '전체'를 포함하고 있다. 이런 표현들은 무의미하다. 둘째, 이 명제는 논리적으로 올바른 구조를 가지고 있지 않은, 잘못된 표현이다. '참'이라는 술어가 실체화되어 있는데, 이는 허용될 수 없다. '참'이라는 말은 명제나 진술의 성질을 판정하는 용어일 뿐, 객관적으로 존재하는 실체가 아니다. '참이다'라는 술어는 참 거짓을 판별할 수 있는 실재, 혹은 명제들에만 허용된다. 예를 들자면, "'홍차는 정신을 맑게 한다'는 것은 참이다"라고 말할 수 있지만, "이 돌멩이는 참이다"라고 말할 수는 없다. 이렇게 말하는 것은 아무런 의미가 없다.

하이데거의 명제 역시 정확한 논리적 구조를 가지고 있지 않다. 무(無)는 없음이다. 없음은 없다. 그런데 '없음'이 실제로 존재하는 것이 되어서 '무화한다'는 행위를 한다. '없다'는 명사로 실체화되면서, 동시에 동사로 술어화된다. 이는 검증 불가이며, 따라서 의미가 없다.

반론 1 만일 의미에 대한 논리적 경험론의 기준이 맞다면, 그것은 자기 자신에게도 적용 가능해야만 한다. 의미에 대한 논리적 경험론의 기준을 명제로 표현하자. 그러면 이것이 분석적 명제인가, 종합적 명제인가? 그것이 분석적 명제는 아니다. 왜냐하면, '의미'라는 개념 안에 '검증'이라는 개념이 포함되어 있지 않기 때문이다. 그렇다면 종합적 명제인가? 아니다. 그 진위를 경험을 통해 검증하여 확인할 수 있어야 하는데, 그렇지 않기 때문이다.

대답 의미에 대한 기준이 분석적인지 종합적인지 묻는 것 자체가 무의미하다. 왜냐하면 이 물음은 우선 의미에 대한 기준을 우리가 가져야만 대답할 수 있기 때문이다. 만일 우리가 이를 받아들인다면, 의미에 대한 기준은 분석적이다. '의미'라는 개념에서 그것을 찾을 수 있기 때문이다.

반론 2 의미에 대한 경험론적 기준은 '이론과 관찰'이 분명하게 분리 될 수 있음을 전제한다. 그러나 그런 분리는 엄격하게 이뤄질 수 없다. 예컨대 "나는 찻잔을 보고 있다"라는 진술조차도 그렇다. '찻잔'이라는 말은 어떤 이론(지식)에서만 의미를 얻을 수 있는 개념이다. '찻잔'이 무엇인지 모르는 사람은 찻잔이 아닌, 단지 딱딱한 물체를 본다. 이처럼 이론(지식)과 관찰(지각)은 엄격하게 분리될 수 없다. 따라서 의미에 대한 분석적 경험론의 기준은 유지되기 어렵다.

대답 '경험적 지각 관찰'이 가능하기 위해서 먼저 '이론적 이해와 지식'이 필요하다. 그렇다고 '분석적-종합적'이라는 명제의 구분이 부정되는 것은 아니다. 삼각형은 세 변을 가진다. — 삼각형의 세 변을 관찰하는 것과, 삼각형이 세 변을 가짐을 증명하는 것은 다르다.

반론 3 미국 철학자 콰인(1908-2000)은 "경험론의 두 도그마"라는 논문에서 주장한다. '분석적'이라는 개념이 정확히 무슨 뜻인지 설명할 수 없기 때문에, '분석적'과 '종합적'이라는 구분은 유지될 수 없다. '분석적 명제'의 경우, 주어진 개념의 의미 분석만으로 그 명제가 참인지 알 수 없다. 왜냐하면, 우리는 '의미'가 무슨 뜻인지 알아야만 하기 때문이다. 두 표현이 의미가 같다는 것을 말할 수 있을 때에만 그렇게 할 수 있지만, 우리는 그것을 할 수 없다. '분석적-종합적'의 구분은 논리적 경험론의 독단이며, 근거 지어지지 않은 주장일 뿐이다.

반론 4 의미에 대한 논리적 경험론의 기준은 개별 진술들에 적용된다. 그러나 개별 진술들은 고립되어 있지 않고, 전체 이론과 연결되어 있다. 진술들이 모여서 전체 이론을 이룬다. '종합적 명제'의 경우, 그것이 경험적 지각 관찰과 모순이 된다면, 이는 물론 틀렸다. 그러나 이는 단지 전체 이론을 이루는 가설들 중 하나가 틀렸음을 보여 줄 뿐, 전체 이론이 틀렸음을 증명하는 것이 아니다. 그 진술이 틀렸다면 그 체계 안에서 다른 진술로 대체하면 된다.

하나의 가설은 논리적인 규칙을 표현하고 있다. 만일 논리적인 규칙들이 경험에 의해 수정될 수 있다면, 분석적 진술들은 존재할 수 없다. 분석적 명제에서 논리적 규칙을 분석하기 때문이다. 이 반론 역시 콰인으로부터 유래한다.

6.5 자연과학주의* – 철학의 종말

논리적 경험주의에 대한 비판을 통해 콰인은 자연주의라는 자신만의 입장을 전개한다. 자연주의는 철학을 자연화한 것이다. 즉 철학을 자연 과학으로 보려는 하나의 프로젝트로 이해할 수 있다.

만일 분석적 판단을 객관적으로 규정할 수 없다면, 분석적 판단에 대해 말하는 것은 무의미하다. 그러나 합리론, 전통적 경험론, 칸트, 그리고 논리적 경험론은 분석적 판단을 통해서 선험적 인식을 할 수 있다고 한다.

콰인은 이런 견해에 반대한다. 분석적 판단도, 필연적 진리도, 선험적 인식도 존재하지 않는다. 수학 명제와 같이 분석적 진리라고 간주해 온 것도 실제로는 분석적인 것으로 보였던 경험적 명제이다. 근본적으로 경험적 명제들은 분석적이지 않다. 왜냐하면 이들은 경험적 이론의 한 부분으로서, 관찰에 의해 반박될 수 있기 때문이다.

만일 선험적 지식이 없다면, 철학에 무엇이 남겨지는가? 콰인은 철학과 인식론을 자연과학화해야 한다는 제안을 한다. 콰인은 말한다. 철학과 인식론이 학문들 안에서 특별한 지위를 가질 수 없다. 이들은 기껏해야 자연과학의 한 부분일 뿐이다. 인식이 무엇이며, 인식의 한계 는 어디이며, 우리가 어떻게 인식을 획득할 수 있는지에 대해 누군가가 묻는다면, 이 물음들은 자연과학적인 물음들이다. 이 물음에 답하기 위 해서, 철학을 해야 하는 것이 아니라, 뇌와 감각 기관, 그리고 인간의 행 동을 연구하는 생물학과 심리학을 해야 한다.

반론 1 논리학은 경험적 이론의 한 부분이기 때문에, 논리학이 틀릴 수 있다는 콰인의 논증은, 전제에서 도출되지 않는 부당한 결론이다. "논리학은 경험적 이론의 한 부분이다"라는 전제는 개인적 의견에 불과하다. 논리학이라는 한 이론의 어떤 가설이 틀렸는지 알지 못한다는 전제에서 "논리학은 틀릴 수 있다"는 결론은 나올 수 없다. 논리학은 오히려 증명될 수 없는 것처럼 보인다. 그리고 논리학이 틀렸음을 증명하기 위해서는, 재차 논리학의 도움을 빌려야만 한다.

대답 일반적으로 논리학은 분석적 판단들의 집합체이기 때문에, 필연적인 진리라고 간주된다. 그러나 콰인은 분석적 판단이 따로 없고, 모두 종합적 판단이라는 것을 증명했다. 따라서 논리학만 예외라고 할 수 없다.

반론 2 만일 철학이 자연과학이라면, 순수한 철학적 물음도 존재하지 않을 것이다. 또한 전통적인 의미에서 인식론도 없을 것이다. 그러나 무엇을 인식으로 간주할 것인지, 그리고 무엇을 인식의 한계로 간주할 것인지는 개인적 평가에 달려 있다. 이 두 문제에 답하기 위해서는 기준들이 세워져야 한다. 이 기준들은 자연 안에서는 발견될 수 없으며, 자연과학에 의해 설정될 수 없다. 무엇을 인식으로 간주할 것인지, 특히 무엇을 의견과 주장의 정당화로 간주할 것인지를 우리가 규정해야만 한다. 따라서 철학은 자연화될 수 없다.

대답 자연과학은 늘 지식의 진위와 정당성을 따져왔다. 엄격하게 따졌기 때문에 현재의 발전을 이룬 것이다. 인식론에 대한 그런 물음은 철학보다 오히려 자연과학이 더 잘 해결할 수 있다. 철학은 사유에만 의존하지만, 자연과학은 과학적 지식에 근거하면서, 실험을 하기 때문이다.

요약

그 누구도 의심할 수 없는 확실한 지식이 있을까?

참된 지식은 오직 선험적 지식이라고 전제하는 합리론자들은 그러한 지식이 있다고 한다. 몇몇 합리론자들에 따르면, 그 확실성을 선천적 관념들에서 찾을 수 있다. 그러나 그러한 본유 관념들이 존재하는지는 논란의 여지가 있다. 게다가 선험적 지식에 대한 설득력 있는 설명도 존재하지 않는다. 합리론자들은 순수한 사유에 근거한 선험적 지식이 왜 세계에 대한 지식인지를 설명하지 못한다. 강하게 말해서, 합리론에는 지식과 세계와의 연관성이 결여되어 있다.

우리의 지식은 대부분 경험적 지식이라고 전제하는 경험론자들은 경험을 통한 세계와의 접촉점을 제시한다. 그러나 그들은 몇몇 명제들이 경험과 상관없이 필연적으로 참이라는 것을 설명하지 못한다. 게다가 귀납의 문제가 발생한다. 지금까지의 경험들로부터 어떻게 미래의 경험들을 추론해 낼 수 있는가? 강하게 말하자면, 경험론에는 확실성이 결여되어 있다.

칸트는 선험적 이론으로 합리론과 경험론을 종합하여 문제를 해결하고자 한다. 칸트에 따르면, 비록 대상 자체(물 자체)가 어떠한지 알 수 없을지라도, 현상에 형식을 부여하는 것은 바로 우리 마음이다. 그러나 원인과 결과의 인과 관계는 현상에만 적용되기 때문에, 어떻게 물 자체가 우리에게 인과적 영향을 미치는지 불분명해진다.

논리적 경험론은 주장한다. 기본적으로 분석적 명제와 종합적 명제라는 두 종류의 유의미한 명제만 존재한다. 이 구분을 통해서 형이상학을 부정한다. 콰인은 이 구분을 비판한다.

콰인의 자연주의에 따르면, 인식론과 철학은 자연화될 수 있다. 인식론과 철학은 자연과학으로 간주할 수 있다. 이에 대한 비판으로, 콰인의 논증들로부터 논리학이 잘못되었다는 결론은 도출될 수 없다는 논증이 있다. 또한 인식론은 자연과학이 될 수 없다. 인식론에는 가치 평가가 개입되는데, 이는 자연과학이 제공해 줄 수 없기 때문이다.

7. 마음과 몸

나는 정원의 나무 한 그루를 보고 있다. 나는 '나무'를 보고 있다고 나는 의식하고 있다. 뿐만 아니라, 나는 그 나무를 보고 있는 것이 '나'라는 것도 의식하고 있다. 이런 현상은 어떻게 설명될 수 있을까? 이 물음에 대답하기 어려운 이유는 이것들이 특별한 종류의 현상에 속하기 때문이다. 바로 정신적 현상들이다. 무엇이 정신적 현상들인 지는 아직 아무도 정확하게 알지 못한다.

첫째, 정신적 현상은 의식적 현상이라고 할 수 있다. 물론 시험에 대한 본능적 불안과 같은 무의식적인 정신적 현상도 있다. 또한 "내가 범인을 보았을 때, 이마의 상처를 의식적으로 인지하지 못했다. 하지만 내게 사진을 보여 준다면, 나는 그 상처를 기억해 낼 수 있다"라는 말처럼, 의식적 상태는 무의식적 부분들을 포함하고 있기도 하다.

둘째, 정신적인 현상은 공간적이지 않다. 만일 정신적인 현상이 사물이 아니라, 상태 혹은 속성이라면, 정신적 현상에 장소를 할당하는 것은 부질없는 짓이다.

셋째, 정신적인 현상은 개인적이다, 그것을 경험하고 있는 사람은 그 현상들에 대해 특별하고, 개인적인 접근을 할 수 있다. 그 현상들을 경험하는 사람은 그 현상들을 느낀다. 만일 내가 불안을 가지고 있다면, 나는 불안을 느끼고 있다. 다른 사람들은 아마 내가 불안을 가지고 있다는 것은 인식하겠지만, 내가 느끼는 그대로 그 불안을 감지하지는 못한다. 그러나 불안, 기쁨, 사랑의 느낌과 같은 현상들이 정신적 현상의 전부에 해당되는 것은 아니다. 나폴레옹은 잔혹한 전쟁의 지휘자였다는 나의 앎은 아무런 느낌도 일으키지 않는다. 이 상태는 내가 더 자세히 기술할 수 있는 특별한 방식으로 느껴지지 않는다.

넷째, 정신적인 현상은 지향적이며, 명제적 태도를 가진다.

마음은 늘 무언가와 관계를 맺는다. 어떤 대상을 향해 있다. 나는 그냥 보지 않고, 나무 한 그루와 같은 특정한 무언가를 본다. 나는 단순히 희망하지 않고, 어떤 특정한 것이 일어나기를 희망한다. 마음이 어떤 대상으로의 향함을 브렌타노(1838-1917) 이래로 '지향성'이라고 한다. '지향적 상태' 혹은 '지향적 태도'가 그에 상응하는 상태들이다.

공간을 점유하고 있는 사물에 향해진 지향적 상태와, 사물의 속성과 같은 사태에 향해진 지향적 상태가 정신적 상태의 전부는 아니다. 지향적이지 않은 정신적 상태들이 있기 때문이다. 예를 들어, 나는 무엇에 대해 불안해하는지 말할 수 없지만, 불안해할 수도 있다. 혹은 그와 비슷하게 긴장할 수도 있다. 이 경우 긴장에 대한 느낌은 지향적이지 않다.

명제적 태도 : 대상은 나무 한 그루처럼 공간을 점유하고 있는 사물일 수도 있지만, "나무가 초록색 잎을 지니고 있다"와 같은 사태(속성)일 수도 있다. 사태는 종속절을 통해서 기술될 수 있다. 하나의 종속절은 하나의 명제를 표현한다. 그래서 어떠한 사태로 향해진 태도들을 '명제적

태도'이라고 부른다. 명제적 태도들은 내용과 상태로 이루어진다.[12] 예컨대 '믿다' '의지하다' '원하다' '생각하다' '희망하다' '무서워하다' '의도하다' 등이 상태에 해당한다. "나는 내일 남호를 만난다는 것", "모레 비가 내린다는 것", "지구는 둥글다는 것" 같이 주어진 사태가 내용에 해당한다. 내용과 상태를 합하면, "내일 남호를 만난다는 것'을 나는 원한다"와 같은 문장이 되며, 이것이 명제적 태도이다. 사태는 틀릴 수도 있다. 실제로는 비가 내리지만, 지금 눈이 내린다고 나는 믿을 수도 있기 때문이다. 따라서 내용과 상태는 다르다.

정신적 상태의 특징을 재는 단 하나의 척도는 없다. 그런 척도가 되는 단 하나의 특징은 없다. 위에 언급한 네 개의 특징들 중 세 개는 정신적인 상태를 비정신적인 상태와 구분해 준다. 이 탁자는 의식의 상태가 없다. 탁자는 아무것도 느끼지 못하고, 그 무엇으로도 지향해 있지 않다. 탁자는 마음을 가지고 있지 않다. 반면 이 고양이는 무언가를 지각하고, 그 지각은 무언가로 향해 있으며, 그는 그것을 의식하고 있다. 즉 고양이는 마음을 가지고 있다.

그러나 고양이도 마음이 있는지에 대해서는 의견이 엇갈린다. 고양이는 인간처럼 자기의식을 갖고 있지 못하기 때문이다. 따라서 고양이도 마음을 가지고 있는지에 대한 물음에 답을 하기 위해서는, 우선 어떤 존재가 마음을 가지기 위해서 얼마나 많은 의식이 필요한지, 그리고 고양이도 그 정도의 의식들을 실제로 가지고 있는지가 해명되어야 한다.

이번 장의 논의를 위해서, 정신적인 존재는 감각과 지향적 상태를

---

12 예컨대 "'정원에 나무 한 그루가 있다'고 나는 믿는다"에서, 정원에 나무 한 그루가 있다'가 종속절이며, 하나의 명제이며, 내용이다. '나는 믿는다'는 그것에 대한 나의 태도이며, 상태이다. 따라서 이를 '명제에 대한 태도', '명제적 태도'라 한다.

가지는 존재로 간주한다. 이에 따르면, 고양이도 감각과 지향 상태를 가진다는 것은 명백해 보인다. 그렇다면 그 다음 물음은 "특정한 존재들은 어떻게 이러한 상태들을 가질 수 있는 것인가?" 라는 것이다.

첫 번째 대답, 정신적인 존재는 영혼을 가졌다. 영혼 때문에 그런 상태들을 가질 수 있다. 영혼은 정신적인 실체이다. 실체(substance)는 다른 것들로부터 독립적으로 존재할 수 있다. 실체는 속성들을 붙잡고 있는 담지자이다. 물질적인 실체와 독립적으로 존재하는 정신적 실체가 있다. 이 입장을 '실체 이원론'이라고 한다. 물질과 정신이 두 실체이다.

그에 반해 이른바 '물질주의' 혹은 '물리주의'는 오직 물질적인 실체만 있다고 본다. 만일 물질주의가 옳다면, 정신적인 속성들은 물질적인 속성들로 환원되어야 한다. 이것이 과연 가능하냐는 물음은 끊임없이 제기되었다.

이 장에서는 두 개의 물음을 다룬다. (1) 속성들의 담지자는 무엇인가? 정신적인 실체인가? 물질적인 실체인가? (2) 정신적인 속성 들은 물질적인 속성들로 환원될 수 있는가?

(1)은 몸과 마음, 혹은 신체와 영혼의 관계 문제 (심신 문제)이다. 이는 고대 철학에서 이미 알려졌고, 데카르트와 함께 매우 중요해진 문제이다. (2)는 물질주의자들에게 제기되는 물음이다. 이 역시 마음과 몸의 관계 문제와 연관된다.

이하에서는 이 두 물음에 대한 다양한 입장들을 설명한다.

7.1 실체 이원론 - 데카르트

정신적 속성들의 담지자는 무엇인가? 전통적으로 서양에서는 정신의 본성에 대해 생각을 해 왔다. 특히 인간이 죽으면, 정신은 어떻게 되는지에 대해 깊이 생각해 왔다. 인간이 죽으면 존재하기를 멈춘다는 생각은 많은 이들을 불안하게 만든다. 만일 신체의 죽음 이후에도 정신은 계속 존재할 수 있다고 믿는다면, 이러한 불안은 생기지 않을 것이다. 그러나 정신이 신체와 다를 때에만, 정신은 죽지 않을 것이다. 영혼은 신체와 달라서 죽지 않는다. 이를 보여 주고자 많은 철학자들이 시도했는데, 그 중 중요한 것이 플라톤(427-347)의 대화편 『파이돈』, 데카르트(1596-1650)의 『방법서설』과 『성찰』이다.

실체 이원론의 핵심 주장은 정신과 신체는 서로 다른 실체라는 것이다. 이에 대한 데카르트의 논증은 다음과 같다.

첫번째 논증: 다음과 같은 가정에 근거하고 있다. 인간은 기계가 가지지 않은 능력들을 가지고 있다. 인간은 자연 법칙을 통해 행위가 규정되거나, 이 법칙을 통해 설명될 수 있는 존재가 아니다. 데카르트는 이러한 능력의 예로 말하기와 지적 행위를 든다. 이 능력들은 과학으로 완전히 설명할 수 없다. 만일 과학으로 설명할 수 없다면, 그 능력은 과학의 설명 대상인 물질적인 것이 아니다. 그렇다면 이 능력들을 가능하게 하는 또 다른 뭔가가 있어야만 한다. 이것이 바로 정신적인 실체, 즉 영혼이다. 데카르트는 이 능력을 가지고 인간과 동물들의 차이를 확정 짓는다. 동물들과 달리, 우리 인간은 말할 수 있고, 지적으로 행위할 수 있으며, 따라서 영혼을 가지고 있다. 다른 동물들은 우리보다 더 적은 이성을 가지고 있는 것이 아니라, 아예 이성을 가지고 있지 않다.

두번째 논증은 좀 더 복잡하다. 데카르트는 말한다. 내가 명석하고(clear) 판명하게(distinct) 파악하는 모든 것은 신에 의해 만들어질 수 있다. 따라서 내가 명석하고 판명하게 파악하는 모든 것은 존재 가능하다. 내가 순수하게 생각하는 존재, 즉 나는 신체적 속성들 없이도 존재할 수 있는 것이라고 나는 명석 판명하게 파악한다. 정신과 신체는 다르다고 나는 명석 판명하게 이해한다. 내가 명석 판명하게 서로 구분할 수 있다면, 실제로 그것은 서로 다르다. 이로부터, 정신은 신체와 실제로 다르다는 결론이 도출된다. 따라서 정신적 실체(res cogitans)와 연장된 실체(res extensa)가 존재한다.

반론 1

첫 번째 논증은 건전하지 않다.[13] 몇몇 동물들은 지적으로 행동한다. 우리는 애완용 고양이의 행동에서 이미 이런 사실을 알 수 있다. 고양이는 집으로 가는 길을 찾을 줄 알고, 먹고 싶을 때는 울음 소리를 낸다. 우리는 고양이의 이러한 행동을 자연과학적으로 설명할 수 있다. 따라서, 이런 정신적 현상을 설명하기 위해서 영혼을 가정할 필요가 없다.

대답

데카르트의 논증은 동물들이 그 어떤 정신적 능력들도 가지고 있지 않음을 보여 주려는 것이 아니다. 따라서 첫번째 논증은 여전히 거부될 수 없다. 인간의 능력은 여러 가지 면에서 동물들의 능력을 넘어선다. 특히 우리는 자기 의식을 가지며, 우리 자신을 서로 구분할 수 있는 구별된 존재로 지각한다. 그리고, 우리는 행위를 장기간에

13 논리학 용어. '건전한'은 'sound'의 번역이다. 추론이 형식적으로 맞고, 내용까지 맞는 것이다. 형식적으로 맞음은 타당한(valid)이다.

걸쳐 계획할 수도 있다.

대답에 대한 반론 대부분의 원숭이나 다른 포유류들은 어떤 종류의 자기 의식을 가진다. 그리고 어느 정도 시간에 대한 이해를 가진다. 또한 자기 자신과 미래에 대해 진술할 수 있는 지능적 로봇과 같은 인공적인 존재도 있다.

대답 그런 동물이나 로봇은 인간과 현격하게 차이가 난다.

반론 2 첫번째 논증은 타당하지(valid) 않다. 어떤 현상을 자연과학이 지금까지 설명하지 못했다고 해서, 그 현상이 비물리적 원인을 가진다고 결론 내릴 수는 없다. 두뇌가 사람의 정신적 능력을 어떻게 가능하게 하는지 아직은 정확히 알지 못하더라도, 정신적 능력들에 대한 원인은 우리의 두뇌이다.

대답 이는 당신의 신념이지, 객관적으로 증명된 사실은 아니다.

반론 3 두번째 논증은 건전하지(sound) 않다. 생각하는 존재로서 우리가 신체 없이도 존재할 수 있다는 가정은 옳지 않다. 생각함은 신체 기능을 필요로 한다. 신체 없이 어떻게 생각할 수 있는지 상상할 수 없다.

대답 우리는 항상 신체를 통해서만 경험하고 생각하기 때문에, 신체 없이 무엇을 생각할 수 있는지를 상상할 수 없다. 그것은 습관이다. 그러나 논리적으로는 몸이 없어도 정신은 생각을 할 수 있다.

반론 4 인과적인 상호 작용의 문제가 있다. 만일 정신이 비신체적인 것이라면, 정신은 신체에 인과적인 영향을 줄 수 없고, 받을 수도 없다. 그렇다면 정신은 몸의 부대 현상(Epiphänomen)이다. 존재하지만, 인과의 힘을 발휘할 수 없는 현상에 불과할 것이다.

첫째, 정신과 신체가 접촉점을 가지지 못하기 때문이다. 둘째, 물리적 원인의 닫힘성 원칙 때문이다. 몸이라는 물질적인 것의 원인은 항상 물리적이어야만 한다. 따라서 비물질적인 정신과 물질적인 신체의 인과적 상호 작용은 불가능하다. 정신은 몸에 인과적 영향을 행사할 수 없으며, 그 반대도 마찬가지이다. 우리는 우리 자신을 의지로 몸을 움직일 수 있는 존재로 경험한다. 가령 누군가 내 팔을 바늘로 찌른다면, 나는 통증을 감지한다. 이처럼 실체 이원론을 반박할 수 있다.

대답 1 데카르트는 정신과 신체 사이를 이어 주는 접촉점으로 송과선(松果腺)을 제시한다. 이는 뇌의 특정 기관이다.

대답 2 만일 접촉 지점과 인과에 대한 우리의 통상적인 개념과 생각으로, 신체와 정신 사이의 인과적 상호작용을 기술할 수 없다면, 이는 실재에 대한 탐구에 좋을 리가 없다. 이 경우 정신과 신체의 연관성은 설명되지 않은 채 남겨지게 되기 때문이다.

보헤미아의 엘리자베스 공주에게 보낸 편지에서 데카르트는 말한다. 일상에서 우리는 정신과 신체의 통합을 인식하지만, 그에 대해 되씹

으면서 숙고하면 문제를 일으키게 된다. (Angsgar Beckermann, p53)

따라서 정신과 육체의 상호 작용을 상식적으로 인정해야 한다.

대답 3

정신과 신체의 연관성에 대해서 라이프니츠(1646-1716)는 시계를 비유로 들어 설명한다. 우리는 같은 시간을 가리키는 두 개의 시계를 상상할 수 있다. 두 시계는 왜 동일한가? 두 시계가 애초부터 서로 연결되어 있거나, 부지런한 사람이 늘 시간을 새로 맞추거나, 처음부터 정확히 동일하게 작동하도록 제작되었다.

이 중 어떤 것이 가장 합리적인가? 세 번째 일 것이다. 정신과 신체의 관계를 두 시계와 비교한다면, 처음부터 서로 맞게 예정되어 있다고 해야 한다. 이를 예정 조화설이라 한다.

대답들에 대한 반론

대답 1은 옳지 않다. 정신과 신체는 다른 실체이기 때문에 서로 완전 분리된다. 대답 2는 이치에 맞지 않는다. 왜냐하면, 그 대답이 맞으려면 기계 신(deus ex machina)과 같은 신이 지속적으로 개입을 해야만 하기 때문이다. 대답 3은 정신과 신체의 관계 문제이다. 정신과 신체 사이에는 미리 예정된 조화가 있다. 정신과 신체는 신에 의해 항상 평행하게 움직이도록 설정되었다. 따라서 만일 나의 뇌 안의 특정 부위가 활성화되면, 항상 나의 정신은 통증을 느끼고, 내가 의자에서 일어나기를 원한다면, 나의 신체는 일어난다.

이런 식으로 신을 설정한다면, 세상에 설명하지 못 할 것이 없게 된다. 이는 반과학적, 반철학적인 태도이다.

반론 5

실체 이원론의 예정 조화설이 옳다면, 정신적인 상태는 가지지 않지만, 우리와 완전히 똑같이 행동하는 존재가 있을 수도 있다. 이 좀비는 우리에게 인사하고, 우리와 대화를 나누며, 농담을 하면서 웃을 수도 있을 것이다. 그러나 그는 아무것도 느끼지 못한다.

이 예에서 알 수 있듯이, 실체 이원론에서 정신은 존재는 하지만 신체에 인과력을 행사할 수 없는 부대 현상이 된다. 따라서 신체로부터 독립적인 정신은 있을 수 없다는 결론이 도출될 수 있다.

대답 예정 조화설이 실체 이원론의 전부는 아니다. 물질로 정신을 완전히 설명할 수 없다면, 물질과 정신의 두 실체를 인정하는 이원론이 최선이다.

7.2 논리적 행동주의*

몸과 마음은 '논리적' 관계이며, 마음은 몸의 '행동'으로 환원된다.

독립적인 실체로서 정신이 존재하지 않는다면, 결국 물질적 실체나 물질(몸)만 존재한다는 가정이 남는다. 물질주의는 라 메트리(1709-1751)가 그의 저서 『인간 기계』에서 제시했다. 그러나 물질주의는 20세기가 되어서야 널리 지지받는 대세가 되었다.[14]

물질주의는 정신적인 속성이 물질적인 속성으로 환원될 수 있는가, 어떻게 그렇게 되는가 라는 헤어나기 어려운 난제에 직면한다. 아래에서는 이 문제에 대한 세 개의 대답과 이에 따르는 물질주의의 버전들을 소개하겠다.

---

14 자연과학의 발전에 따라, 세계는 물질로 이루어졌다는 것이 확고한 대세가 된다. 따라서 정신의 실체를 부정하고, 몸을 실제하는 것으로 본다.

논리적 행동주의, 동일성 이론, 무법칙적 일원론이 그것이다.

비트겐슈타인(1889-1951)과 라일(1900-1976)이 가장 중요한 주창자인 논리적 행동주의는 첫째, 정신적 속성들이 행동으로 환원될 수 있다. 둘째, 정신적인 것과 신체적인 것 사이의 관계는 논리적 혹은 개념적인 방식이라고 주장한다. '논리적'으로 정신적 속성들은 특정한 '행동'으로 바꾸어서 말할 수 있다. 그래서 논리적 행동주의'라 한다.

첫째, "정신이 행동으로 환원된다"는 것은 무슨 말인가? 논리적 행동주의에 따르면, 정신 혹은 정신적인 것에 대한 설명들은, 단순한 행동에 대한 진술이 아닌, 상세한 행동 성향에 대한 언급들로 번역될 수 있다. 예를 들어, "나는 통증을 느낀다"라는 말은 그 말을 하는 사람이 울거나, 신음을 하거나, '아야' 하고 비명을 지르는 행동 성향을 가지고 있다고 논리적으로 바꿀 수 있다.

물론 누군가는 자기 억제를 하여 그런 어떤 행동 성향도 보여 주지 않을 수도 있다. 반대로 연극이라면, 통증이 없는데도 몸을 웅크리며 아픈 척 할 수도 있다.

그렇지만 '통증을 가진다'는 것이 무엇을 의미하는지 알고자 한다면, 우리는 특정한 행동에 주목할 수밖에 없다. 즉 특정한 행동 성향을 통증을 가진 사람에게 적용시키는 것이다. 이를 통해서 그 상황을 직관적으로 설득력 있게 이해할 수 있다. 어떤 이가 통증을 가지고 있다고 말하지만, 행동에 있어서는 통증에 상응하는 성향을 보이지 않고, 지극히 정상적으로 행동한다면, 그가 통증을 가지고 있다고 믿기 어렵다. 결국 정신적인 현상에 대한 표현은 특정한 행동 성향들로 바꾸어서 말해야

한다. 이렇게 환원되어야 그것을 이해할 수 있다.[15]

둘째, 정신적인 것과 신체적인 것의 관계는 인과적이지 않고, 논리적 혹은 개념적이다. 논리적 경험주의 두 번째 주장은 무슨 뜻인가?

정신적인 현상에 주목할 경우, 우리는 종종 특정한 행동을 설명하기 위해서 다르게 표현하곤 한다. 예를 들어, "신선한 공기가 들어오기를 원했기 때문에, 윤희는 창문을 열었다" 라고 말한다고 해 보자. 우리는 흔히 그녀의 의지가 그 행동의 원인이라고 간주한다. 그러나 정신적인 것에 대한 표현들은 행동 성향들로 환원된다는 논리적 행동주의자들의 주장을 따른다면, 이는 틀렸다. '의지'는 관찰할 수 없기 때문이다. 대신 특정 행동은 그 행동에 대한 성향으로 설명해야 한다.

이러한 논리적 행동주의의 설명은 인과적일 수가 없다. 왜냐하면 특정 행동 성향에 대한 개념은 행동의 개념으로부터 논리적으로 독립적일 수 없기 때문이다. 성향에 대한 기술은 정확하게 행동과 연계되어 있다. 만일 두 개의 사건들이 논리적으로 서로 독립적이지 않으면, 하나는 다른 하나의 원인이 될 수 없다.

이에 어떤 논리적 행동주의자들은 재해석해서 말한다. 행동 성향에 대한 설명은 "설탕은 물에 용해된다. 왜냐하면 설탕은 수용성(물에 녹는 성질)이기 때문이다"와 같은 종류의 설명이므로 인과적인 설명이 아니다.

이 역시 문제이다. 수용성은 설탕의 용해에 대한 원인이 아니라, 설탕의 성향에 불과하다. 이와 마찬가지로 행동 성향은 원인이 아니다.

---

15 많은 논리적 경험론자들이 논리적 행동주의를 지지한다. 비트겐슈타인의 사적 언어(private language)에 대한 반대 논증은 실체 이원론을 반대하고, 논리적 경험론을 옹호하는 논증으로 해석할 수 있다

반론 1 정신적인 것에 대한 모든 문장들을 행동 성향에 대한 문장들로 대체하려는 논리적 행동주의의 프로젝트는 성사될 수 없다. 그들의 주장에 따라 구체적인 예를 들어 보자.

"남호는 맥주를 원한다"는 무슨 뜻인가? 이 문장은 "남호는 맥주를 마신다"로 대체될 수 있을까? 아니다. 왜냐하면 이 문장은 필요조건도 충분조건도 아니기 때문이다. 남호는 아무것도 마시지 않으면서도, 맥주를 원할 수 있기 때문이다. 원한다고 꼭 마시는 것은 아니다.

그렇다면 "남호는 맥주를 보고, 눈을 반짝이기 시작했다"로 번역할 수 있을까? 이 조건 역시 충분하지 못하다. 왜냐하면 눈을 반짝임은 맥주를 마셨을 때일 수도 있지만, 친구와 대화했던 기억 때문일 수도 있다. 이처럼 다른 원인을 가질 수도 있다.

정신을 행동 성향으로 환원시키려는 시도는 이처럼 아주 간단한 경우에서부터 실패하는 것 같다. 이웃 국가의 정치적 위기에 대한 배경 정보를 알고자 하는 욕구와 같은 복잡한 경우는 말할 필요조차 없다.

대답 우리는 더 간단한 상황들을 통해서 명제적 태도에 대한 설명을 시작해야 한다. 만일 우리가 한 생명체의 감각 기관이 어떻게 구조 지어졌는지 안다면, 생명체의 직접적인 주변 조건에 대한 기술을 통해서, 그 생명체가 어떤 정신적 상태를 가지고 있는지 추론할 수 있다. 예를 들어, 남호가 눈을 뜨고, 맥주 앞에 선다면, 그가 맥주를 보고 있다고 추론할 수 있다. 또한 남호가 몇 시간 전부터 아무것도 마시지 않았다는 사실을 안다면, 우리는 남호가 갈증을 느끼고 있다는 사실을 전제할 수 있다. 이런 욕구들과 남호가 맥주 앞에 서 있다는 사실로부터, 우리는 남호가 맥주를 원하고 있다고 추론할 수 있다.

반론 2 정신적인 현상과 행동 성향 사이의 개념적인 연관성에 대한 앞의 비판적 논증은 건전(sound)하지 않다. 성향은 원인의 한 부분이다. 설탕의 수용성은 왜 특정 분량의 설탕만 물에 녹는지에 대한 원인의 한 부분이다. 이처럼 정신적인 현상은 그것이 성향이라는 가정하에서 그 자체로 행동의 원인일 수 있다.

정신 현상을 행동 성향으로 바꾸는 것은 원인-결과라는 관점과는 아무 상관이 없다. 우연히 행동 성향이 원인일 수도 있겠지만, 이는 부차적인 것이다.

반론 3 우리의 정신은 우리의 신체에 인과적 영향을 행사한다. 우리는 우리의 행동을 의도적으로 조정할 수 있다. 그와 반대로 우리의 행동은 우리의 정신에 영향을 준다. 우리는 정신과 행동 사이의 인과적 상호 작용을 매일 경험한다. 따라서 이러한 사실을 부정하는 논리적 행동주의는 옳지 않다. 실체 이원론처럼 논리적 행동주의 역시 정신적인 것을 부수적인 현상으로 보고 있다. 이는 정신적인 것에 대한 우리의 이해와 맞지 않는다.

7.3 동일성 이론과 기능주의*

논리적 행동주의의 프로젝트가 실행되기 어려운 것으로 밝혀졌지만, 물질주의를 지지하고자 한다면, 정신적인 속성을 물질적 속성으로 환원시킬 다른 해결책을 찾아야 한다.

7.3.1 동일성 이론

정신적인 속성과 물질적인 속성, 마음과 몸이 근본적으로 동일한 속성이라고 말할 수 없는가? 바로 이것이 1950년대 호주의 철학자인 플레이스(Ullin Thomas Place, 1924-2000)와 스마트(J. J. C. Smart, 1920-)가 발전시킨 **동일성 이론**이다. 정신적인 속성과 물질적인 속성은 동일하다. 정신적인 속성에 대한 표현들은 마음 내적인 경과도 어떤 행동 성향도 아닌, 뇌의 한 속성을 말해 준다. 이와 함께, 정신적인 것에 대한 표현이 물질적인 것에 대한 표현으로 번역되어야 한다는 요구는 폐기된다. 그러면 정신적인 속성들이 어떻게 두뇌의 속성들과 동일한 것이 가능할 수 있는가?

프레게(1848-1925)의 생각이 여기서 도움을 줄 수 있다. "새벽별은 새벽별이다"와 "새벽별은 저녁별이다"라는 두 개의 진술을 생각해 보자. 첫 번째는 a=a라는 형식의 문장이다. 이는 동어 반복(tautology)이고, 아무런 새로운 앎도 주지 않는다. 반대로, 두 번째 문장은 a=b라는 형식이다. 이런 문장은 새로운 지식을 제시해 줄 수 있다. 만일 우리가 새벽별이 저녁별이라는 것을 몰랐다면, 두 번째 진술에 따라 새로운 지식을 얻는다. 두 표현 즉 '새벽별'(샛별)과 '저녁별'은 동일한 대상, 금성(venus)을 가리킨다. 지칭 대상은 같지만, 표현은 다르다. 새벽별은 아침에 뜨는 가장 밝은 별이며, 저녁별은 저녁에 뜨는 가장 밝은 별이다.

하나의 대상을 다양한 표현으로 지칭할 수 있다. 이처럼 우리는 동일한 두뇌 상태에 대해서 다양하게 표현할 수 있다. 예를 들어, 어떤 두뇌 상태에 대해서 "지금 해가 빛나고 있다고 철수는 생각한다"라는 문장으로도, "철수의 두뇌의 특정 부위가 지금 이러저러하게 활성화되고 있다" 라는 문장으로도 지칭될 수 있다.

그렇다면 어떠한 두뇌의 상태가 어떠한 정신적 상태와 같은가? 철학은 이 물음에 답하지 못한다. 이는 뇌 과학(신경 과학)이 맡아야 할 과제이다. 뇌 과학은 어떤 종류의 정신적 상태가 어떤 종류의 두뇌 상태와 일치하는지 연구하고 규정해야 한다.

그러나 동일성 이론은 수긍되기 어렵고, 경험적으로도 반박된다. 많은 사람들에게서 특정한 정신적 상태가 상이한 신경적 상태들과 일치한다는 것이 밝혀졌다. 게다가 같은 사람일지라도 일생 동안 정신적 상태와 두뇌 상태들의 일치가 변화될 수 있다. 또한 뇌 손상을 입은 경우, 손상된 두뇌 부위가 맡았던 역할을 다른 부위가 떠맡을 수 있다는 것도 입증되었다.

7.3.2 기능주의

정신은 육체의 '기능'으로 환원된다.

퍼트넘(Hilary Putnam, 1926-)과 포더(Jerry Fodor, 1935-)는 기능주의 이론을 발전시켰다. 기능주의의 핵심은, 정신적인 것은 다양한 방식으로 육체적(기능)으로 실현될 수 있다는 '정신적인 것의 복수 실현 가능성'이다. 기능주의는 정신적 상태를 기능적 상태로 규정한다. 이 기능을 통해서 정신의 상태를 식별한다.

정신의 기능적 상태는 인과적 역할을 한다. 정신 상태의 기능은 우선 입력(Input)에 의한 정신 상태를 일으킴을 통해, 두 번째로 정신 상태를 통한 출력(Output)을 일으킴을 통해, 세 번째로는 다른 정신적 상태들에 대한 인과적 관계들을 통해 규정된다.

예를 들자면, 통증은 무엇인가? 통증은 신체의 손상을 통해 야기되고, 통증은 비명과 신음 그리고 손상된 부위로 주의력을 돌리게 만든다.

이것이 통증을 느낄 수 있는 존재에게서 통증이 떠맡게 되는 기능 혹은 인과적 역할이다. 어떤 존재가 이런 인과적 역할이 관찰 되는 상태에 있다면, 그는 통증을 느끼고 있는 것이다.

요컨대, 동일성 이론이 정신 현상을 두뇌 현상으로 바꾼 반면, 기능주의는 정신 현상을 육체적 기능으로 치환한다.

반론 1 두뇌 과정에 비해서 우리는 우리의 정신적 상태에 대해서는 상대적으로 정확하게 안다. 정신적 상태들은 두뇌 활동이 갖지 않는 속성을 가지므로, 그 둘은 동일하지 않다.

대답 이는 동일성 이론을 오해하고 있다. 동일성 이론에 따르면, 정신적인 것과 물질적인 것에 대한 표현이 동일하다는 것이 아니라, 그 둘이 같은 대상을 지시한다는 것이다.

반론 2 생각과 감정은 주관적이고, 특정한 방식으로 느껴진다. 해변에서의 휴가에 대한 생각 혹은 화상을 입었을 때의 통증은 특정한 느낌과 연결된다. 반면 그에 해당되는 두뇌 상태에 대해서는 느낄 수가 없다.

대답 생각과 감정 역시 언어적인 표현으로서 느껴지지가 않는다. 느낄 수 있는 것은 어떤 상태이며, 이 상태는 곧 두뇌의 상태이다.

반론 3 기능주의는 다음과 같은 문제에 직면한다. 빨간색을 보면 초록색으로, 초록색을 보면 빨간색으로 느끼는 색맹인 사람이 있다. 이 사람은 신호등이 초록색이면 운전을 계속하거나, 초록색 토마토는 장바구니에 담지 않는 등, 정상적인 사람들처럼 초록색 대상에 대해 똑같은 반응을 보여 준다.

빨간색 물체나 초록색 물체를 볼 때, 그의 정신적 상태의 기능적 반응은 다른 사람들과 동일하다. 그러나 이 사람이 동일한 색채 감각을 가지고 있다고 할 수 없다. 우리가 초록색을 지각할 때, 이 사람은 빨간색을 지각하기 때문이다. 기능주의는 이 차이를 설명할 수 없다.

대답 만일 그가 다른 것을 느낀다면, 그의 상태가 정말로 같은 기능을 할 수 있는지가 분명하지 않을 것이다. 만일 이 모든 것이 가능하다고 가정한다고 해도, 그가 다른 색채 감각을 가진다는 것을 남이 어떻게 확인할 수 있는가? 확인할 수 없다. 확인할 수 없는 것에 근거한 이 반론은 내용 없이 형이상학적 테제에 근거하는 것이다.

반론 4 남이 어떤 것을 느낄 때, 우리는 그것을 그대로 느낄 수 없다. 따라서 그 느낌을 알 수 없다. 네이글(Thomas Nagel, 1937-)이 말하듯, 박쥐가 된다는 것이 어떤 것인지 우리는 알 수 없다. 내적인 관점에서 지각할 때에만 우리는 이 주관적인 느낌에 대해 알 수 있다. 정신적인 것을 물질(육체)적인 것으로 환원시키려고 하는 다른 모든 물질주의처럼 기능주의는 정신적인 상태들의 주관적 특성을 설명하는 데에 실패하고 있다.

반론 5 만일 기능주의가 옳다면, 모든 정신적 상태들을 기능적으로 설명할 수 있는 하나의 이론이 있어야만 한다. 이 이론이 우리에게 들어맞으면서, 또한 다른 존재에게도 들어맞는다면, 그 존재도 정신 상태가 있다고 할 수 있다.

이 말은 동일한 하나의 이론이 정신적 상태를 가진 모든 존재에게 적용되어야만 한다는 뜻이다. 그러나 이는 틀렸다. 왜냐하면, 인간들 사이에서도 이미 큰 차이가 있기 때문이다. 예컨대, 특정한 생각을 가진 전문가들은 비전문가와 다르게 처리하며, 장님은 정상적인 사람과 다르게 지각할 수도 있다. 이런 사실을 고려해 볼 때, 하나의 통합 이론은 가능하지 않으며, 철학적 입장으로 기능주의는 옳지 않다.

7.4 무법칙적 일원론*

몸과 마음은 '일원적'이다. 그 사이에 '법칙'은 없다.

데이비드슨(Donald Davidson, 1917-2003)은 정신적 속성을 육체(물질)적 속성으로 환원시키는 문제를 피해 가는 방식으로 대답하고자 한다. 그의 테제에 따르면, 그러한 환원은 절대로 불가능하다. 데이비드슨은 자신의 입장을 무법칙적 일원론이라고 부른다. 그의 입장은 오직 물질만 있다고 주장하기 때문에 일원적이며, 정신적인 속성들과 물질적인 속성들을 연결해 주는 법칙이 없다고 주장하기 때문에 무법칙적이다. 데이비드슨은 어떻게 이런 결론에 도달하게 되었는가? 그리고, 이 결론은 정확히 무엇을 의미하는가?

정신과 육체의 관계는 다음과 같은 세 명제를 연결해서 이해할 수 있다.

(1) 어떤 정신적인 사건들은 육체(물질)적인 사건들을 일으키며, 그

반대도 마찬가지이다.

(2) 인과 관계가 있는 곳에는 엄밀한 법칙이 있다.

(3) 정신적인 사건들을 예측할 수 있는 엄밀한 법칙은 없다.

각각 참인 것으로 보이지만, 함께 연결할 경우 세 명제들은 서로 모순 관계에 있다. 만일 정신적인 사건이 육체(물리)적인 사건을 일으킨다면, 그에 상응하는 엄밀한 법칙들이 있어야만 한다. 그러나 세 번째 명제는 정신적인 것과 육체적인 것을 연결해 주는 그러한 법칙이 있다는 것을 부정하고 있다. 어떻게 이 문제를 해결할 수 있을까?

첫 번째 명제는 사람이 주위의 환경에 의지적으로 영향을 줄 수 있는 존재로서의 자기 이해와 일상에서의 경험을 통해서 확정된다.

두 번째 명제에 따라서, 만일 엄밀한 법칙이 있다면, 하나의 정신적인 사건은 하나의 육체(물리)적 사건과 인과적으로 연결될 수 있다. 엄밀한 법칙에 의해 기술되는 사건들은 육체적 사건들이다. 따라서 정신적 사건 역시 육체적 사건이어야만 한다.

세 번째 명제는 마음의 영역과 물질의 영역이 어떻게 인과적으로 상호 작용하는지를 설명해주는 엄밀한 법칙은 없다고 말한다. 따라서 만일 어떤 상태를 정신적인 상태로 기술(記述)한다면, 이는 엄밀한 물리적 법칙에 의해 파악되지 않고서도 기술될 수 있다. 그러나 이는 앞의 두 명제와 모순 관계에 빠지지 않는다. 왜냐하면 마음의 상태로 기술하는 것도 어디까지나 육체(물리)의 영역에 속하기 때문이다. 즉 기술하고 설명하는 층위와 물질적 존재론적 층위를 구분해야 한다. 동일한 사건은 존재론적 층위와 기술(記述)적 층위에서 달라질 수 있다. 예를 들어, '저녁별'과 '새벽별'이라는 표현들은 동일한 행성을 가리키지만, 그 두 표현은 서로 다른 방식으로 이를 보여 준다.

데이비드슨의 해결책은 모든 개별적인 정신적인 사건은 동시에 육체(물리)적인 사건이라고 주장하는 데에 있다. 그러나 이 이론은 정신적인 사건과 육체적인 사건들 사이에 법칙적인 관계가 있다는 것을 부정한다. 단지 구체적인 사건들 사이에서 존재론적 층위에서 단 하나의 동일성만이 허용된다. 기술(記述)적 층위에서는 정신적인 사건들과 육체적인 사건들 사이의 동일성이 아니라, 오직 정신적인 것과 육체적인 것에 대한 언어만이 존재한다. 이를 통해서 데이비드슨은 많이 약화된 동일성 이론을 주장하게 된다. 따라서 무법칙적 일원론은 위의 입장들에 제기된 반론에 그대로 직면하게 된다.

반론 1 데이비드슨의 무법칙적 일원론은 어떻게 정신이 신체와 연관을 맺는지에 대해서는 설명해 주지 않는다. 정신적인 것의 무법칙성 테제는 정신적인 것과 육체적인 것 사이에 엄밀한 법칙이 없다고 보기 때문이다. 이로써, 정신적인 것은 여전히 수수께끼로 남겨진다.

반론 2 데이비드슨이 어떤 정신적인 사건들은 육체적인 사건들을 일으킨다고 주장하려고 한다면, 그는 어떠한 속성들에 입각해서 정신적 인 사건들이 인과력을 가질 수 있는지를 설명해야만 한다. 만일 그 속성 들이 정신적인 속성들이라면, 육체(물리)적인 영역은 닫혀 있지 않아야 한다는 문제가 생긴다. 만일 그 속성들이 물리적 속성들이라면, 정신적인 인과에 정신적이라고 할 만한 것이 남겨질 수 있는지, 또 그것은 무엇인지가 이해되지 않게 된다.

요약

정신적인 속성들의 담지자는 무엇인가? 정신적인 실체인가? 아니면, 물질적인 실체인가?

실체 이원론에서 정신적 속성들의 담지자는 신체와 독립된 정신적 실체이다. 그러나 실체 이원론은 정신과 신체가 어떻게 서로 인과적 상호 작용을 하는지를 설명하지 못한다.

다음의 세 가지 물질주의는 이런 문제에 부닥치지 않지만, 정신적인 속성이 육체적인 속성으로 환원될 수 있음을 설명해야만 한다.

논리적 행동주의는 정신적인 속성이 행동에 대한 성향으로 환원될 수 있으며, 정신적인 속성과 행동 사이의 관계는 논리적이고 개념적인 관계라고 한다. 그러나 문제는, 어떤 경우에는 그런 환원이 불가능하며, 정신적인 속성과 행동 사이에 인과적인 관계가 있다는 점이다.

심리 철학에서 동일성 이론은 정신적인 속성들과 물리적인 속성들이 동일하다고 주장한다. 그러나 동일성 이론의 이러한 주장은 경험적으로 틀렸음이 드러났다.

기능주의는 정신 상태를 기능적 상태로 간주함으로써, 동일성 이론을 더 정교하게 만든다. 기능주의는 정신적 상태의 주관적인 특성에 맞지 않는다. 그리고 만일 기능주의가 옳다면, 정신에 대해서 유일한 하나의 이론만 있게 될 것이다. 이는 이치에 맞지 않는다.

데이비드슨이 주장한 무법칙적 일원론은 모든 개별적인 정신적 상태는 육체적 상태라고 주장한다. 이를 통해, 데이비드슨은 동일성 이론과 기능주의가 직면한 문제들을 피해 간다. 그러나 무법칙적 일원론은 정신이 무엇이며, 정신과 신체는 어떻게 연결되는지에 대해 설명하지 못한다는 난점에 직면한다.

이 세 이론은 정신을 몸의 행위, 두뇌의 상태, 혹은 기능으로 환원시킨다. 행위는 겉으로 드러난 것이고, 두뇌 상태와 기능은 좀 더 과학적인 것이다.

8. 정의로운 국가 - 국가 성립의 정당성

어느 경우에 국가와 사회[16]는 정의로운가? 플라톤은 말한다. 국가와 사회는 조화로울 때, 즉 구성원 각자가 자기 몫을 다하여 조화로울 때 정의롭다. 단지 물질적으로만 보는 것이 아니면, 각자가 받을 만한 상이나 벌을 받을 때, 그리고 남들과 똑같이 대우받을 때, 각자 자기 몫을 다한 것이라고 말할 수 있을 것이다.

그렇지만 누가 무엇을 받을 만한가? 아이들이 투표할 수 있어야 하는가? 대학을 졸업한 사람은 고교 졸업자보다 더 많은 임금을 받아야 하는가? 절도범은 구금되어야 하는가? 이러한 질문 목록은 끝이 보이지 않는다. 물론 모든 질문들은 제도로서 사회나 국가가 사람들에게 보답을 하고 징벌을 할 권리를 갖는다는 전제에 기초하고 있다. 그렇지만 국가와 사회는 어디에서 이러한 권리를 갖게 되는가?

---

16 원문은 'Gesellschaft'이다. 일반적으로 '이익 사회'라 번역한다. 특정한 목표를 위해서 만든 사회 구성체이다. 회사가 대표적이다. 여기에서는 '국가'를 그런 구성체로 본다. 따라서 '국가와 사회'로 번역한다. '사회 계약'의 '사회' 역시 'Gesellschaft'이다.

이에 답을 하기 위해서 사유 속에서 실험을 해 보자. 아직 어떠한 사회나 국가도 존재하지 않은 상태가 역사의 맨 처음에 존재한다고 한번 가정해 보자. 이를 '자연 상태'라고 한다. '자연 상태'란 역사적으로 실제로 존재하지 않았다. 이성적 사유로 만들어낸 것이다. 이를 통해서 국가 성립의 정당성을 밝히기 위한 것이다.

이제 문제는 이렇다. 무엇 때문에 인간의 자연 상태에서 탈퇴하여 벗어나고, 국가 사회라는 타율적 결합을 정당하다고 보고, 그 안으로 들어갔는가?

첫 번째 대답은 아나키즘이다. 자연 상태에서 벗어날 이유는 아무것도 없다. 인간은 자연적인 존재이고, 국가와 사회는 타락했고 억압적이다. 유일하게 정당한 것은 국가와 권력이 없는 상태, 즉 아나키(무정부) 상태이다. 자연 상태가 바로 그것이다. 러시아의 미하일 바쿠닌(1814-1876)이 아나키즘의 가장 격렬한 대표자 중 하나였다.

아나키즘은 설득력이 없다. 첫째로, 우리는 오늘날 이미 복잡한 사회에서 살고 있어서 자연 상태로의 귀환은 어렵다. 그래야 할 정당성을 증명할 수 있겠지만, 그것을 실행할 수는 없다고 할 것이다. 둘째로, 자연 상태에서도 불평등이 있다. 그들은 이것이 정당한 것이라고 주장해야 할 것이다. 이는 타당하지 않다. 한 인간이 강한 자로 태어났기 때문에 그가 다른 사람들을 착취할 권리를 갖는 것은 아니다. 이러한 두 개의 반론이 아나키스트들을 멈추게 할 수는 없을 것이다. 그들의 입장을 계속 주장하겠지만, 이 두 문제에 대해서 별다른 해답도 제공하지 않는다.

촉망되는 답변은, 인간들이 자연 상태에서 국가를 정초하기 위해서 '사회 계약'을 체결했다는 것이다. 이것은 실제로 성문화된 계약이 아닌, 사유 실험을 통해 구성한 것이다.

어떤 계약이 정당한 국가로 가게 하는가? 네 개의 답변이 있다. 자기 이익을 통한 정당화와 이성을 통한 정당화가 있다. 후자에는 "고전적 자연법, 일반 의지, 공정으로서의 정의 관념"이 있다.

8.1 자기 이익의 보호 - 홉스

토마스 홉스(1588-1679)의 답변은 이렇다. 사회 계약은 그 계약의 유지의 목표가 각자 모두의 이익에 있다면 정당한 것이다. 각자 모두가 이 계약 덕분에 자신의 이익에 만족할 수 있다면, 그래서 각자가 기여한 만큼 받는다면, 그 계약은 정당한 것이다. 이것이 자기 이익을 통한 정당화이다.

홉스에 따르면 '자연 상태'에서 인간은 '욕망과 혐오'라는 두 가지 감정에 의해 추동되는 존재이다. 욕망과 혐오는 부분적으로 서로 배척한다. 사람이 무엇을 할 것인지를 생각할 때, 이 감정들은 서로 다툰다. 최후에 더 강렬한 감정이 결국 그 사람의 의지를 이끈다.

자기 이익 때문에 그 두 감정이 투쟁한다. 인간은 자기 생명의 보존과 촉진에 관심을 갖는다. 미래의 일을 예견하고 자기 이익에 비추어 판단할 수 있는 사람은 영리하다.

인간은 자신의 이익을 위해 숙고하기 때문에, 인간들의 사회적 결합에 대한 유일한 근거는 바로 이러한 자기 이익일 뿐이다. 여기에서 두 가지 질문을 할 수 있다. 첫째, 사회적 결합은 어떻게 모두의 이익에 관계될까? 둘째, 그것은 어떤 결합인가?

먼저 첫 번째 질문에 관해, 자연 상태에서 각각의 인간은 평등하고 자유롭다. 또한 각 개인은 남을 살해할 능력을 지녔으며, 동시에 매 순간 남에게 살해될 위험에 노출된다. 이런 점에서 모은 개인은 타인과 평등하다. 모든 사람은 자신을 보존하고 자기 행복을 촉진하기 위해 자연적인 능력을 사용할 가능성을 갖는다는 점에서 자유롭다.[17]

이제 각 개인이 자기 생명을 보존하고 행복을 늘리기를 원하면, 불가피하게 여러 사람들이 같은 재화를 원하는 상황들이 발생한다. 그런 상황에서 각자는 이 재화를 가지려 하고, 비상시에는 폭력적으로 다른 사람에 대항해서 자신의 목적을 관철하려고 할 것이다. 이 상황은 홉스의 간명한 공식으로 말하자면, "모두는 모두에게 늑대"가 될 것이다('Homo homini lupus'). 매 순간 더 강력한 적대자에게 공격받을 두려움 속에서 사람들이 살아야 하는, 이 지속적으로 불안한 상태를 홉스는 "만인의 만인에 대한 투쟁"('Bellum omnium contra omnes')이라 했다. 그런 상태는 바람직하지 않다. 홉스가 통찰한 것처럼, 그런 상태에서 삶은 고독하고 비참하며 짧다!

이런 불안하고 위태로운 상태를 종결짓기 위해서 모든 개인은 다른 사람들과 함께 국가를 결성할 준비가 마쳐진다. 국가가 만들어져서 평화가 이루어지면, 인간은 자기 행복에 대한 걱정과 폭력적인 살해에 대한 공포를 갖지 않아도 된다. 사람들은 자신의 이익을 평화로운 국가에서 최상으로 추구할 수 있음을 알게 된다. 이것은 모두에게 해당되기 때문에, 국가의 결성은 모든 개인들의 이익에 부합한다. 이것이 첫 번째 물음에 대한 답변이다.

---

17 여기 8장에서 말하는 '자유'는 앞의 3장에서 말하는 '자유 의지'가 아닌, '정치적 자유'이다. 전자가 형이상학적이라면, 후자는 사회적인 문제이다.

두 번째 물음에 관해 홉스는 오늘날의 관점에서는 별로 납득되지 않는 답변을 한다. 국가는 효과적으로 악인을 처벌할 수 있게 절대적인 무한한 힘을 가져야 한다. 인간의 이기심은 너무 강해서 절대적인 힘이 아니면 통제할 수 없기 때문이다. 이러한 절대적 권력을, 홉스는 구약 성경에 나오는 괴물 물고기 용에 비유해서 '리바이어던'이라 부른다.

모든 인간은 사회 계약을 통해 리바이어던의 신하로 복종한다. 절대 권력이 절대적인 안전을 보장해 주는 국가이지만, 개인의 자유는 남아 있지 않게 된다. 몽테스키외(1689-1755)가 지적한 것처럼, 오직 유일한 통치권만 있는 국가는 급속하게 절대주의적 국가, 독재 국가로 타락한다. 이는 역사적 사실이다. 그러한 국가는 최고 권력자가 자기 이익을 추구하는 데에 아무런 제한도 없기 때문에 정의롭지 않다. 최고 권력자는 가장 나쁜 고문을 자행하면서, 이 고문이 국가에 기여한다며 정당화할 수 있다. 그러나 실제로는 그 자신(권력자)을 위한 것이다. 이렇게 악용할 수 있는 문은 언제나 활짝 열려 있다.

몽테스키외는 단일화된 절대 권력을 쪼개야 한다고 주장한다. 개인 각자의 이익에 근거하는 국가가 절대주의적일 필요가 없다. 국가 권력은 하나의 권위, 하나의 인간에게서 합일되지 않아도 된다. 권력의 집중을 막기 위해서 분할될 수 있으며, 또한 분할되어야 한다. 이는 몽테스키외가 존 로크(1632-1704)에게서 대부분 넘겨받은 권력의 분립 사상이다. 몽테스키외는 단일한 절대 권력을 행정부 입법부 사법부의 셋으로 나눈다. 행정을 집행하는 권력은 정부에, 법을 제정하는 권력은 의회에, 재판을 하는 사법적 권력은 법원에 속한다. 이러한 3권 분립은 민주주의 국가 뿐만 아니라 오늘날의 대부분의 국가에서 유효하다.

반론 1 홉스가 그리는 인간상은 인간 본성의 핵심에 맞지 않는다. 인간은 자기 이익에 의해서만 이끌리는 것이 아니라 타인의 이익을 참작하기도 한다. 인간은 근본적으로 정치적 존재(zoon politikon 폴리스적 동물)이며, 그렇기에 다른 사람들과 연합하여 사회를 이루려는 자연적인 욕구를 갖고 있다. 뿐만 아니라, 바로 이러한 연합에 그의 목적이 있다고 아리스토텔레스(기원전 384-322)는 말한다.

장 자크 루소(1712-1778)는 이러한 비판을 더욱 강하게 한다. 홉스가 생각한 것처럼 자연 상태에서 인간은 자기 이익만 추구하는 존재가 아니라, 그런 것을 생각하지도 말을 하지도 못하는 선한 존재이다. 우리의 정신적인 능력은, 혹은 도덕적 사유 능력은 국가와 사회가 만들어진 뒤에 비로소 생성된다. 국가와 사회는 인간이 자기 이익을 추구하도록 이끌기 때문이다. 인간이 자연 상태에서의 그의 원형적인 감정을 기억해낸다면, "만인의 만인에 대한 투쟁"이 아니라 '조화로운 공생'이 이루어졌을 것이다. 홉스가 성악설이라면, 루소는 성선설이다.

대답 인간이 본성적으로 기꺼이 돕는 사회적 존재라고 할지라도, 둘 이상의 사람이 똑같은 것을 원하는 상황은 항상 올 것이다. 그러면 그들은 싸울 수 밖에 없다.

반론 2 홉스에 따르면, 인간은 자기 이익을 위해서 사회 계약을 맺는다. 이 계약에서 각자가 자기 이익이 만족스럽게 보장되기를 원한다면, 계약은 자연 상태에서의 인간들 사이의 세력 관계를 반영해야 한다. 어떤 사람이 자연 상태에서 다른 사람들의 소유물을 빼앗을 수 있을만큼 강한 힘과 지능을 갖고 있다면, 그는 이에 상응하는 권력을 요구할 것이다.

이 자연적인 세력 관계가 부당해 보이는 점을 차치하고라도, 이러한 정당화는 별로 건전(sound)하지 않다. 자연 상태에서 세력 관계가 계약의 정당화로서 이용될 수 없다.

그럼에도 이런 논증을 하는 사람은 사실(존재)과 당위를 혼동하는 오류를 범하는 것이다. 사실을 서술하는 명제에서는 어떠한 규범(당위)적 명제도 도출될 수 없기 때문이다. (이 오류에 대해서는 2.3 '쾌락주의'의 반론 1을 보라.)

반론 3 홉스의 사회 계약은 매우 불안정하다. 이 계약이 참여자들 사이의 세력 관계에 기초하기 때문이다. 세력 관계가 변하는 한 계약은 매번 달라져야 한다. 물론 이 계약이 한번 맺어지면 모든 참여자가 이 계약을 준수해야 한다는 규칙을 추가할 수 있다. 그렇지만 홉스의 인간 개념에 따르면, 인간은 계약이 자기 이익에 맞지 않다면, 이 규칙을 준수하지 않고 계약을 파기할 것이다.

반론 4 자기 이익은 자신의 생명을 보존하고 행복을 촉진하는 데에 있다. 따라서 추구할 만한 가치가 있는 것은 상대적으로 현재 상태인 것(Status quo)이다. 새로운 상태가 단지 조금 더 나은 것일지라도, 심지어 이러한 상태가 부당한 것이라고 해도, 현재 상태에서 각자가 나름의 이익을 챙길 수 있을 것이다. 달리 말해서, 홉스의 접근법은 어쨌든 목표를 제대로 다루지 못한다. 사회에는 그 사회가 정의로운 것이기 위해 보장되어야 할 일정한 기본법들이 존재하기 때문이다.

8.2 자연법 - 로크

자기 이익을 통한 정당화는 경험론적 발상이다. 이와 근본적으로 다른 접근법은 자연법으로 정당화하는 것이다. 자연법은 자연적으로 존재하는 이상적인 법이다. 인간이 제정한 실정법이 아니며, 모든 인간적인 권위를 넘어서서 적용되는 법이다. 국왕일지라도 적용된다. 자연법을 불러내는 것은 오랜 전통을 갖고 있는데, 유고 그로티우스(1583-1645)가 가장 중요한 선구적 사상가로 통한다.

그는 자연법을 자연적 이성의 명령으로서 법, 즉 인간이 만드는 실정법이 아닌 것으로 정의한다. 이런 자연법의 고전적 이론은 존 로크(1632-1704)의 국가 이론으로, 또한 장 자크 루소(1712-1778)의 '일반 의지'의 사상과 존 롤스(1921-2002)의 '공정함으로서 정의'의 사상으로 발전한다. 이하에서는 이 순서로 소개한다.

로크는 자연 상태를 자연법이 유효한 상태로 기술한다. 로크는 자연법을 기독교적 윤리(9.1 절 참조)에 부합하는 것으로 특징짓는다. 자연법의 핵심은 생명 자유 재산의 보호이다. 각자가 자신의 생명과 타인의 생명을 보존하고 지원할 의무를 가진다. 자연법은 타인의 생명 건강 자유 소유를 해치거나 말살하는 것을 금지한다. 동일하게 모든 사람은 타인에 의해 해를 입지 않을 권리를 가지며, 타인을 해치지 않을 의무를 갖는다. 모든 사람이 동일한 권리를 갖는다는 점에서 모든 인간은 평등하다. 인간은 자신의 인격과 소유(재산)를 갖는다는 데서 모두 자유롭다. 모든 사람이 자연법을 따른다면, 자연 상태에서 완벽한 평화와 부유함이 지배할 것이다.

그렇지만 평화스러운 자연 상태란 존재할 수 없는 이상일 뿐이다.

모두가 다 자연법을 따르는 것은 아니기 때문에 항상 상호간의 침해가 일어난다. 정복 전쟁은 그 극단이다. 이런 혼란을 벗어나기 위해서 사람들은 서로 맺어져서 국가를 만든다. 법의 판결과 실행을 담당하는 상위 심급[18]이 존재하지 않는다면, 사람들은 자유과 소유를 빼앗길 걱정 속에서 살아야 한다.

상위적 심급(국가)은 자연법에 매여 있다. 국가는 유일한 권위 속에서 합일된 것이 아니라, 3권이 분할된다. 인간은 자연 상태에서 타인의 생명 자유 소유에 대한 권리를 갖지 않는다. 또한 개별적 인간은 사회 계약을 통해 이러한 권리를 국가에게 양도할 수 없다. 그렇기 때문에 국가 또한 소속원의 생명 자유 재산을 박탈할 권리를 갖지 않는다. 정확히 이처럼 국가는 개별적 인간들과 마찬가지로 자연법에 매여 있다. 따라서 국가는 모든 구성원의 생명 자유 소유를 존중해야 한다. 로크는 생명 자유 소유(재산)를 자연법의 핵심으로 본다.

반론 1 로크가 자연법을 특징짓는 것은 독단적이다. 인간은 자신의 생명과 타인의 생명을 보존해야 한다는 의무를 어디로부터 갖게 되는가?

대답 고중세의 정복 전쟁 시대에는 개인의 생명 자유 재산을 마음대로 약탈했다. 로크는 그것들을 자연법으로 규정함으로써 정복 논리를 거부한다. 이것이 바로 역사의 발전이다. 정복 논리인가, 자

18 개인들이 싸울 때, 분쟁을 조정하기 위해서는 그들보다 위에 있는 재판관이 있어야 한다. 이를 '상위 심급(審級)'이라 한다. 자연 상태에서는 모두가 동등하다. 그들의 분쟁을 조정하기 위해서는 상위 심급을 만들어야 한다. 그것이 바로 국가이다.

연법인가, 그것은 선택의 문제이다.

반론 2 무엇이 인간들로 하여금 자신의 권력을 양도하여 상위 심급(국가)을 구성하도록 동기를 부여하는가? 자연 상태에서 어떤 사람이 다른 사람들보다 강력하다면, 그는 스스로 자기의 권력을 양도하기를 원하지 않을 것이다.

대답 사회 계약은 실제 있었던 계약이 아니다. 인간이 자연 상태에서 실제로 무엇을 선택할 것인가가 중요한 것이 아니다. 핵심은 정당한 것이 무엇이냐 하는 것이다. 참여자의 동기에 관한 문제가 아니다. 정당성의 문제이다. 또한 국가가 일단 존속하면, 법은 강력한 구성원에 대항해서도 관철될 수 있다.

8.3 일반 의지 - 루소

장 자크 루소(1712-1778)는 로크의 자연법 사상을 받아들인다. 그러나 로크와 달리, 처음부터 자연법을 내용적으로 정하지 않는다. 루소는 홉스처럼 하나의 국가는 자유롭고 평등한 인간들이 결정할 때만 정의롭다는 데서 출발한다. 하나의 국가는 '일반 의지'에 맞는 사회 계약을 통해서 기초될 때만 정의롭다. 문제는 '일반 의지'가 정확히 무엇을 뜻하며, 루소는 어떻게 이런 견해에 도달했을까?

"인간은 자유롭게 태어났으나, 어디에서나 쇠사슬 속에 있다." 루소는 그의 저명한 저술 『사회 계약론』(*Du contrat social*)의 첫 문장을 이렇게 쓴다. 당시 유럽의 대부분은 절대주의 왕정 국가였다. 개별 통치자들이 절대적 권력으로써 지배하던 시대이다. 그러나 그들은 국민들이 통치자로 뽑은 것은 아니다.

루소 역시 자연 상태에서 출발하여 사회 계약론을 제시한다. 인간은 본성적 판단에 따라 그의 자연적 능력들을 투입할 권리를 갖는다. 인간은 또한 타인의 이익을 참작할 능력을 가지며, 홉스가 생각한 것처럼 자기 이익에 의해서만 이끌리지는 않는다.

인간은 본래 자유로웠지만, 쇠사슬에 묶이게 된다. 이런 속박이 정당화될 수는 없다. 벗어던져야 한다. 목표는 모든 인간이 자유로운 국가 형식이어야 한다. 어떤 계약이 그러한 국가로 이끄는가?

모든 인간은 자연 상태에서 자유로우며, 모두가 자신의 자유를 유지하기를 원한다. 행위하기를 원하는 법칙을 스스로 정할 때, 각자는 자유를 유지할 수 있다. 이를 위해 각 개인은 자신의 의지를 포기하고, 자기의 의지를 '일반 의지'에 복종시켜야 한다. 인간은 자신의 의지를 포기하고 일반 의지에 복속시키면서 '사회 계약'을 맺는다.

이로써 개인은 자연적 자유를 잃지만, 대신 새로운 자유를 획득한다. 다시 말해서 이전에는 자연에 의해 주어진 자유가 있었다면, 이제는 인간이 스스로 만들어서 부여한 자유가 있다. 인간이 '일반 의지'에 복속되면서, 자연적 자유를 상실한다. 하지만 동시에 그 스스로 규칙을 부여하는 자유를 획득한다. 스스로 규칙을 만들고 그것에 따른다. 그는 획득한 것 이상으로 상실하지 않으며, 획득한 것은 질적으로 다른 것이다.

일반 의지는 개인들의 의지(개별 의지)의 총합이거나, '모든 사람의 의지'가 아니다. 개인의 의지는 선하거나 악할 수 있다. 따라서 그 의지들의 총합도 악할 수 있다. '일반 의지'는 그 총합 가운데 선한 것으로 상정한 것이다.

그의 사회 계약은 홉스와는 다르다. 홉스의 이론에서는 각개인이 이익을 보장받기 위해서 어떤 타협안, 즉 리바이어던을 찾는 것이 관건이다. 반면 루소의 경우, 개인이 자신의 의지를 포기하고 그것을 국가의 의지, 일반 의지(volonte generale) 아래에 두는 것이 핵심이다. 일반 의지는 각 개인의 이익을 보장한다. 일반 의지가 국가를 위해 최선인 것이며, 따라서 그것은 그릇될 수 없다. 이렇게 만들어진 국가 안에서 각각의 인간은 이전처럼 자유스럽게 머물기 때문에, 일반 의지에 따라 달성된 사회는 정의로운 사회이다.

반론 1 이는 실천 가능하지 않다. 일반 의지가 무엇인지 알기 어렵다. 이것이 핵심 문제이다. 모든 사람이 일반 의지로 받아들일 하나의 의지는 나타나지 않을 것이다. 오늘날 민주주의에서 다수결로 결정하려고 해도, 그 결과가 일반 의지에 부합하는지는 여전히 알 수 없다.

대답 모호하다고 해서 없다고 단정할 수는 없다. 프랑스 대혁명 이래 많은 나라가 일반 의지를 구현한 국가를 구성하려 했다. 현대적 국가들은 어느 정도 일반 의지를 구현한 것이라 보아도 된다.

반론 2 이 이론은 잘못된 가정에 근거한다. 이는 개별적 인간과 국가 사이의 갈등이 발생할 수 있다는 문제를 간과한다. 개인과 전체 사이에 갈등이 존재한다면, 일반 의지도 존재하지 않는다. 그럼에도 일반 의지에 따라야 한다고 고집한다면, 이는 비민주적인 수단이 사용되는, 즉 정확히 루소가 대항해서 싸우는 그러한 국가가 등장하게 한다.

대답 '일반 의지'는 개인 의지의 총합으로, 선한 것이다. 따라서 개인과 일반 의지 사이의 충돌은 있을 수 없다. 물론 독재자가 일반 의지를 참칭할 수는 있다. 그러나 그것은 진짜 일반 의지가 아니다.

반론 3 일반 의지는 무오류가 아니다. 일반 의지가 무엇인지에 대해 국가의 구성원들이 잘못 생각하는 것도 전체적으로 가능하다. 다시 말해서 일반 의지가 확실하게 드러나는 경우에서조차도, 일반 의지가 말하는 것이 올바른 것인지는 확실치 않다.

대답 일반 의지는 올바른 것으로 규정된다. 정의로운 국가의 구성을 설명하기 위해서 루소가 도입한 것이다. 기본적 규정을 부정하면, 루소의 사상을 논의할 수 없게 된다.

8.4 공정함* – 롤스

자연법은 내용적으로 상세하게 규정하기 어렵다. '일반 의지'라는 개념은 모호하다. 존 롤스(John Rawls, 1921-2002)는 이 둘에 의지하지 않으면서, 정의로운 국가를 자연법적으로 정당화하려 했다. 그는 일반적인 원칙으로 되돌아간다. 그는 주저인 『정의론』에서 칸트(1724-1804)의 이성적 정당화라는 사유를 더욱 발전시켜서, 정의를 '공정함'(fairness)으로 규정한다.

선행자인 홉스 로크 루소 칸트와 마찬가지로 롤스도 자연 상태에서 출발한다. 롤스는 '자연 상태'를 '원시 상태'라 지칭하고, 그의 선행자들보다 더 간결하게 특징짓는다. 그는 특수한 희망과 욕구를 가진 개인이 아니라, 이성에 의해 지도되는 인격체들로부터 이야기를 시작한다. 그는 욕망이 아니라 이성에서 출발한다.

이러한 인격들은 국가의 설립에 대해 결정할 뿐만 아니라 동시에 이 국가의 질서에 대해서도 결정한다. 홉스와 비슷하게 롤스는 국가의 정당성을 이익으로 본다. 인간이 상호 협동에 대해서 이성적인 이해 관계를 가지며, 이러한 목적을 위해 국가가 필요하다. 국가의 근거를 인간의 이익에서 찾는다면, 모든 인간의 이익을 고려하는 국가만이 정당하다. 이것은 평등의 근본적 원칙에 부합한다. 그렇지만 어떻게 이러한 국가가 조직되어야 하는지에 대한 물음에 답해진 것은 아니다. 일반으로 이룩한 복지 자체에서 각자는 가능하면 큰 몫을 원할 것이기 때문이다.

이러한 갈등의 해결을 위해 어떤 원칙이 필요하다. 롤스는 이것을 '분배적 정의의 원칙'[19]이라 이름 짓는다. 정의는 공정성이다. 공정성이란 각자의 이익을 고려하는 것이어서, 국가가 각자에게 이로울 뿐만 아니라, 각자가 다른 형식의 국가와 비교해 더 많은 이익을 가질 수 있도록 국가를 구성한다. 이런 의미에서 정의는 롤스에게 사회적 질서에 대한 최고의 요구이며, 무조건적인 가치가 된다.

정의를 구현하기 위해서, 국가를 구성하는 자, 혹은 법률을 제정하는 자들에게 요구되는 것이 있다. 원시 상태의 인간들은 '무지의 베일'에 에워싸여 있다. 그들은 자신이 어떤 사회적 위치에 있는지 모른다. 그들은 단지 일반적 사실들을 알고 있으며, 합리적 존재로서 일반적 욕구를

---

19 평균적 정의는 균등하게 나누는 것이고, 분배적(혹은 배분적) 정의는 차등적으로 나누는 것이다. 전자는 손해와 배상, 범죄와 형벌처럼 동일하게 배분하는 것이다. 후자는 개인의 능력과 성취에 따라 차등적으로 배분하는 것이다. 국가의 구성 원리로는 '분배적 정의'가 중요하다. 롤즈의 정의론도 분배적 정의를 주로 다룬다.

가진다. 자신의 이익을 극대화하되, 타인의 이해 관계에는 상호 무관심하다.

이런 조건 아래서 그들이 답해야 하는 근본적인 물음은 이렇다. 자유롭고 합리적인 인간, 즉 자신들의 이익을 지향하는 인격체들이 원천적인 평등의 상태에 모여 국가 형태를 결정하고, 구속력 있는 기본 규칙을 정해야 한다면, 그들은 어떤 원칙들을 선택할까? 대답은 정의의 두 원칙에 있다.

(1) 모든 개인은, 모든 사람에게 가능한, 평등한 기본적 자유의 가장 포괄적인 전체 체계에 대해서 평등한 권리를 가진다. (평등한 자유의 원칙)

(2) 사회적 그리고 경제적 불평등은 다음 둘과 연계되어야 한다.
  a) 모두에게 개방된 관직과 지위. (기회 균등의 원칙)
  b) 사회의 가장 혜택받지 못한 구성원에게 가장 큰 이득이 될 수 있게 함. 다시 말해서, 최소 수혜자에게 그 불평등을 보상할 만한 이득을 가져오게 함. (차등의 원칙, 차별 원칙)

두 기본 원칙은 이성적 인격자들에 의해 정의로운 국가의 기본 원칙으로서 받아들여질 것이다. 주목할 것은 첫 번째 원칙이 두 번째 원칙보다 우선권을 갖는다는 것이다. 자유는 복지의 확대를 위해서도 침해되어서는 안 되는 인권이다. 이성적 근거를 대 가면서 인간의 자유를 필요 이상으로 제한하는 국가는 이로써 정의롭지 못한 것으로 입증된다.

두 번째 기본 원칙에서 첫째 부분이 둘째 부분보다 우선이다. 모든 구성원들에게도 관직과 지위가 개방되어 있을 때에만, 가장 혜택받지 못한 사람들이 다른 사람들보다 더 많이 획득하는 질서가 선택된다.

첫 번째 기본 원칙의 타당성과 두 번째 원칙의 첫 부분(a)은 명백해서 원시 상태에서 모든 사람들이 그것에 동의할 것이다. 반면 두 번째 원칙의 둘째 부분(b)의 정당화는 좀 더 난해한 것이다. 이의가 제기되기 전에, (b) 부분의 의미를 좀 더 정확하게 설명하겠다.

'차별 원칙'이라 부르는 (b) 부분은 두 개의 국가 질서 중에서 가장 혜택이 적은 이들이 가능한 가장 많이 얻게 되는 것이 선택되어야 한다고 말하고 있다. 다음의 예를 보자. 두 개의 동일한 크기의 집단으로 구성된 국가를 가정해 보자. (A) 부유층 (B) 빈민층이다. 여기에 다음과 같은 세 개의 사회 질서가 있다고 하자.

	(A)	(B)	합계
(1)	50	50	100
(2)	120	30	150
(3)	70	60	130

세 개의 질서 중 어느 것이 선택되어야 할까? 대답은 일견 불분명한 듯하다. 평등의 원칙을 또한 공평한 복지와 연관해서 지지하려는 사람은 첫 번째 해법을 선택할 것이다. 이에 반해서 총효용의 극대화의 원칙을 지지하는 사람은 예컨대 공리주의자(9.2절 참조)는 두 번째 해법을 정할 것이다. 이 경우 두 집단 사이의 불평등이 존속할 것이다. 그렇지만 롤스에 따르면 올바른 해법은 세 번째이다. 여기도 집단들 사이에 차이가 존재한다. 부유층은 많게, 빈곤층은 적게 받는다. 하지만 다른 두 해법에 비해 빈민층에게 최선이다. 이렇게 해서 집단들 사이의 불평등 뿐만 아니라, 최대한보다 작은 총효용도 정당화된다.

롤스의 이론은 인간의 자유가 유지되면서도 일정한 사회적 정의(공평, 평등)가 확보되는 국가를 이성적 추론을 통해 정당화하려는 시도이다.

반론 1 '원시 상태'라는 롤스의 사유 실험은 실행 불가능한 것이다. 인간에게서 모든 인간적 특징들을 벗겨 내는 것은 어렵다. 자신과의 연관을 상실하지 않으면서도, 단지 보편적 이익만 고려하는 이성적 존재로서 인간을 상정하는 것은 불가능하다. 그렇게 생각된 이성적 존재는 우리를 인간으로서 만드는 것과 더 이상 상관없다.

대답 개인적 특성의 추상화와 제거를 통해서, 각자가 타인들을 부, 출신, 가족 등과 같은 고유성들과 연관해서 평가하지 않고, 이성적 존재로서 간주하게 하는 것을 가능하게 한다. 이것이 정의의 전제 조건이다. '원시 상태'는 이론을 전개하기 위해서 가정한 것이다.

반론 2 원시 상태의 인간은 롤스가 제시한 상태를 선택하지 않을 것이다. 인간은 본성적으로 위험을 기꺼이 무릅쓴다. 자신의 자유나 복지를 잃을 수도 있는 모험을 통해서, 국가에서 더 높은 지위를 획득하게 된다면, 그들은 감행할 것이다. 그들은 더 나은 신분으로 태어나거나, 그 지위에서 일할 수 있는 데에 패를 걸 것이다.

대답 롤즈는 역사적 사실을 탐구하는 역사학자가 아니다. '원시 상태'라는 사유 실험을 통해서 가장 정의로운 사회 국가를 구성할 수 있는 원칙을 찾는다. 모험을 무릅쓰면서 개인적 상승을 꾀하는 약탈적인 사회를 방지하기 위해서 롤즈는 사유 실험을 한 것이다.

반론 3 롤스의 정당화는 뮌히하우젠 남작의 트릴레마[20]에 빠진다. 순환 논증에 빠지거나, 처음을 임의적으로 근거없이 시작하거나, 무한 소급에 빠진다. 롤스가 가정한 '원시 상태'의 존재에 대한 어떠한 근거도 제공할 수 없다. 그것의 특성에 두 개의 기본 원칙이 이미 포함되어 있기 때문에 순환 논증이다. 그것의 특성화가 임의적이기 때문에, 그것이 무한하게 또 다른 근거를 요구한다. 무한 소급이다.

대답 이는 너무 단순화시킨 비판이다. 원시 상태는 가정된 것이다. 순환 논증과 무한 소급은 트집잡기에 해당된다.

요약

어느 경우에 국가와 사회는 정의로운가? 이 문제에 답하기 위해서, 자연 상태 속의 인간이 국가를 정초하기 위해서 어떻게 사회 계약을 맺는지, 어떤 전제 조건 아래에서 그것이 가능한지를 숙고해야 한다.

홉스는 인간들이 자연 상태에서 자기 이익을 보호하기 위해서 계약을 맺어서 국가를 구성했다고 한다. 인간은 본성상 자기 이익만을 추구한다. 그렇기 때문에 사회 계약은 각 개인의 이익에 기여하도록 형성되어야 한다. 이러한 정당화에 대한 반대 논증 → 홉스의 정당화는 잘못된 인간상에 근거한다. 그것이 자연적 세력 관계를 반영하기 때문에 정당하지 못하고, 그렇게 기초된 계약은 불안정하게 되며, 거기에서 인간의

20 'trilemma'(삼도 논법)는 세 가지 선택지 가운데 어떤 것을 선택해도 궁지에 빠지는 것이다. 뮌히하우젠은 늪에 빠진 말과 자신을 끄집어 내기 위해서 자기 머리채를 자기가 잡아당겼다. 이는 무한 회귀, 순환 논법, 증명없이 옳다고 함으로 빠진다. 이 셋은 트릴레마이다.

기본권은 유지되지 않을 것이다.

자연법에 근거해서 정의로운 국가를 정당화하려는 시도가 있다. 자연법은 인간이 본성상 가지는 권리들을 규정한다. 이를 통해서 국가의 정당성의 근거가 제시된다.

로크의 고전적 자연법적인 정당화의 문제 — 자연법의 내용적 규정이 독단적이며, 그러한 정당화는 무엇이 인간에게 계약 체결의 동기를 부여하는지 입증할 수 없다.

루소는 '일반 의지'를 통해서 정당화하여, 고전적 자연법적 접근의 문제들을 회피하려고 한다. 자연법은 각 개인이 자유롭게 태어난다는 사실 이상을 규정하지 않는다. 여기에서 나아가, 국가 구성의 동기는 '일반 의지'가 각자의 이익 속에 있다는 것에서 생긴다.

문제점 — 이 이론은 현실적으로 실행될 수 없고, 잘못된 가정에 서 있으며, 일반 의지라는 가정은 구체적으로 규정할 수 없다.

롤스는 공정함(fairness)으로서의 정의 이론을 통해, 국가 사회의 질서를 이성으로써 정당화한다. 각자의 이익이 가장 잘 고려된다면, 그 사회는 정당한 것이다. 이러한 정당화의 문제 — 이것은 관철될 수 없는 것이다. 롤스가 제시한 결과를 입증하기에는, 이러한 정당화는 너무 강하게 인간을 추상화한 것이다. 인간은 위험을 기꺼이 무릅쓰기도 한다. 이성을 통한 정당화는 뮌히하우젠 남작의 트릴레마에 이르게 된다. 즉, 자의적으로 출발해서, 순환 논증과 무한 소급으로 끝난다.

9. 윤리학

행위의 근거 · 원리: 어떤 사람이 이웃 도시로 기차 여행을 하려고 한다. 기차표 검사를 거의 하지 않는다는 것을 그 사람은 알고 있다. 그렇다면 그는 기차표를 꼭 사야만 할까, 아니면 무임승차를 해도 될까? 얼핏 보아도 답변이 간단할 것 같지가 않다. 둘 다 그럴듯한 이유를 제시할 수 있다.

사람은 받은 만큼은 반대 급부를 치러야 하기 때문에 표를 사야 한다는 이유를 댈 수 있을 것이다. 아니면 선물을 사는 등 무임 승차로 아낀 돈으로 좀 더 나은 걸 할 수 있을 것이기 때문에 표를 살 필요가 없다는 이유를 댈 수도 있을 것이다.

그렇다면 그 이유들 중 어떤 것이 좋은 것인지를 우리는 어떻게 판정해야 할까? 어떤 행위가 옳고 어떤 것이 옳지 않은 것인가? 이에 대답하기 위해서는 무엇이 옳고 무엇이 옳지 않은지를 결정하는 일반적인

원칙들을 제시해야 한다. 이는 윤리적 혹은 도덕적인 원칙이다.[21]

윤리와 법의 차이: 우리에게 허용되는 것과 허용되지 않는 것을 규정한 법 규정들이 존재하는데도, 왜 우리는 굳이 윤리적 원칙들을 필요로 하는가? 법 규정이 무임승차를 금지하고 있기 때문에 기차를 타는 사람은 무임승차를 해서는 안 된다고 말할 수 있는 것 아닐까?

물론 행위에 이런 방식으로 근거를 설정할 수도 있다. 그러나 그것은 윤리적으로 근거를 설정한 것은 아니다. 윤리적인 근거 설정을 제공하기 위해서는, 모든 사람에게 타당한 일반적 원칙에 의거해야만 한다. 법적 규칙들은 단지 특정한 사회에서만 타당하기 때문에, 그것 자체가 다시금 윤리적 원칙에 의거해서 근거가 설정되어야 한다.

의무와 결과: 근본적으로 행위에 대한 근거를 윤리적으로 판정할 수 있는 두 가지 가능한 선택지가 있다. 첫째, 의무 윤리가 있다. 어떤 행위가 의무에 따라서 수행된 것인지의 여부를 묻는다. 둘째, 결과주의적 이론이 있다. 그 행위가 가져올 결과들에 의거해서 도덕성을 판정한다. 이 장은 이 두 종류의 윤리적인 이론을 논의한다. 이 둘은 기독교 윤리와 밀접하게 연결되어 있는 칸트의 윤리학과, 이기주의와 연계되어 있는 공리주의로 유형화할 수 있다.

---

21 법칙 윤리와 덕 윤리: 근본적인 윤리적인 물음으로, 행위의 근거·원리를 설정하는 것은 이미 특정한 윤리학적 입장을 전제하는 것이다. 이와 다른 윤리학적 입장도 있다 — 우리가 어떻게 도덕적으로 좋은 인격체가 될 것인가? 전자가 원칙·법칙을 따진다면, 후자는 개인의 덕을 추구한다. 후자는 고전적 철학자인 아리스토텔레스(2.2절 참조)로부터 출발한다. 이후 엘리자베스 앤스컴(1919-2001)과 필리파 풋(1920-)과 같은 이들이 이른바 '덕 윤리'를 더 발전시켰다.

9.1 칸트의 의무 윤리학

의무 윤리학의 가장 중요한 형태가 임마누엘 칸트(1724-1804)의 윤리학이다. 의무 윤리학으로서 칸트의 윤리학은 강조한다. — 한 행위를 평가할 경우 그 행위의 의도(의지)만 고려해야 한다. 유일하게 고려되는 것은 선한 의지(의도)이다. 선한 의지는 의무에 따르려는 의지다. 그렇다면 우리는 어떤 의무들을 지니고 있는 것일까? 이 물음에 대한 칸트의 답변을 설명하기 이전에 서구 문화에 기본적으로 깔려 있는 의무 윤리학인 기독교 윤리학을 참조하도록 하자.

기독교 윤리학에 따르면 신의 의지에 일치하는 것이 옳은 것이다. 신의 의지는 성경에 10계명과 같이 신의 말씀으로 표현되어 있다. 인간의 의무로서는 절대적인 살인 금지와 이웃 사랑의 요구(이타주의) 등이 있다. "네 이웃을 네 몸같이 사랑하라."(마태복음 22장 39절) 이웃 사랑은 황금률에도 표현되어 있다. "남에게 대접받고자 하는 대로 너희도 남에게 대접하라."(마태복음 7장 12절)

윤리의 정당화를 위해 신을 필요로 하는 모든 윤리학은 근본적으로 철학적인 비판에 직면한다. 첫째, 신의 존재 뿐만 아니라 신의 선함에 의문을 표시할 수 있다. 둘째, 신의 의지는 누구나 추체험하여 인식할 수 있는 것이 아니다. 기독교적인 윤리학은 선한 신이 존재하며, 그 신의 의지는 인간이 인식할 수 있다는 형이상학적인 가정에 의거해 있다. 이런 독단적인 가정은 미리 전제되어서는 안 된다.

기독교를 믿지 않는 사람들에게 그 신의 존재는 납득되지 않는다. 믿는다 해도 그 신의 의지를 어떻게 인식할 수 있는가? 인식할 수 없다면 어떻게 신의 말씀을 실천할 수 있는가?

칸트의 윤리학은 이러한 논박을 피해 간다. 칸트는 오직 이성의 추론에 의거해서 그의 윤리학을 구축한다. 그는 나름의 전문 용어를 사용한다. 그의 저서들에, 예컨대 『도덕 형이상학의 기초』에 일관되게 쓰인다. 그의 입장을 이해하고자 하는 사람들은 최소한 이러한 전문 용어를 기초적으로 알아야 한다.

칸트는 의무와 경향성을 구분한다. 사람은 의무에 따라 혹은 경향성에 따라 행위할 수 있다. ① 만약 어떤 행위가 의무이고, '마땅히' 해야 하는 것임을 인지하고, 오직 그 때문에 그것을 수행할 경우에, 그는 의무적으로 행위하는 것이다. ② 만약 사람들이 자기 이익에 따라서, 혹은 개인적 욕망과 감정으로 특정한 것에 '기울어져서' 행위를 할 경우, 이는 경향성에 따라서 행위하는 것이다. 경향성(Neigung)은 특정한 것에 '기울어짐'을 뜻한다.

마땅히 해야 할 것을 의무적으로 수행할 때만 사람의 행위는 도덕적으로 옳다. 만약 그 행위가 경향성에 따라서 행해진다면, 설령 그것이 남에 대한 동감과 연민에 따라서 수행된 것이라 해도, 그 행위는 도덕적으로 옳은 것일 수 없다. 칸트는 도덕적 이성에 따른 의무와 개인적 감성(감정 욕망)에 따른 경향성을 엄격하게 구분한다.

우리가 의무에 따르고자 한다면, 우리는 정해진 행위의 원칙에 따라야 한다. 칸트는 행위의 원칙을 준칙과 명법으로 구분한다. 준칙(Maximen 규칙)은 개인적으로 정한 자기 행위 규칙이다. 반면 명법(Imperativ)은 그것을 인식한 사람뿐만 아니라, 이성을 가진 모든 존재에게 일반적으로 적용될 수 있는 행위 규칙이다.

칸트는 명법(命法, 명령)을 가언(假言) 명법과 정언(定言) 명법으로 구분한다.[22] 가언 명법은 가정적인 명령이다. "만약 X를 하고자 한다면, Y를 해야 한다." 예를 들어, "만약 네가 건강을 해치지 않으려 한다면, 당장 금연하라." 이러한 문장은 일반적으로 타당하지만, 뒷 문장은 앞 문장의 조건하에서만 타당하다.

정언 명법[23]은 어떠한 조건도, 예외도 없이 반드시 타당한 명령이다. 육체적 경향성이 가언 명령에 대응한다면, 의무는 정언 명령에 해당한다.

어떤 명법이 예외없이 필연적으로 타당하다는 것을 증명하기 위해서는 그 명법이 일반적인 법칙으로서, 첫째, 모순 없이 사고될 수 있어야 하며, 둘째, 모순 없이 원해질 수 있어야 한다. 예를 들자면, 사람들이 다만 "게으름피움, 유쾌함, 섹스"를, 다시 말해 '즐김'만을 추구하는 그런 세상이 있으며, 그것은 모순 없이 사유될 수 있다.[24] 그러나 이성적인 존재로서 인간은 그러한 삶을 원하지 않을 수도 있다. 그 이유는 실천적으로 이성적인 존재로 있다는 것은 혹은 어떤 의지를 갖는다는 것은 그 안락함을 행위의 최종적인 결정 근거로서 받아들이는 것을 넘어선다는 것을 의미하기 때문이다.

정확하게는 하나의 '정언 명법'(범주적 명령)만이 존재한다. 칸트는 그것을 여러 가지로 정식화했다. 그 근본 공식은 다음과 같다.

---

22 imperative는 문법에서 '명령문'을 뜻하므로, '명법(命法)'이라 한다. '명령'과 같은 뜻이다. 가언(假言)은 가정문이고, 정언(定言)은 단정하는 문장으로, 논리학의 용어이다. 15.2의 논증형식 1-2가 정언이고, 3이 가언이다.

23 정언(定言 단정적인 말) 명령은 'Categorical Imperative'를 번역한 것이다. 직역하면 '범주적 명령'이다. 가언 명령이 개인적 경향성(욕망 감정)을 가정문으로 표시했다면, 정언 명령은 개인적 행위 준칙(규칙)을 '범주화'시키는 것이다. 범주화는 보편화 일반화와 같다. 따라서 '범주적 명령'이 이해하기 쉽다.

24 『도덕 형이상학의 기초』 IV 423. 이하 인용도 같은 책이다.

> 너의 행위의 준칙이 동시에 보편적인 법칙이 되도록 그대가 원할 수 있는, 그러한 행위의 준칙에 의거해서만 행위하라.
>
> (IV 421, 보편적 법칙의 공식)

개인이 행위 규칙을 정할 때 그것이 보편적 법칙에 될 수 있게 정하라. 이런 점에서 '범주적 명령'이라 한다. 범주는 보편적인 것이다. '정언 명법'은 '마땅히'라는 당위에 중점을 둔 말이다.

또 하나, '인간성을 목적으로 대하는 정식'은 다음과 같다.

> 네가 너 자신의 인격에 있어서건, 다른 모든 사람의 인격에 있어서건, 인간성을 결코 한낱 수단으로서 대하지 않고, 항상 동시에 목적으로 대하도록 그렇게 행위하라. (IV 429, 목적 자체의 공식)

범주적 명령(정언 명법)은 기독교의 황금률과 내용적으로는 비슷한 면도 있지만 다른 면도 있다. 황금률은 고유한 인간에서 출발해서, 다른 인간들에 대한 어떤 특정한 태도를 유도해낸다. 그럼에도 인간들은 여러 측면에서 서로 차이가 나기 때문에 — 어떤 사람은 칭찬받고자 하고, 다른 이는 타일러지고자 한다 — 어떤 인간이 동의한 것이라 해도 그것이 다른 인간에게도 승인될 것이라고 추론할 수는 없다.

이와 달리 범주적 명령은 고유한 인간에서 출발하지 않는다. 정언 명법은 모든 이성적인 인간에게 본질적으로 있는 것으로부터 나온다. 이성적인 인격체는 이성을 사용한다. 이성적으로 사유하고 추론하는 능력을 지니며, 스스로를 이성적인 존재로 파악하는 능력을 가진다. 본질적으로는 이러한 능력을 지닌 자들이 이성적인 인격체에 속한다.

범주적 명령은 하나의 기준점을 제공한다. 그 기준점에 의거해서 어떤 것이 덜 일반적인 행위 원칙들인지, 그리고 어떤 행위들이 윤리적으로 옳은 것인지를 결정할 수 있다. 어쨌든 기준점 자체는 매우 형식적인 것이다. 기준점은 어떤 조건들을 충족해야 하나의 원칙이 윤리적인 것으로 간주될 수 있는지를 다룬다. 즉 그러한 조건들만을 말할 뿐이다.

칸트는 두 가지 사례의 원칙만 제시했다. 내용적으로 상세하게 설명하고 확정한 것은 그 둘이다.

하나는 '절대적인 살인 금지'이다. 자기 스스로나 다른 인간을 죽이는 것은 허용되지 않는다. 인간을 죽이는 것을 허용하는 원칙은 모순 없이 사유될 수 있는 것이 아니다. 그 이유는 한 이성적인 존재가 살기를 원하면서 남을 죽이는 것은 살기를 원하는 것에 모순되기 때문이다. 또한 인간을 목적으로 대하라는 정식은 다른 인격체를 특정한 목적을 위한 수단으로서 사용하는 것을 명백하게 금지한다. 따라서 어떤 식으로든 자신의 이익을 충족시키기 위해서 다른 인격체를 죽이는 것을 허용하는 규칙은 금지된다. 칸트의 윤리학이 살인을 금지하는 것은 모든 이성적인 존재는 삶에 대한 권리를 가진다는 우리들의 도덕적인 직관에 상응한다.

또 하나의 원칙은 '절대적인 거짓말 금지'이다. 다른 인간을 속이는 것은 허용되지 않는다. 이것을 원칙이 허용하면, 모든 사람이 다른 사람들을 신뢰하지 못하는 상태로 빠지게 될 것이다. 그렇다면 어떠한 진리도, 따라서 어떠한 거짓도 더 이상 존재하지 않을 것이다. 그 규칙은 스스로 폐기되어 버릴 것이다. 그리고 그 규칙은 모순 없이 사유될 수도 없다.

반론 1 칸트의 정언 명법(범주적 명령)은 윤리적인 문제를 해결하는 데 도움을 주지 못한다. 정언 명법이 형식적인 기준만을 제시할 뿐이어서, 그것만 가지고서는 내용적으로 상세하게 규정된 어떠한 원칙들도 근거가 설정될 수 없기 때문이다.

대답 칸트는 적어도 살인 금지와 거짓말 금지라는 내용적으로 결정된 두 가지 사례를 제공했다. 그처럼 정언 명법은 보다 광범위하게 일반적인 원칙들을 결정하기 위해 사용될 수 있다.

반론 2 칸트의 윤리학은 의무들 사이의 충돌을 피할 수가 없다. 의무 사이의 충돌은, 하나의 의무가 하나의 태도를 요구하지만, 동시에 다른 의무가 그와 반대되는 태도를 요구하는 상황에서 발생한다. 암으로 죽음을 앞둔 한 친구가 자신이 죽을 것인지를 묻는다고 하자. 그는 모르지만, 우리는 알고 있다. "거짓말을 하지 말라"는 원칙에 따라서 그에게 곧 죽게 될 것이라는 진실을 이야기해야 하는가? 그 때문에 그가 공포와 고통의 나락으로 떨어질 것인데도? 아니면 거짓말 금지의 원칙을 따르지 않는 대신, 그에게 더 살 것이라는 희망을 갖게 함으로써 가능한 한 더 편안하게 삶을 마무리할 수 있게 해야 하는가?

의무들 사이의 충돌은 이른바 '도덕적인 딜레마'로 이어진다. 딜레마[25]란 어떤 상황에서 두 선택지 중 하나를 선택해야 한다. 하지만 두 선택지는 다 나쁜 결과로 이어진다. 그 딜레마에서 빠져나오기 위해서는 그 주어진 상황들을 세심하게 검토해야 한다.

정확하게 고찰할 경우, 그중 하나의 선택이 보다 작은 악을 재현할

25 di · lemma는 '두 선택지'라는 뜻이다. 암에 걸린 친구에게 거짓말을 하던 안 하던 다 문제가 되는 것이 바로 딜레마이다. (15.2.5 참조)

수도 있다. 그러면 그것을 선택해야 한다. 위에서 말한 사례에서, 그 친구가 진실을 더 좋아하는 사람일 경우, 그에게 거짓말을 하지 않는 것이 그에게 올바르게 행동한 것일 수도 있다. 혹은 그가 매우 불안해하는 사람이며, 진실에 관심을 두지 않고, 오히려 스스로 꾸며낸 환상을 가지고도 잘 살아가는 경향이 있는 사람일 수도 있다. 그럴 경우에 우리는 거짓말을 할 수도 있을 것이다.

그러나 정언 명법으로부터 나온 칸트의 거짓말 금지 요구는 절대적인 것이다. 그 요구는 어떠한 상황에서도 파기되어서는 안 된다. 이와는 달리 이웃을 돕자는 요구는 상황에 따라 상대적인 것으로 이해 될 수 있다. 모든 상황에 있어서 항상 도움이 요구되는 것은 아니다. 칸트는 아마도 거짓말 금지를 이웃을 돕는 명령보다 우선시할 것이다.

그럼에도 칸트가 해결할 수 없는 딜레마도 구성될 수 있다. 어떤 미친 사람이 총을 들고 와서 어떤 사람이 어디로 갔는지를 묻는다고 해 보자. 만약 그 미친 사람에게 진실을 말한다면, 우리는 이로써 살인에 참여하게 된다. 만약 거짓말을 한다면, 우리는 정언 명법의 '절대적인 거짓말 금지'를 따르지 않는 것이다.

반론 1과 2는 칸트의 윤리학을 내부에서 비판한 것이다. 이 두 비판은 칸트의 이론이 내적으로 조화롭지 못하다는 것을 보여 준다. 반론 3, 4, 5는 칸트의 이론을 외부에서 비판한 것이다. 칸트가 그 자신의 논증에서, 윤리학에서 중요한 것들을 고려하지 않고 있다는 점을 이 비판들은 주목하고 있다.

반론 3 칸트의 윤리학은 '호감 연민 동정'과 같은 감정들을 전혀 고려하지 않는다. 그러한 감정들은 도덕적인 문제를 판정할 때

매우 중요한 것들이다. 우리가 도덕적으로 올바르게 행동하고자 할 경우에 그러한 감정들은 우리를 인도한다. 그 뿐만이 아니다. 우리가 무엇이 도덕적으로 옳고, 무엇이 도덕적으로 그르다고 간주하는지를 결정하는 배후 근거로서 그러한 감정들을 제시하기도 한다.

대답 이러한 반대 논변은 도덕적인 문제를 판정할 경우 감정이 가지는 힘과 역할을 명확하게 한 것은 사실이다. 그러나 이는 감정의 중요성을 과장하고 있다. 예를 들자면, 익사 직전인 아이를 가능한 한 빨리 구하기 위해서는, 그때 터져 나오는 감정에 따라서 행동하는 것은 의미가 있을 것이다. 그 당시에는 그 감정들을 정지시킬 필요는 없었겠지만, 그러나 그 행동이 도덕적으로 옳은 것이었는지를 심사숙고한다면, 이 감정의 근거에 대해 물음을 제기해야 한다. 그렇지 않을 경우에 우리는 잘못된 감정을 신뢰할 수도 있을 테니까.

반론 4 칸트의 윤리학은 우리에게 도덕적으로 되라는 동기를 제공할 수 없다. 그 윤리학에 따르면, 무엇이 도덕적으로 옳은 것일지를 간파할 수는 있을 것이다. 하지만 우리는 그것을 행할 어떠한 동기도 근거도 갖지 못한다. 도덕적으로 되라는 동기를 제공하지 않는 윤리학은 충분하지가 않다.

대답 1 칸트는 인간을 이성적인 존재로 규정한다. 이성적인 존재로서 인간은 이성적인 것을, 따라서 도덕적으로 옳은 것을 행하기를 원한다. 도덕적으로 올바르게 행동하도록 동기가 주어지지 않은 사람은 이성적이지 않다. 따라서 동기의 문제는 해결되었다.

대답 2 윤리학에 있어서는 사람들이 도덕적으로 행위하도록 동기를 주는 것이 중요한 것이 아니다. 오히려 무엇이 도덕적으로 옳은 것인지 그른 것인지를 말하는 것이 중요하다.

반론 5 칸트의 윤리학은 행위의 결과에 대해 너무 적게 고려하고 있다. 그 때문에 칸트는 우리의 직관에 반하는 판정에 도달한다. 특정한 상황에서 거짓말을 하여 제3자를 돕는 것이 결과적으로 옳은 일을 행한 것일 수도 있다.

대답 의무와 결과는 양자택일의 문제이다. 둘 다를 선택할 수는 없다. 결과를 선택할 경우에도 똑같이 의무의 문제가 생긴다.

9.2 영국의 공리주의

칸트의 윤리학에 반대하는 가장 중요한 입장은 공리주의이다. 공리주의는 행위의 결과를 중시하는 결과주의 윤리학이다. 공리(功利 utilitarian)는 '결과의 이익', 혹은 '이로운 결과'를 뜻한다. 그 행위로부터 나온 결과가 좋다면, 하나의 행위는 도덕적으로 옳은 것이며, 그 결과가 나쁘다면 그른 것이다. 행위의 결과가 나에게 이익을 가져다줄 경우에만 그 행위들이 좋은 것이다. 나에게 최대한의 이익을 가져다주는 행위가 도덕적으로 옳은 것이다.

이것은 이기주의(egoism)의 입장이다. 하지만 여기서는 윤리적인 이론이 아닌 이기주의의 형식이 문제시된다. 그 이유는 왜 나의 이익이 다른 사람들의 이익보다 먼저 고려되어야 하는지를 윤리적으로 옹호할 만한 근거가 존재하지 않기 때문이다. 윤리적인 이론으로서의 이기주의는 그것이 모든 인간에게 타당한 원칙을 세워야만 할 것이다. 이기주의적인 원칙은 아마도 다음과 같이 말해질 것이다. 모든 사람들은 좋은 결과들에 대한 가능한 한 최대한의 우위를 자기 자신을 위해서 추구해야 한다.

그러나 그렇게 특징지어진 윤리적 이기주의에는 심각한 문제가 발생한다. 정확히 말하자면 그것은 결코 옹호될 수가 없다. 이기주의를 옹호하고자 하면 모순에 빠진다. 이기주의의 일반적인 입장은 모든 사람이 자신의 고유한 이익을 추구해야 한다는 것이다. 자기의 이익 추구는 남의 이익의 침해가 될 수 있다. 다른 사람들도 그 원칙을 스스로에게 적용하면, 그에 의해서 나의 이익이 침해될 것이다. 따라서 이 원칙을 나만 고수하고 다른 사람은 고수해서는 안 되는 모순과 역설이 발생한다

이기주의의 원칙은 단지 자기 자신에게만 적용해야 이롭다. 따라서 이는 결코 윤리적인 입장이 될 수 없다. 왜냐하면 그 경우에 그것은 윤리의 보편타당성이라는 조건을 훼손하기 때문이다. 근본적인 이기주의는 윤리적 입장으로서 옹호될 수 없다.[26]

공리주의는 결코 이기주의가 아니다. 이기주의를 넘어서려 한 것이다. 나만의 이익이 아니라, 전체의 일반적인 이익을 추구한다. 공리주의의 창시자인 제레미 벤담(1748-1832)은 이것을 원칙으로 정식화한다. 일반적인 이익만이 행위의 유일한 척도가 되어야 한다. 그는 이 잣대를 가

---

26 물론 보다 약화된 형태의 이기주의를 옹호할 수도 있다. "다른 사람들의 이익을 해치지 않는 한도 안에서, 당신의 이익을 추구하라." 이런 의미의 이기주의자들이 존재할 수도 있다. 그러나 만약 그 행위에 의해서 다른 사람들이 피해를 받을 경우에, 무엇을 어떻게 행해야 할지와 같은 결정적인 문제는 아직도 해명되지 않은 상태로 남아 있다.

지고 제일 먼저 그 당시의 법 체계를 비판했다. 이 체계는 교회와 통치자들의 옳지 못한 특권들을 옹호했다.

그 이후 '유용성(功利)의 원칙'이라고 불리던 이 원칙을 벤담은 "최대 다수의 최대 행복"이라고도 이름짓는다. '행복'이라 함은 욕망과 쾌락이 유지되는 상태이자, 고통이 없는 상태를 뜻한다. 행복의 양은 다음과 같은 것들의 크기로 계산할 수 있다. 강도, 지속성, 확실성, 근접성, 후속결과(좋은 결과, 지속적인 결과), 순수성과 영향력의 반경. 이에 따르면 도덕적으로 옳은 행위는 최대한 많은 사람들에게 최대한의 강도로 최대한 분량의 안락한 감정과 쾌락을 제공하는 행위다.

벤담의 제자인 존 스튜어트 밀(1806-1873)은 계산 기준의 목록에서 하나가 빠져 있음을 간파한다. 그것은 바로 쾌락의 질(質, quality)이다. 예를 들자면, 인간의 감정은 동물의 감정보다 질적으로 더 높게 평가되어야 한다. 그러므로 밀은 "행복한 돼지가 되는 것보다는 오히려 불행한 소크라테스가 되고자" 했을 것이다. 밀은 질을 이렇게 규정한다. 두 개의 느낌(쾌감)이 있을 때, 둘을 다 경험한 사람들 중 거의 모두가 더 선호하는 것이 있다면, 그것이 더 가치 있는 것이다.

그럼에도 불구하고 여전히 문제가 발생한다. 행위의 유용성은 사전에 그리고 확실하게 결정될 수가 없다. 그러나 행위를 원칙적으로 사전에 평가하는 것이 허용되는 원칙을 고려하여, '유용성의 원칙'은 다음과 같이 정식화된다.

> 너의 행위가 가능한 한 가장 큰 이익으로, 가능한 한 최대한의 양의 가치 있는 욕망으로 이어지도록 행위하라.

공리주의자들 간에는 이러한 원칙이 어떻게 해석되어야 하는지에 대해 의견의 차이가 존재한다. 특히 논란이 되는 것은 '행위'와 관련해서 그것이 '개별적이며 구체적인 행위'인지 혹은 '일반화 규칙화할 수 있는 행위'인지에 대한 물음이다. 이는 다음과 같은 상황들을 판정하는 데 있어 중요하다. 만약 회복 불가능한 환자가 장기 이식을 통해서 수많은 사람들을 구할 수 있을 때, 사람들은 무엇을 해야 할 것인가?

첫째, '행위 공리주의'는 원칙을 구체적인 행위에 적용한다. 이에 따르면, 그 환자는 다른 인간들의 삶을 구하기 위해 살해되어야 할 것이다. 이것은 수많은 공리주의자이 결코 받아들일 수 없는 사유 실험의 결과일 것 같다.

둘째, '규칙 공리주의'는 유용성의 원리를 구체적인 행위가 아닌, 규칙들에 적용한다. 그들은 두 단계의 절차를 요구한다. 우선 규칙의 근거가 설정되어야 하며, 그 행위는 그 규칙과 연계해서 판단되어야 한다.

만약 그 규칙이 일반적으로 지켜지려면, 최대한의 일반적인 이익에 이르는 그러한 규칙이 되어야 한다. 그러나 예외는 있다. 그 규칙에 의해서 확정된 행위보다는 그와 다른 행위가 최대한 일반적인 이익에 도달하게 될지라도, 그 규칙은 준수되어야 한다. 다시 말해서, 규칙 공리주의에 따른 특정한 규칙을 준수하는 것이 어떤 상황에서는 설령 최대한의 일반적인 이익에 도달하지 못 할지라도, 그 규칙을 준수하는 것이 옳은 경우도 발생할 수 있다.[27]

지금까지 논의한 바에 따르면, 특정한 공리주의만이 존재하는 것이

---

27 규칙공리주의자들이 행위를 판정할 때 '유용성의 원리'를 받아들이지 않는다는 점에서, 엄격하게 말하자면 그들은 결코 공리주의자가 아니라고 할 수도 있다.

아니라, 상이한 중요 논점으로 거슬러 올라가야만 하는, 다양한 형태의 공리주의가 존재한다. 다음의 반론들은 공리주의 일반에 반대하는 것이다.

반론 1 유용성 원칙에 의거한 계산은 바로 그 이론적인 근거들 때문에 관철될 수 없다. 우리는 어떻게 감정의 강도가 측정될 수 있는지 알지 못한다. 어떤 감정이 보다 높은 질을 지녔는지에 대해 논쟁이 끊이질 않는다. 우리는 어떻게 개와 인간의, 남자와 여자의, 아이들과 성인들의 감정을 서로 비교할 수 있을는지에 대해 최소한의 예견도 하지 못한다. 그러므로 공리주의는 우리의 도덕적인 질문에 대해 어떠한 대답도 제공하지 못하는 입장에 지나지 않는다.

대답 이 반대 논증은 공리주의의 '유용성 원칙'을 의문시한 것이 아니라, 그 입장이 아직도 완전히 완성되지 못했다는 점을 지적할 뿐이다. 설령 우리가 지금까지 이익을 계산하기 위한 정확한 기준들을 갖지 못 하고 있다 해도, 그것이 우리가 결코 그 기준을 설정할 수 없다는 것을 의미하지는 않는다.

반론 2 그 이론에서는 어떻게 이익을 계산할 수 있는지, 그 결과를 얻을 수도 있을 것이다. 그렇지만 이익 계산이 실천적인 근거로 인해 관철될 수 없기 때문에, 이 입장은 실천과는 무관하게 된다. 수많은 상황에서 우리는 행위의 결과를 어림잡을 수 없거나, 혹은 행위하기 전에 그것을 심사숙고할 시간이 없다.

대답 1 일상적으로 우리는 자주 정확한 이익 계산에 의거해서 결정을 내린다. 예를 들면 아버지는 어떤 때에는 직장에서 일하는 것 대신에 집에서 아이들을 돌보는 것을 선호한다. 이것이 보다 큰 이익으로 이어진다고 믿기 때문이다. 계산하는 것 내지는 신중하게 검토하는 것은 우리가 익히 알고 있는 행위다. 그리고 우리는 그 행위를 단순한 사례들에서 관철할 수 있는 능력이 있다. 매우 어려운 경우가 있는데, 특히 시간의 압박 하에서 상대적으로 적은 정보에 근거해서 결정을 내려야만 한다. 그럼에도 불구하고 이것은 전혀 계산을 할 수 없다는 것을 의미하지 않는다. 그것은 다만 우리가 초소형 계산으로도 만족해야 한다는 것을 의미한다.

대답 2 윤리학에서는 실현할 수 있는 것을 결정하는 것이 중요한 것이 아니다. 오히려 무엇이 옳은 것인지를 결정하는 것이 중요하다. 그 계산이 불리한 상황으로 인해 진행될 수 없다는 것이 증명된다 해도, 어떤 행위가 올바른 것이었는지가 판정될 수 없는 것은 아니다.

반론 3 공리주의는 우리의 도덕적인 직관에 정반대의 결과에 이른다. 내가 어떤 젊은이에게 케이크 한 조각을 주기 위해 다른 젊은이에게서 그것을 훔친다고 가정해 보자. 그리고 전자의 기쁨이 후자의 슬픔보다 더 크다고 하자. 이 경우, '유용성 원칙'은 내가 훔쳐서 준다면, 잘 행동한 것이라고 말한다. 그러나 이 행동이 옳다는 점은 직관적으로 납득되지 않는다. 어떤 사람에게서 그의 소유물을 훔친 자는 그 사람의 소유권을 침해한 자이다.

대답 절대적이고 침해 불가능한 소유권이란 존재하지 않는다. '행위 공리주의'는, 만약 도둑질을 통해 전체적으로 더 큰 이익에 도달할 수 있다면, 이는 도덕적으로 정당화된다고 주장한다. 반면 '규칙 공리주의'는 도둑질을 금지하는 규칙이 전체적으로 최대의 이익을 가져오는 한, 이 금지 규칙에 찬성할 것이다. 그러나 동시에 어떠한 절대적인 소유권도 받아들이지 않을 것이다.

또 다른 공리주의자는 손해를 최소화하는 원칙이 '유용성의 원칙'의 편에 서야 할 것이라는 점을 지적할 것이다. 만약 케이크 한 조각을 훔침으로써 어떤 사람에게 부당한 피해를 입힌다면, 그 행위는 중단되어야 한다. 설령 그로 인해 다른 사람의 기쁨이 증대될 수 있다 해도 그것은 중단되어야 한다. '선호' 이론이 그렇다.

리처드 헤어(1919-2002)와 피터 싱어(1946-)와 같은 이들은 '이익'을 욕망의 직접적인 경험으로 해석하지 말고 '선호함'이라고 해석하자고 제안한다. 선호함이란 어떤 사람이 더 좋아해서 그것을 스스로 선택하는 것이다. 사람은 이런 의미에서 다양한 선호들을 갖는다. "최대 다수의 최대 행복"이라는 벤담의 원칙은 모든 사람을 위해 가능한 한 최대로 선호를 충족시키는 것이라고 해석할 수 있다. 그 경우에 모든 사람들의 선호는 동일하게 가치가 있다. 따라서 그 젊은이가 한 조각의 케이크를 먹으려는 강한 선호를 가지고 있지만, 우리는 그 케이크를 훔치는 것을 허용해서는 안 된다.

요약

어떤 행위가 도덕적으로 올바른 것인가?

칸트의 의무 윤리학의 요점은 윤리적인 근본 명제들을 도덕적 이성에 따라서 근거 설정하고자 한다. 이와 함께 의무 윤리학은 모든 이성적인 생명체는 생명권을 갖는다는 우리의 직관에도 적합하다.

칸트에 따르면 의무는 정언 명법을 따르는 데 있다. 개인의 행위 준칙이 보편적인 법칙이 될 수 있게 범주화시키라. 정언 명법(범주적 명령)은 그러한 준칙에 따라 행위해야 한다는 것이다. 정언 명법은 '인간성이라는 목적'의 형식으로도 기술된다. 인간은 결코 단순히 목적을 위한 수단으로서가 아니라 항상 목적으로서 대해져야 한다.

칸트의 윤리학에 대한 비판－정언 명법은 순전히 형식적인 것이다. 의무들의 충돌을 피하기 어렵다, 그리고 도덕적인 감정이나 행위의 결과들에 대한 고려를 결핍하고 있다.

결과주의 윤리학의 가장 중요한 형태는 공리주의다. 공리주의의 근본 명제는 '유용성의 원칙'이다. "최대한의 일반적인 이익"을 이끌어내는 그러한 행위를 선택해야 한다. 그러나 이 원칙이 어느 곳에 적용되어야 하는지에 대한 이론이 분분하다.

행위 공리주의는 모든 개별적인 상황에서 행위의 일반적인 이익(공리)이 계산된다고 한다. 규칙 공리주의는, 행위가 아닌, 어떤 규칙이 최대한의 결과와 이익을 내는가에 따라 행위하라고 한다.

공리주의에 대한 반대 논증들은 첫째, 이익 계산의 문제점을 향하고 있다. 이 계산은 이론적으로나 실천적으로, 혹은 둘 다 관철될 수 없을 것이다. 둘째, 공리주의가 사람들의 기본권 내지는 소유권을 손상하는 그러한 결과를 초래할 것이다.

IV
20세기

20세기에 철학은 혁명적 변화를 겪는다. (1) 논리학의 발전으로 인해 철학에 대한 이해가 전반적으로 변하였다. (2) 눈부시게 발전해 가는 자연과학과 비교해 볼 때, 철학은 그 확실성이나 성과가 적었다. 그 결과 철학의 정체성에 대한 의구심이 커져 가면서, 철학의 존재 의미가 상실되기에 이르렀다. 게다가 자연과학주의는 철학의 지위 대해 새로운 논쟁을 불러일으켰다. (6.5절 참조) (3) 철학의 분과가 세분화되면서 전문화가 시작되었다. 따라서 '과학 철학', '언어 철학', '심리 철학' 등 20세기에 철학의 분과는 다양해졌다.

새로운 논리학

아리스토텔레스가 제시한 논리 규칙에 따라 삼단 논법을 중심으로 하는 형식 논리학이 만들어졌다. 이는 수세기 동안 그 원칙에서 변함없이 사용되어 왔다. 그런데 특히 프레게(Gottlob Frege, 1848-1925)에 의해 발전된 새로운 논리학은 전통적인 형식 논리학을 대체하였다. 가장 큰 변화는 양화사, 즉 존재 양화사("어떤 ~이 존재한다")와 전칭 양화사("모든 *x*에 대해 ~이 타당하다")의 도입이다.[1]

어떤 사물의 '존재'가 그 사물의 '속성'으로 간주되어선 안 된다. 그 때문에 양화사를 도입한다. 이를 통해서 대상 사물의 존재를 부정하는

---

1 양화사(量化詞 quantifier) - 형식 논리학의 3단 논법에 사용되는 문장을 '명제(命題 proposition)'라 한다. 이 문장의 주어의 수량을 표시하는 방법을 '양화사'라고 한다. '존재 양화사'는 "어떤 것이 적어도 하나는 존재한다"는 것으로, "어떤 x"(기호로는 '(∃x)')로 쓴다. '보편 양화사'는 "그 모든 것에 적용된다"는 것으로 "모든 x"(기호로는 '(x)')로 쓴다. 전자는 '특칭(特稱)', 후자는 '전칭(全稱)'이라 한다.

언명(言明)[2]을 자세하게 분석할 수 있게 되었다.

일반적으로 다양한 논리적 기호의 도입으로 수많은 논리적 관계들, 특히 두 자리나 그 이상 자리의 관계들이 더 명확하게 서술될 수 있게 되었다.[3] 이를 기호 논리학이라 한다.

철학의 역사에서 논리학의 이러한 성과는 매우 중요한 의미를 지닌다. 왜냐하면 현대 논리학은 인위적인 논리 기호들의 사용을 통해서 우리가 일상 언어로 논증을 할 때 쉽게 저지를 수 있는 오류들을 바로잡아 주기 때문이다. 논리적 기호의 사용을 통해 얻을 수 있는 투명한 언어에 대한 요구는 철학에 대한 전통적인 이해를 새롭게 하였다.

1923년에서 1936년까지 오스트리아의 수도 비인에서 학문적 교류를 목적으로 만나면서 형성된 '비인 학파'라고 불리던 일단의 철학자와 과학자 그룹이 논리학의 발전에 결정적인 기여를 했다. 이 그룹은 논리적 경험주의(6.4절 참조)를 주창했다. 유명한 사람은 슐리크(Moritz Schlick, 1882-1936), 노이라트(Otto Neurath, 1882-1945), 카르납(Rudolf Carnap, 1891- 1970), 바이스만(Friedrich Waismann, 1896-1959), 초기 비트겐슈타인(Ludwig Wittgenstein, 1889-1951), 뒤에 합류한 헴펠(Carl Hempel, 1905-1997), 포퍼(Karl Popper, 1902-1994) 등이다. 이 그룹은 타르스키(Alfred Tarski, 1902-1983)와 그의 동료들인 폴란드 논리학자들과 긴밀한 학술적 교류를 가졌다.

2 명제와 언명 ; 일반적으로 자신의 생각을 표현한 문장을 '언명'이라 한다. 이를 형식 논리학에서 다룰 수 있게 다듬은 것을 '명제'라 한다.

3 두 자리 관계 : "A는 B를 가지고 있다." — "남호가 공을 가지고 있다."
세 자리 관계 ; "A는 C에게 B를 던진다." — "남호는 철수에게 공을 던진다."

철학의 존재 의미 상실과 자연과학주의

경험과학의 발전으로 인한 철학의 존재 의미 상실은 20세기에 와서야 비로소 시작된 것이 아니라 이미 르네상스 시기에 근대 자연 과학의 문을 연 발견들과 함께 시작되었다. 19세기, 특히 20세기에 들어서서 과학 지식의 폭발적인 증가로 이 과정은 매우 가속화되었다.

^서양 중세 때까지 지적인 탐구 활동은 대부분 '철학'으로 불리었다. 그러나 근대 자연과학이 발전하면서, 자연 연구 분야가 철학에서 독립한다. 이윽고 사회와 인간 분야도 사회 과학으로 독립한다. 이에 따라 철학에 남은 분야는 무엇인가? 나아가 과학이 대세인 시대에 철학이 무슨 의미가 있는가 하는 회의가 등장한다. 이에 철학의 정체를 새롭게 세우려는 시도가 나타난다. 철학은 과학과 학문의 언어를 분석한다는 '언어적 상승'을 주장한 비트겐쉬타인이 대표적이다.

철학을 자연 과학의 한 부분으로 위치시키려는 자연과학주의 운동의 등장은 부분적으로는 이런 과정의 결과로 볼 수 있다(6.5절 참조). 자연과학주의는 콰인(Willard van Orman Quine, 1908-2000)에 의해 대표되는데, 이 운동은 철학을 자연과학화하려 한다. 즉 철학을 자연 과학의 아래에 있는 하나의 분과로 위치시키려는 목표를 추구한다.

이 운동은 다음과 같은 기본적인 주장에서 시작된다. 오직 경험적인 인식, 즉 경험을 통해서 얻을 수 있거나 참과 거짓을 확인할 수 있는 지식만이 존재한다. 경험 이전에 선험적으로 알 수 있거나, 경험과 무관하게 참과 거짓을 확인할 수 있는 선험적인 인식은 존재하지 않는다. 선험적 인식이 존재하지 않는다면, 오직 이성을 통해서 얻을 수 있는 인식을 추구하려는 전통적인 철학의 활동은 쓸모없게 된다. 그래서 자연주

의는 전통 철학에 대한 강력한 도전 중 하나로 간주된다. ('선험'은 6.3절 참조)

철학의 전문화와 분과화

증가하는 학술 잡지의 수를 통해 확인해볼 수 있는 철학의 전문화는 새로운 연구 방향의 다양성으로 이어졌다. 이 짧은 입문서에서는 그런 철학의 다양한 분과들의 발전을 자세하게 다룰 수가 없다. 다만 몇 가지 예를 통해서 간단하게만 짚고 넘어가려 한다.

1) **논리학** 분야에서 루이스(David Lewis, 1941-2001)와 크립키(Saul Kripke, 1940-)는 양상적 언명들을 논리학 분야에서 본격적으로 분석하기 시작했다. '양상(樣相)'은 가능성과 필연성 등을 의미한다. 이를 다루는 것을 '양상 논리학'(modal logic)이라 한다. (15장)

2) **과학 철학**: 고전적인 비인 학파의 검증 이론이 쿤(Thomas Kuhn, 1922-1996)의 '과학 혁명' 이론에 의해 큰 타격을 입게 되면서, 새로운 논쟁의 국면에 접어들게 된다. 영국의 흄이 제기한 '귀납의 문제'를 헴펠(Carl Hempel, 1905-1997)과 굿맨(Nelson Goodman, 1906-1998)은 새로운 방식으로 논증하였다. (11.2의 반론 참조) 과학적 설명의 문제, 특히 인과적 설명의 문제는 매키(John Mackie, 1917-1981) 등이 연구하였다. (11장)

3) **인식론 분야**에서는 지식에 대한 전통적인 정의를 대체하는 대안적 입장들이 제시되었다. 드레츠키(Fred Dretske, 1932-)의 연구가 그런 예에 해당한다. 반실재론을 옹호하는 더밋(Michael Dummett, 1925-)과 실재론을 주장하는 퍼트넘(Hilary Putnam, 1926-)의 논쟁은 인식론 분야에서

소위 '실재론 논쟁'을 한 단계 발전시켜 놓았다. (6장)

4) 언어 철학(10장 참조): 프레게(Gottlob Frege, 1848-1925), 러셀(1872-1970), 그리고 초기 비트겐슈타인(1889-1951)이 논리적인 분석을 위해 일상 언어와는 다른 이상적인 언어를 고안해내려 한다. 이를 둘러싼 논쟁이 현대 철학에 우선 가장 큰 영향을 미쳤다.

명제를 논리적으로 명료하게 분석하기 위해 이상적인 언어를 고안하려 했던 프레게와 러셀의 시도에 반대하여, 후기 비트겐슈타인, 오스틴(John L. Austin, 1911-1960), 스트로슨(1919-2006)은 일상 언어를 옹호하였다.

이들에 따르면, 언어는 일상의 다양한 맥락에서 갖가지 사용법을 가진다. 이런 사회적인 현상을 배제하고 일상 언어를 분석할 수 없다. 이런 사회적인 측면을 모두 가지 치고, 오직 '참 거짓'만을 따지는 것이 이상적인 언어이다. 이런 시도는 일상 언어의 본질을 간과한 실수를 범한 것이다.

써얼(John Searle, 1932-)은 오스틴의 화용론(話用論)을 더 발전시켰고,(10.4) 그라이스(Paul Grice, 1913-1988)는 의도주의적 의미론을 기획했으며,(10.5) 데이비드슨(Donald Davidson, 1917-2003)은 프레게의 전통을 이어 받으면서 독창적인 진리 조건적 의미론을 발전시켰다. (10.6절)

촘스키(Noam Chomsky, 1928-)는 두뇌에 특수한 구조가 있어서 인간이 선천적으로 언어를 사용할 수 있는 능력을 가졌음을 증명하고자 했다. 이 모든 이론들은 철학에서 뿐만 아니라 언어학에서도 논의될 정도로 중요하다.

5) 심리 철학(7장 참조): 비트겐슈타인과 라일(Gilbert Ryle, 1900-1976)이 인간을 육체와 영혼, 몸과 마음의 결합물로 보려는 데카르트의 실체

이원론을 거부하고, 논리적 행동주의를 발전시켰다. 정신은 행동으로 환원되며, 둘은 논리적으로 연관된다. 예컨대, '치통'과 같은 마음의 특정 상태에 대한 진술은 '턱을 감싸쥠', '얼굴을 찡그림'과 같은 행동에 관한 진술로 바꿀 수 있다. (7.2 절) 그러나 얼마가지 않아 이 입장은 경쟁자가 나타난다.

1950년대에 나타난 몸과 마음의 '동일성 이론'(7.3절)과 행위의 "이유가 곧 원인"이라는 데이비드슨의 '무법칙적 일원론'(7.4절)이 그 경쟁자들이다. 데이비드슨의 심리 철학은 행위 이론 또는 선택 이론과 연관이 있다. 선택 이론은 램지(Frank Ramsey, 1903-1930)가 중요한 선행 연구를 했다. 오늘날에는 경제학과 사회과학에서 중요한 연구 분야이다.

또 다른 학문 사이의 연구는 진화론적 관점에서 심리의 특성과 출현을 탐구하는 것이다. 이와 관련해서는 데닛(Daniel Dennett, 1942-)의 연구가 대표적이다.

6) **미학 분야**에서는 예술 작품의 지위에 관한 물음이 중요하게 다루어졌다. 굿맨(Nelson Goodman, 1906-1998)과 단토(Arthur Danto, 1924- 2013)가 이 물음과 관련하여 중요한 연구를 남겼다. (12장)

7) **윤리학**: 먼저 '선(善)', '당위'와 같은 윤리학의 주요 개념들의 의미를 탐구하는 메타 윤리학이 등장했다는 점을 들 수 있다. 무어(G. E. Moore, 1873-1958), 스티븐슨(Charles Stevenson, 1908-1978), 매키(John Mackie, 1917-1981), 헤어(Richard Hare, 1919-2002)가 대표적인 메타 윤리학자들이다.

실존 철학은 윤리학의 분과로서, 나의 존재(실존)는 무엇이며, 삶 속에서 무엇을 해야 하는가를 묻는다. 카뮈(Albert Camus, 1913-1960), 사르트르(Jean-Paul Sartre, 1905-1980), 네이글(Thomas Nagel, 1937-)이 대표적인 철학자이다.

앤스컴(Elizabeth Anscombe, 1919-2001)과 풋(Philippa Foot, 1920-)의 연구 덕분에 아리스토텔레스가 개척했던 '**덕 윤리학**'이 20세기에 부흥을 맞이하게 되었다. 이들은 윤리적 개념 분석보다 덕의 실천을 중시한다.

또 다른 새로운 현상은 **응용 윤리학**의 등장이다. 응용 윤리학은 칸트의 의무주의 윤리설이나 영미의 공리주의 윤리설 같은 고전적인 윤리 이론을 '안락사', '낙태' 등과 같은 구체적인 상황에 적용한다. 싱어(Peter Singer, 1946-)는 의학과 경제 분야의 연구에 기여했다. (14장)

8) **정치 철학**에서는 아렌트(Hannah Arendt, 1906-1975)의 전체주의와 악의 평범성 연구, 하버마스(Jürgen Habermas, 1929-)의 의사소통적 행위 이론, 롤스(John Rawls, 1921-2002)의 정의론(8.4절 참조)이 중요한 업적이다.

9) **페미니즘**(여성주의 철학)은 마르크스 철학처럼 부분적으로는 사회 정치적 목적을 추구한다. 여성 고유의 소망과 욕구들, 그리고 여성 일반이 당하는 억압과 차별을 학술적으로 알리는 작업을 한다. 보부아르(Simone de Beauvoir, 1908-1986)의 『제2의 성』은 출발점을 놓은 저작이다. 이후 윤리학, 미학, 인식론 같은 다양한 분야에서 페미니즘적 연구가 진행되고 있다.

10) 지금까지 20세기 철학의 다양한 연구 방향들을 간략하게 소개했다. 여기서 강조하고 싶은 점은 철학이 경험과학과의 경쟁에서 정체성의 위기를 겪었으나, 생물학, 사회학, 언어학과 같은 다양한 개별 과학으로부터 사유의 재료를 얻어와 새로운 정체성을 찾았다는 점이다.

철학이 다른 학문과의 협동을 통해서 철학의 존재 의미 상실에서 회복하면서, 새로운 자기 상을 그렸다. 철학은 다른 학문에서 영감을 받으면서, 의식적으로 스스로의 연구 분야를 찾고 있다.

^이상의 개괄은 프랑스와 독일의 현대 철학 분야들, 예컨대 생의 철학, 실존주의, 구조주의와 후기 구조주의 등을 뺀 것이다. 주로 칸트의 후예와 영국과 미국의 철학의 주된 흐름을 훑은 것이다.

10. 말과 의미

언어는 우리 삶에서 적어도 세 가지 중요한 기능을 가진다. 첫째, 우리는 말로 생각을 표현한다. 둘째, 우리는 말로 세계를 기술하고 설명한다. 가령, 우리가 여행했던 독특한 풍경을 SNS에서 기술할 수 있다. 셋째, 우리는 언어로 정보를 전달한다. 언어는 '의미'라는 특별한 속성을 가지기 때문에 이런 기능을 수행한다. 말과 언어는 의미로 가득차 있으며, 언어 철학의 중심적 목표는 '의미'라는 속성을 파악하는 것이다.

다음과 같은 두 표현을 살펴 보자.

(1) 펭귄이 매트 위에 앉아 있다.

(2) 뿌카뿌카.

얼핏 보기에 첫 번째 문장은 의미를 가지지만, 두 번째 문장은 그렇지 않다는 느낌이 든다. 그러나 우리는 첫 번째 문장이 아무런 의미도 가지지 않지만, 두 번째 문장은 의미를 가지는 어떤 상황을 상상해볼 수 있다. 예를 들어, 4차 세계 대전으로 숲 속 깊숙한 곳에 사는 한 부족 외에 모든 인간이 죽었고, "뿌카뿌카"가 그 부족에게 "맛있다"는 의미를 가진다면, 첫 번째 문장은 더 이상 의미가 없고, 두 번째 문장은 의미를 갖게 되는 상황이 생길 것이다. 여기서 첫 번째 중요한 물음은 다음과 같다.

의미가 있는 기호와 그렇지 않은 기호는
도대체 어떻게 구별되는가?

위 물음과 연관해서 두 번째 문제를 문장(1)과 문장(3)을 비교하여 알아보자.

(3) 뽀로로가 매트 위에 앉아 있다.

우리가 '펭귄'과 '뽀로로'라는 표현이 의미가 동일하다는 것을 알고 있다면, 즉 적어도 두 표현이 동일한 존재를 표시한다면, 우리는 문장(1)과 문장(3)이 동일한 존재를 표현한다는 것을 안다. 뽀로로는 펭귄의 하나이다. 하지만 두 표현이 같은 뜻이라고 말할 수 있기 위해서, 우리는 다음과 같은 물음에 답을 해야만 한다.

(말의) 의미가 도대체 무엇이며, 어디에 있는가?

마지막 중요한 물음은 의미의 이해에 관련된 물음이다. 대개의 경우 우리는 특정 언어를 구사하는 사람으로서 새로운 문장들을 단번에 이해할 수 있다. 예를 들어 문장(4)의 경우 그 내용은 조금 낯설지만 그

의미는 애써 노력하지 않아도 이해할 수 있다.

(4) 행방불명이 되었던 공주가
마다가스카르의 원시림에서 난관을 극복했다.

마지막 중요한 물음은 아래와 같다.

한 언어를 능숙하게 말하는 이는
새로운 문장들을 어떻게 단번에 이해할 수 있을까?

과연 언어철학 분야에서 이 세 물음에 일관적이고 설득력 있는 답을 해주는 이론이 있을까? 먼저 이 물음들에 답을 주는 고전적인 이론인 **지시 의미론**, **관념 의미론**, **명제 의미론**을 알아보자. 그 다음 새로운 이론인 **사용 의미론**의 두 형태를 알아보려 한다. 마지막으로 이 이론들이 모두 세 번째 물음을 소홀히 취급하는 듯 해서, **진리 조건적 의미론**을 통해 세 번째 물음에 대한 답변 가능성을 살펴 보도록 하겠다.

10.1 지시 의미론

낱말이 지시하는 대상이 그 낱말의 의미이다.

문장을 구성하는 단어들의 의미는 어떻게든 세계 속에 있는 대상들과 연관되어 있다. 이런 생각에 동의한다면, 우리는 이를 다음처럼 일반화시켜서 말할 수 있다.

하나의 단어는 어떤 사물과
관계하는 한에서만 의미를 가진다.

단어와 사물 사이의 관계를 '지시'라고 부른다. '지시'라는 개념을 사용해서 우리는 "하나의 단어가 하나의 대상을 지시한다"고 말할 수 있다. 지시 의미론에 따르면, 낱말의 의미는 곧 그것이 지시하고 있는 대상이다. 그런 이유로 이 이론을 '지시 의미론'이라 한다.

문장(3)을 다시 예로 들면, '뽀로로는 매트 위에 앉아 있다'는 표현은 그것이 특정 대상을 지시하기 때문에 의미를 가진다. '뽀로로'는 펭귄 뽀로로를, '매트'는 어떤 매트를 지시하고, '앉아 있다'는 '뽀로로'와 '매트' 사이의 관계를 지시한다.

이렇게 의미의 지시 의미론은 모든 언어적 표현의 의미를 그것이 지시하고 있는 대상을 통해 설명하고자 한다. 따라서 이 이론에 따르면, 우리가 표현하는 생각은 이 표현이 지시하는 대상을 통해 설명된다. 즉, 언어적 표현이 무엇을 지시하는지를 알게 되면 그 표현된 생각을 이해하게 된다.

반론 1 모든 단어가 존재하는 대상을 지시하지는 않는다. 실제로 있지 않는 존재를 표시하는 이름들, 예를 들어 '페가수스', '둥근 삼각형' 같은 말이 있다. 신화 속의 짐승인 '페가수스'가 지시하는 날개 달린 말은 현실 세계 속에는 존재하지 않는다. 심지어 무언가를 지시하지 않는 표현들이 있다. 예를 들어, 부사('매우', '느리게'), 전치사('위에', '속에')가 바로 그 예이다. 지시 의미론은 이러한 단어들의 의미를 설명할 수 없다.

대답 ^낱말의 지시 대상이 꼭 현실에 존재하는 물질적 대상일 필요는 없다. 머리로 생각하는 관념적 대상도 지시 대상일 수 있다. 11.2절에서 말하는 검증 이론은 현실에 존재하는 대상만 지시 대상으로 인정한다. 그러나 지시 의미론은 대상을 그렇게 좁게 잡지 않는다.

또한 '페가수스 = 날개 + 말'이고, '둥근 삼각형 = 둥근 + 삼각형'이다. 그 둘을 합하면 현실에 존재하지 않지만, 분리를 하면 다 현실에 존재하는 것이다. 지시 대상이 될 수 있다.

전치사 부사 등은 지시 대상 때문에 의미를 가지는 것이 아니라, 문법적 기능 때문에 의미를 가진다.

반론 2 동일한 대상을 지시하지만, 동일한 의미를 가지지 않는 표현들이 존재한다. 프레게(Gottlob Frege, 1848-1925)는 '개밥바라기'와 '샛별'이라는 잘 알려진 예를 제시한다. 금성을 저녁에 보면 '개밥바라기'라 하고, 새벽에 보면 '샛별'이라 한다. 이 두 낱말은 동일한 대상인 금성을 지시한다. 두 낱말은 동일한 대상을 지시하지만, 동일한 의미를 갖지 않으므로 동의어가 아니다. 왜냐하면 '개밥바라기'는 저녁에 가장 밝은 별을, '샛별'은 새벽에 가장 밝은 별을 의미하기 때문이다. 그래서 의미는 오로지 지시 대상으로만 설명될 수가 없다. (심리 철학에서 이 예의 사용에 대해서는 7.3절 참조)

대답 ^지시 대상이란 단순하게 그 물체만을 의미하는 것이 아니라, 그 물체가 존재하는 상황까지 포함한다. 저녁에 있는 금성과 새벽에 있는 금성은 물체는 같지만 상황이 다르다. 따라서 다른 이름을 붙일 수 있다. 그렇기 때문에, 11.2절의 검증 이론으로 보자면, "개밥바라기 = 샛별"이라는 사실은 과학적 발견에 속한다.

반론 3 지시 의미론은 문장의 의미를 설명하기에는 충분하지 못하다. 우리가 문장 "철수는 빠르다"를 분석해서, '철수'는 철수라는 대상을, '빠르다'는 빠름이라는 현상을 지시한다고 치자. 그렇다면 어떻게 철수와 빠름이 서로 연결되는지가 문제가 된다. 어떤 x가 연결시켜 준다고 한다면, 우리는 다시금 x가 이 문장과 어떻게 연결되는지를 말해야만 한다. x와 문장을 연결시켜 주는 y를 제시한다. 그렇다면 이번에는 y의 연결을 묻게 된다. 이런 과정은 무한하게 반복될 것이다. 무한 퇴행의 문제이다.

대답 ^이는 용수(龍樹)가 『중론(中論)』에서 한 논증과 거의 같다. '철수'와 '빠르다'라는 말의 지시 대상이 각각 다른데, 어떻게 연결되는가? 첫째, 현실적으로 철수가 빨리 가고 있다. 둘이 연결되어 있다. 둘째, '철수'와 '빠르다'는 토씨 등의 문법 용어로 연결된다. 만약 문법적 연결을 인정하지 못 한다면, 이는 우리의 일상 언어를 부정하는 것이 된다.

^지시 의미론을 검증 이론(11.2절)과 혼동하기 때문에 이상의 세 반론이 나온다. 검증 이론은 명제의 참과 거짓을 따지기 때문에, 낱말과 지시 대상의 연결을 엄격하게 따진다. 반면 지시 의미론은 지시 대상을 현실에 존재하는 물리적 현상에만 한정하지 않는다.

말은 지시 대상, 의미, 사용, 발음과 표기 등의 요소가 있다. 지시 대상은 말의 '의미' 측면보다는 그 말의 진위를 따지는 기능이 크다.

10.2 관념 의미론

말하는 사람의 마음 속에 있는 관념이 그 낱말의 의미이다.

앞서 보았던 지시 의미론이 설명하지 못하는 같은 비지시적 표현들 (페가수스)과, 같은 대상을 지시하면서도 뜻이 같지 않은 표현들 (개밥바라기와 샛별)의 문제는 관념 의미론을 통해 해결될 수 있다.

이 이론은 언어적 표현의 의미가 세계 속 객관적 대상이 아니라 주관적인 정신적 존재(마음속의 관념 개념 또는 심상적 표상들)를 나타낸다고 주장한다. 단어는 그것이 의식 속의 어떤 관념을 표현할 때에만 의미를 가진다. 즉, 단어의 의미는 말하는 이의 마음 속의 관념이다. 한 문장은 이 문장을 통해 표현된 관념이 세계와 일치할 때에만 세계를 올바르게 기술한다. 서로 의사소통하는 두 사람의 경우 말하는 사람이 특정한 말을 통해 어떤 관념을 표현하고, 듣는 사람이 이 표현을 듣고 떠올리게 된 관념이 동일할 경우 듣는 사람은 말하는 사람이 표현한 의미를 이해했다고 말할 수 있다.

^로크(John Locke, 1632-1704)가 관념 의미론의 대표적인 지지자이다. 경험론에 따르면, 주관이 대상을 감각적으로 지각할 때, 내 마음(주관)에 인상이 생긴다. 인상은 대상의 모사이다. 인상들이 추상화된 것이 관념이다.

반론 1 특정한 종류의 표현들의 경우 우리는 어떠한 표상도 떠올릴 수 없다. 전치사(예를 들어 '-와')나 연결사(예를 들어 '그리고')와 같은 표현들, 그리고 '천만 고개'와 같은 표현들이 그렇다. 다섯 고개 또는 여덟 고개 등은 우리가 바로 떠올릴 수 있지만, 천만 고개의 경우에는 문제가 발생한다. 천만 고개에 대해 우리는 확실히 어떠한 표상도 떠올릴 수 없다.

대답 ^이는 인상을 관념으로 혼동한 것이다. 인상(impression)과 관념은 다르다. 인상은 대상의 모습이 비교적 그대로 마음에 찍힌 것이다. 반면 관념은 인상들을 추상화시킨 것이다. 인상이 개별 대상의 모습을 담는다면, 관념은 추상화된 것, 즉 의미이다. '천 개의 고개'는 첩첩이 겹친 고개를 대략 그릴 수 있다. 그보다 '고개'라는 말에 대체 어떤 인상을 그릴 수 있는가? '고개'는 수많은 종류가 있기 때문이다. '의자, 집' 등 대부분의 낱말이 다 인상이 아니라 관념과 연결된다.

전치사와 연결사는 문법적 요소이다. 관념과 연결될 필요가 없다.

반론 2 관념이 '마음 속 표상'(心象)으로 이해된다면, '관념'이라는 말은 '의미' 개념의 설명으로는 적합하지 않다. 왜냐하면 심상적 표상은 표현의 의미보다 훨씬 더 상세하고 구체적이기 때문이다. 어떤 개의 표상은 특정한 털 색깔과 형태를 지닌 구체적인 개의 모습이다. 이에 반해 '개'의 의미는 구체적인 속성에 연관되어 있는 것이 아니라 일반적이다.

대답 ^이는 역시 관념 의미론의 관념을 인상으로 착각한 것이다. 대상 사물의 대리인, 즉 표상(表象 representation)이 내 마음에 와서 어떤 그림을 만든다. 이 그림이 심상(心象)이다. 표상과 심상은 결국 경험론의 '인상'과 같다. 관념 의미론은 인상이 아니라, 관념이 낱말의 의미라고 한다.

반론 3 관념 의미론은 의사 소통을 설명하려 하지만, 이는 불가능하다. 마음 속에 떠올린 관념들은 주관적인데 반해 의미는 객관적이기 때문이다. 그래서 두 명의 사람이 서로 소통할 수 있으려면 이들은 하나의 표현에 동일한 의미를 결합시켜야만 한다. 의미가 어떤 관념이라면 말하는 사람은 듣는 사람이 자신의 말을 정확하게 이해하는지 알 수 없게 되는데, 왜냐하면 그는 듣는 사람이 자신과 동일한 관념을 떠올리고 있는지 알지 못하기 때문이다.

예를 들어, 누군가가 "강동원은 잘 생겼다"라고 한다면, 심상은 주관적이기 때문에 말하는 사람이 떠올리는 강동원과 듣는 사람이 떠올리는 강동원이 일치하지 않을 수 있다.

대답 ^낱말과 그 의미는 객관적이다. 그러나 관념은 주관적이다. 사람마다 다를 수 있다. 그렇다면 한 낱말에 여러 사람이 같은 관념을 가질 수 있는가? 이는 '상호 주관성'의 문제이다. 우리가 대화를 하고 의사 소통을 하려면, 낱말에 대한 관념이 사람마다 비교적 동일해야 한다. 동일성을 보장하는 것은 무엇인가?

첫째, 대상의 존재이다. 같은 대상에 대해서 대화가 이루어지면, 같은 관념을 가졌다고 할 수 있다. 둘째, 상황이다. 특정 상황에서 대화를 하고, 서로 원하는 대로 행위를 한다면, 서로 같은 관념을 가졌다고 할 수 있다. 셋째, 사회이다. 사람은 사회 속에서 살면서 늘 대화를 하면서 서로의 관념을 맞추고 일치시킨다.

10.3 명제 의미론

명제[4] 의미론은 프레게(Gottlob Frege, 1848-1925), 러셀(Bertrand Russel, 1872-1970), 무어(G. E. Moore, 1873-1958) 등이 발전시켰다. 이들은 명제를 강조함으로써, 관념 의미론에 제기된 반박을 피하려고 한다.

^관념 의미론은 관념과 낱말을 대응시킨다. 반면 명제 의미론은 대상의 관념과 명제를 연결시킨다. 요컨대 낱말이 아니라 명제가 대상의 관념과 연결되며, 낱말의 의미가 아니라, 명제의 의미가 바로 대상의 관념이다. 다시 말해서, 명제 의미론은 지시 의미론과 관념 의미론을 아우르면서, 낱말이 아닌 명제를 '대상, 관념' 둘과 연결시킨다.

언명과 명제: 명제는 추상적인 것이다. 예를 들자면 비가 올 때,, 이를 한국 말로는 "비가 온다." 영어로는 "It is raining", 프랑스어로는 "Il pleut"라 한다. 이런 다양한 문장들을 '언명'이라 한다. 이를 종합하면 "비가 온다"라는 하나의 명제이다. 이런 의미에서 명제는 줄거리만 추상한 것이다.

왜 언명들을 명제로 만드는가? 참이나 거짓을 판정할 수 있게 만들기 위해서이다. 명제는 참이나 거짓으로 판정될 수 있게 논리적으로 구성된 문장이다. 따라서 논리학에서 다루는 문장이다.

예컨대 "비가 온다"라는 명제는 현실에서 비가 오는 상황을 가리킨다. 실제로 비가 오면 그 명제는 참이고, 만약 비가 오지 않는다면 거짓이다. '참'과 '거짓'은 고전적 형식 논리학(15.1절 참조)의 두 개의 진리값이다. 그것이 형식 논리학의 핵심이다.

---

4 '명제와 언명'에 대해서는 214쪽에 있는 각주 2를 보라.

언명은 다양하게 표현될 수 있으며, 문맥에 따라 진리값이 다를 수 있고, 애매모호할 수도 있다. 반면 명제는 논리적으로 구성된 문장이며, 참과 거짓을 판별할 수 있게 되어 있다.

예컨대 "미국은 세계에서 가장 부유한 나라이다"라는 문장이 '언명'일 경우, 참일 수도 있고 거짓일 수도 있다. 200년 전의 미국은 가장 부유한 나라가 아니기 때문이다. 반면 그 문장을 '명제'라고 본다면, 그 문장은 반드시 '참', '거짓' 둘 중에 하나여야 한다. 따라서 그 문장을 명제화시켜야 한다. 명제화시키는 방법 가운데 하나가 주어의 시간과 공간을 명확하게 하는 것이다. 언제의 '미국'인가를 명시하는 것이다. 그리고 '전칭과 특칭'을 표시한다.[5]

명제는 사람이 생각하는 내용일 수 있다. (7장 맨앞의 '명제적 태도' 참조) 사람은 "비가 온다"고 믿을 수 있거나, "비가 올 것"을 희망할 수 있다. 여기에서 따옴표 " " 안에 든 것이 명제이다. '믿는다', '희망한다'는 그 개인이 생각하는 것이다. 이렇다면 명제는 개인이 마음 속에 품고 있는 관념이 된다. 무어(Moore)에 따르면, 어떤 문장(언명)을 이해한다는 것은 그 언명이 담고 있는 명제를 파악하는 것이다.

명제 의미론의 창시자들은 이른바 '이상적 언어'(ideal language)를 추구했던 철학자들이다. 이들은 이상적, 형식적, 논리적 언어를 개발하려고 기획했다. 이 언어로 학문이 세계를 정확하게 설명하고, 일상 언어가 초래하는 혼란스러움을 극복해줄 것이라 생각했다.

^언명을 명제로 바꾸는 것이 바로 일상 언어를 이상적 언어로 바꾸는 것이다.

5 전칭과 특칭에 대해서는 213쪽에 있는 각주 1을 보라.

반론 1 명제가 마음 안으로 들어간다고 하지만, 이것이 정확하게 무엇을 가리키는지가 명확하지 않다. 마음 안의 명제는 무엇인가?

^낱말에 대응하는 것이 마음 안의 관념이다. 명제에 대응하는 것은 무엇인가? 그것이 관념일 수는 없다. 이런 점에서 명제 의미론은 이해하기 어렵다.

대답 ^일상의 언명들을 명제화시키는 이유는 언명들의 참과 거짓을 판별할 수 있게 하기 위해서이다. 그것이 명제 의미론이 지향하는 바이다. 명제는 낱말들로 이루어져 있다. 낱말에 대응하는 것이 마음의 관념이라면, 낱말들의 연결로서 명제도 마음에 관념의 연합과 대응될 것이다. 그렇기 때문에 참과 거짓을 검증할 수 있다.

반론 2 명제는 추상적인 것이라는 점에서 특수하다. 명제는 특정한 시공간을 차지하고 있는 구체적인 현상 사물과 다르다. 시공간 속에 있지 않기 때문에, 명제는 모든 시대에 걸쳐 불변이다. 그래서 명제는 원인이 될 수 없다. 왜냐하면 시공간 안에 있는 것만 다른 것의 원인이 될 수 있기 때문이다.

^이런 점에서 명제는 마음 안에 관념을 만들 수 없다. 관념은 구체적인 시공간에 있기 때문이다. 명제는 원인이 될 수 없다.

원인일 수 없는 것은 그 어떤 영향도 미칠 수 없고, 어떠한 영향도 미칠 수 없는 것은 아무 것도 설명하지 못하고, 따라서 우리에게 그것은 필요하지 않다. 필요하지 않은 것은 제거되어야 한다. 왜냐하면 '오컴의 면도날'(4.6절 참조)로 알려진 원칙에 따라, 설명에 꼭 필요한 대상들만이 가정되어야 하기 때문이다.

대답 ^이는 억지스런 반론이다. 물론 물리적 시공간 속의 사물들은 원인과 결과가 될 수 있다. 그렇다고 해서 추상적인 명제가 마음 속에 관념들을 만들지 못 하는 것은 아니다. 만약 이 반론이 맞다면, 명제 뿐만 아니라, 낱말, 나아가 말(언어)은 사람의 마음에 아무 것도 만들 수 없다. 그러나 우리는 말을 하면서 살고 있다.

10.4 사용 의미론

지금까지 알아본 전통적인 이론은 의미가 대상이라 가정한다. 그것이 구체적인 대상이든, 관념이든, 추상적 대상이든 간에 대상이라는 점은 같다. 그러나 그 이론들은 어떻게 언어적 표시가 의미를 가지게 되는지 설명하지 못 한다. 이 지점에서 이른바 '일상 언어 철학자들'이 등장한다. 이들은 이상적인 언어를 고안하는 일에는 관심이 없고, 반대로 일상 언어를 탐구한다. 언어적 표시가 특정한 목적을 위해 '사용되기' 때문에 의미를 가진다. 언어의 사용에서 언어의 의미를 찾으려는 이론을 '사용 의미론'이라 한다.

가장 유명한 사용 의미론자는 비트겐슈타인(Ludwig Wittgenstein, 1889-1951)이다. 그는 후기 작품인 『철학적 탐구』에서 이에 관한 생각을 선보인다.[6] 이 책에서 그는 사고 실험과 다양한 논증을 통해 보여준다.

---

6 비트겐슈타인은 초기 저서인 『논리 철학 논고』에서 지시 의미론, 혹은 명제 의미론을 주장했다. 후기에 가면, 그것을 뒤엎고 『철학적 탐구』에서 사용 의미론을 주장한다. 후기 비트겐슈타인은 철학에서 어떠한 이론도 만드는 작업을 거부했다. 따라서 '사용 의미론' 보다는 그의 '언어 고찰 방식'이라는 표현이 더 적절할 것이다.

— 우리는 다른 사람의 행위에 영향을 주기 위해 언어를 사용한다.

행위: 비트겐슈타인에 따르면, 어떤 언어 표현이 어떤 의미를 가진다는 것은 그 표현이 상대의 행위를 조정하는 기능을 한다는 말이다. 이런 사실은 일상 생활에서 사용하는 "좋은 아침입니다!", "소금 좀 줘!", "내일 갈게"와 같은 표현들을 보면 분명해진다. 우리는 이러한 말을 가지고 세계의 어떤 현상을 설명하기 보다는, 자신의 생각을 표시하고, 상대의 행위를 요구하는 것이다. 우리는 인사를 하고, 소금을 달라고 하고, 약속을 한다. 이처럼 말하는 것은 특정한 행위를 수행하는 것이다.

여기서 중요한 점은 문장으로 표현하는 자체가 곧 행위라는 것이다. 행위는 문장 표현에 단지 덧붙여지는 것이 아니다. 만약 그렇다면 말은 행위의 수단에 불과할 것이다.

언어 놀이: 언어적 표현은 어떻게 특정한 역할을 담당할 수 있는 것일까? 비트겐슈타인에 따르면, 언어에는 말의 사용을 규정하는 일정한 규칙들이 있기 때문에, 어떤 표현이 그런 종류의 기능들을 수행할 수 있게 된다.

그는 언어적 표현 행위를 놀이와 비교하면서, 언어를 사용하는 것을 '언어 놀이'라고 부른다. 놀이마다 일정한 규칙이 존재하며, 그래서 그 놀이가 어떻게 진행되어야 할지가 정해진다. 언어 놀이의 경우 놀이 규칙은 표현들이 특정한 맥락에 따라 사용될 수 있게 해 준다.

규칙: 이 규칙들은 특정한 언어 공동체에 의해 공유된다는 점에서 관습적이다. 그래서 어떤 언어적 표시가 의미를 가지려면, 공적으로 접근 가능한 규칙이 존재해야만 한다. 어떤 규칙이 공적으로 접근 가능하지 않다면 그것은 규칙이 아니다.

왜냐하면 내가 나만을 위한 규칙을 가지게 된다면, 내가 실제로 이 규칙에 따르고 있는지, 혹은 따르고 있다고 믿기만 하는지를 누구도 확인할 수가 없다. 그것을 확인할 객관적인 기준이 나에게 없기 때문이다. 내가 어떠한 기준도 가지지 않는다면 나는 어떠한 실수도 저지를 수 없게 된다. 왜냐하면 어느 누구도 내가 이 표현을 올바르게 사용했는지를 확인할 객관적 규칙이 없기 때문이다.

사적 언어: 따라서 나 혼자만 이해하는 말, 그래서 내가 말한 것이 무엇인지를 나만이 알 수 있는 그러한 언어는 존재할 수 없다. 이것이 바로 비트겐슈타인의 유명한 '사적 언어'(private language) 논증이다.

내가 규칙에 따르는지 아닌지를 객관적으로 판단하게 하는 기준은 언어 공동체에 의해 제시된다. 언어 공동체는 어린이나 외국인에게 언어를 가르친다. 이는 말에 일치하는 올바른 행위를 하게 가르치는 것이다. 올바른 행위는 칭찬을 받고, 바르지 않은 행위는 제지된다. 제지를 받게 되면 언어 학습자는 규칙을 따르는지 아닌지를 알게 된다.

만일 저녁에 "좋은 아침!"이라 인사했다가, 지금은 저녁이므로 "좋은 저녁!"이라 인사해야 한다는 조언을 받는다면, 언어 습득자는 자신이 혼동하고 있음을 깨닫고, 그 올바른 사용법을 배우게 된다. 언어 사용의 규칙이 존재하기 때문에, "좋은 아침!"이라는 표현은 의미를 가진다. 이 규칙은 이 표현이 아침 인사로 사용될 것을 요구한다.

^초기 비트겐쉬타인은 인공 언어에 몰두했다가, 후기에는 일상 언어에 몰입한다. 인공 언어는 논리학이란 규칙이 있었다. 일상 언어에서 그는 언어 놀이의 규칙을 발견한다. 그는 명제 의미론에서 사용 의미론으로 나갔다.

반론 1 사람은 새로운 문장을 구성해서 이해시키는 놀라운 능력을 지닌다. 새로운 문장은 전에는 아직 표현된 적이 없기 때문에 아직 사용된 적이 없다. 사용 의미론은 오랜 기간 동안 반복적으로 사용되는 짧은 표현만을 설명할 수 있다. 하지만 길고 새로운 문장들이 문제가 된다면, 이 이론은 이것을 제대로 설명할 수 없다.

대답 사용 의미론은 생각해 낼 수 있는 모든 문장에 정확한 사용 규칙을 준다고 주장하지 않는다. 단지 기본적인 문장들의 의미를 그것의 사용을 통해 규정할 것을 제안할 뿐이다. 이 사용으로부터 문장들의 몇몇 부분들의 의미가 결정되고, 이를 통해 다른 문장들의 의미가 결정될 수 있다.

반론 2 말하는 사람이 어떤 표현의 의미를 이해하지도 못하면서 올바르게 사용할 수 있다. 예를 들어, 어떤 프랑스인은 영어를 알지 못하더라도 영어 물음 "How do you do?"에 대해 "Very well, thank you"라고 대답할 줄 안다. 만나면 상투적으로 주고받는 말이라는 것을 그는 영국인의 언어 행위에서 반복적으로 관찰했기 때문이다. 그래서 이 프랑스인은 물음의 의미도, 대답의 의미도 알지 못할 수도 있다. 그래서 의미의 개념은 사용의 개념만으로 설명될 수 없다.

대답 ^프랑스 사람이 영어 인사말의 단어나 문장의 의미를 알지는 못 하지만, 만나서 주고받는 인사이며, 좋은 뜻이라는 것을 안다. 그리고 그것이 그 문장의 주된 의미이기도 하다. 사용 의미론은 말에 따른 행위 규칙을 중시한다. 그것을 의미의 핵심으로 규정한다.

사용 의미론은 물론 낱말과 문장의 의미를 구체적으로 규정하지는 못 한다. 그러나 말이 서로 행위를 유발하고, 놀이처럼 서로 어울리게 만든다는 점, 이 점을 밝혔다는 것이 중요하다. 나아가 지속적으로 그 말에 접하다 보면 그 낱말과 문장의 뜻을 이해하게 된다.

반론 3 축구처럼 의미 일반과 전혀 관련 없는 복잡한 놀이 규칙을 가진 놀이들이 있다. 축구 규칙은 어떤 움직임이 허용되고 그렇지 않은지를 규정한다. 그러나 이러한 움직임들이 어떤 의미를 가지는 건 아니다. 의미를 갖는 언어 놀이와 축구와 같은 다른 놀이들은 구별될 수 없다. 하지만 의미 이론은 그것을 구분 할 수 있다고 주장한다.

대답 우리가 언어 사용 규칙이 무엇인지를 정확하게 규정하게 된다 면, 축구 놀이와 언어 놀이를 구별할 수 있다. 언어 사용의 규칙은 축구의 규칙과 다르게 대상을 올바르게 지시하는 규칙이다.

10.5 의도주의적 의미론

의도주의적 의미론은 사용 의미론의 특수한 형태이다. 비트겐슈타인은 의미를 관습적으로 규정된 규칙으로 설명하려 한다. 반면 의도주의는 말하는 사람의 의도(intention)로 의미를 설명하려 한다. 규칙을 의도로 바꾼 셈이다. 이 이론은 그라이스(Paul Grice, 1913-1988)가 일련의 논문을 통해서 발전시켰다.

'단어적 의미'와 '말하는 이의 의미': 그라이스의 핵심적인 생각은 이렇다. 우리가 표현을 통해 무언가 의도하기 때문에 이 표현들이 의미를 가진다. 말하는 사람(話者)이 어떤 표현으로 의미하는 바를 그라이스는 '말하는 사람의 의미'(화자 의미)라고 부른다. 이 의미는 '단어적 의미'(문장 의미)와 구별되어야 한다. '덥다'의 단어적 의미는 기온이 높다는 것이다. 그러나 숨 막히는 공간에서 누군가 '덥다!' 라고 하면, 이는 창문을 열어 달라고 요구하는 것일 수 있다. 겨울이라면 이 표현은 반어법적으로 사용될 수도 있다. 이것이 '말하는 사람의 의미'이다.

단어적 의미와 말하는 이의 의미는 서로 다를 수 있지만, 같을 수도 있다. 가령 막힌 공간에서 누군가가 '덥다' 라고 하더라도, 이 표현이 꼭 문을 열어 달라는 의사 표시가 아니라, 단순하게 기온이 높다는 말일 수 있다. 말하는 이의 의도에 따라 얼마든지 '덥다'는 단어적 의미를 뜻할 수도 있기 때문이다.

그러면 '말하는 이의 의미'와 '단어적 의미'는 어떤 관계인가? 말하는 이의 의미가 우선하고, 단어적 의미가 뒤따라 나오는가? 아니면 그 반대인가? 이에 대한 모범적인 대답은 '단어적 의미'를 '말하는 이의 의미'의 기초로 보는 것이다. '말하는 이의 의미'는 '단어적 의미'의 응용이며, 특수한 형태인 것처럼 보인다.

하지만 그라이스는 이런 상식적인 생각을 뒤집는다. '말하는 이의 의미'가 기초적이고, '단어적 의미'는 이로부터 도출된다. 왜냐하면, 말의 의미는 관습적으로 고정된다. 말하는 이들의 말의 사용에 의해서 관습이 쌓인다. 따라서 관습적인 의미가 우선 되어야 한다. 이런 점에서 '말하는 이의 의미'가 기초적이다. 이것이 쌓여서 관습이 되고, 이 관습적 의미에서 '단어적 의미'가 추출된다. 따라서 그라이스는 단어적 의미보다 말하는 이의 의미가 더 근본적이라 본다.

또한 그라이스는 '말하는 이의 의미'를 분석하는 방법을 제시했다. 그라이스는 한 사람이 어떤 표현으로 무엇인가를 의도한다는 것이 무엇을 의미하는지를 다음처럼 분석한다.

"말하는 이 S는 표현 X로 P를 의도한다."[7]
→ 이 '의도'는 다음과 같은 세 가지 '의도'를 의미한다.

(a) S는 듣는이 H가 "P를 알고 믿기"를 의도한다.
(b) S는 듣는이 H가 "(a)의 의도를 인식하기"를 의도한다.
(c) S는 듣는이 H가 (a)의 인식을 토대로
"P에 따른 일정한 반응 R을 하게 할 것"을 의도한다.[8]

위의 세 의도들은 말하는 이가 어떤 표현으로 무엇을 의도하는 것에 대한 필요 충분 조건을 제시하고 있다. 이는 말하는 이의 의도들이다. 여기서 듣는 이는 말하는 이에 대한 관계적 객체로 등장한다. 하지만 듣는 이는 그 상황 속에 무조건 출석해야 하는 개인, 혹은 스스로 의도를 가져야 하는 개인일 필요는 없다.

이상의 분석은 우선 누군가가 어떤 표현으로 무언가를 의도한다는 것이 무엇을 의미하는지를 보여 준다. 여기서 중요한 물음은 "이 표현으로 무엇이 의도되는가?"이다. 답은 간단하다. 표현으로 의도된 것은 바로 말하는 이가 이 표현으로 의도한 그것이다.

여러 반론에 대응하기 위해서 그라이스는 의도를 세 가지나 제시한다. 그러나 효과적인 대답이 되기는 어렵다. 그래서 의도주의 의미론과

---

7 X는 '단어적 의미'이고, P는 '말하는 이의 의미'이다.

8 (a)는 의사 소통을 하려는 의도이다. (b)는 그 의도를 듣는이가 알기를 의도하는 것이다. (c)는 이를 통해서 듣는이에게 자신이 원하는 효과를 일으키려 의도하는 것이다.

정반대인 진리 조건적 의미론이 유행하게 된다.

반론 1 조건 (b)와 (c)는 너무 많은 것을 요구하고 있지 않는가? 말하는 이는 어떤 표현을 가지고 무언가를 의도할 수 있다. 하지만 이때 (b)처럼 자신의 의도가 듣는 이에게 인식되게 할 의도를 가지지 않을 수 있고, (c)처럼 자신이 가졌던 의도에 대한 인식을 토대로 듣는 이에게 어떤 반응이 일어나게 하려는 의도가 없을 수도 있다. 그리고 말하는 이가 "오늘 날씨 멋지군!"이라는 표현으로 듣는 이가 집 바깥으로 나가게 할 의도를 가질 수 있다. 그러나 (b)처럼 말하는 이는 듣는 이가 이러한 의도를 인식하도록 만들 것을 의도하지 않을 수도 있다. 즉, 자신의 의도를 상대에게 알리지 않을 수 있다.

대답 의도를 가지지 않음, 혹은 가졌지만 상대에게 알리지 않음, 이는 두 가지로 해명할 수 있다.

첫째, 의도를 가지지 않음, 혹은 말하는 이가 듣는 이에게 무언가를 감추려고 할 때에는 사실상 이 의도가 중요하지 않다고 할 수 있다. 그라이스는 이러한 경우들을 제외한다.

둘째, 다르게 보자면, 이는 마음먹음의 예이다. 듣는 이가 상대의 말을 듣고 나가려 한다면, 듣는 이는 우선 말하는 이가 그 표현으로 오늘 날씨가 멋지다는 점을 말하려 하고 있다는 점을 인식해야만 한다. 상대가 의도하지 않았거나, 의도를 해도 감추었어도, 듣는 이가 의도를 추측해서 나갈 수도 있다. 이 경우 세 가지 조건들이 충족되므로, 반론을 피해갈 수 있다.

반론 2 조건 (a)는 너무 많은 것을 요구한다. 말하는 이는 듣는 이가 특정한 반응을 보이게 할 것을 의도하지 않은 채 다른 무언가를 의도할 수 있다. 이는 말하는 이가 이미 특정한 확신을 가지고 있고, 듣는 이가 이를 알고 있는 경우에 그렇다.

구술 시험을 칠 때, 시험관은 질문하지만, 자신이 정답을 알지 못한다는 점을 의도하지는 않는다. 응시자 역시 대답을 하면서, 시험관으로 하여금 자신의 대답이 맞다고 믿게끔 의도하지는 않는다.

대답 그라이스는 첫 번째 조건을 보다 더 정확하게 제시하여 이런 반박에 대응한다. 시험관은 응시자가 특정한 사항을 믿게끔 의도하는 것이 아니다. 시험관은 자신이 묻고 있는 이 특정 사항을 스스로 알고 있지 않다고 믿고 있다는 점을 면접자로 하여금 믿게끔 의도하는 것이다.

10.6 진리 조건적 의미론

한 언어를 능숙하게 말할 줄 아는 사람(話者)으로서 우리는 어떻게 새로운 문장들을 단번에 이해할 수 있는가? 데이비드슨(Donald Davidson, 1917-2003)은 이 질문에서 출발해 진리 조건적 의미론을 완성한다.

1) 이 이론의 기본적인 생각은 프레게로부터 나왔다. 어떤 문장이 참이라면, 즉 우리가 그 문장의 진리 조건[9]을 안다면, 우리는 그 문장을

---

9 진리 조건(truth conditions)은 참 혹은 거짓, 진리 혹은 허위를 결정하는 조건이다. 일반적으로 낱말과 명제가 지시 대상을 정확하게 지시하고, 그 대상이 현실에 존재할 때

이해한다. 예를 들어, "펭귄이 매트 위에 앉아 있다"라는 문장은 현실에서 실제로 펭귄이 매트 위에 앉아 있을 때에만 참이다. 이것을 알고 있을 때, 우리는 이 문장을 이해한다.[10]

한 문장의 진리 조건들은 이 문장 속에 포함된 표현들 및 그 조합 방식에 의해 규정된다. 이것이 바로 맨 처음에 제기했던 질문에 대한 답변이다. 한 언어를 능숙하게 말하는 사람으로서 우리는 새로운 문장들을 단번에 이해한다. 왜냐하면 우리는 문장 구성 요소들과 그 조합을 통해, 이 문장들의 진리 조건을 규정할 수 있기 때문이다.

2) 데이비드슨은 우리가 어떻게 새로운 문장들을 이해할 수 있는지를 설명해 주는 이론의 기초를 타르스키(Alfred Tarski, 1902-1983)로부터 받아들인다. 타르스키는 **형식적 언어**에 대한 진리 이론을 발전시켰다. 두 사람의 이론의 구조가 동일하기 때문에, 타르스키의 진리 이론을 뒤집기만 하면, 데이비드슨의 의미론을 얻게 된다.

타르스키는 진리론을 위해 의미론(번역)을 전제하지만, 반대로 데이비드슨은 의미론을 제시하기 위해서 진리 개념을 전제한다. 참인 문장들의 리스트로부터 시작해서 우리는 이 문장들의 의미에 도달할 수 있게 된다. 즉 타르스키의 의미에서 특정한 언어의 진리 이론은 우리에게 이 언어의 의미론을 제공해 준다.

3) 진리 조건적 의미론은 데이비드슨의 스승인 콰인(Willard van Or-

참-진리이다. 이는 10.1절의 지시 의미론, 11.2절의 검증 이론과 관련 있다.

10 프레게는 의미를 지시 대상과 연결시켜 분석한다. 지시 의미론이다. 이는 의미를 마음 속의 관념, 혹은 의도와 연관시키는 관념 의미론, 혹은 그라이스의 이론과 정반대이다. 객관 대 주관의 차이이다.

man Quine, 1908-2000)이 제시한 **의미의 비규정성**[11] 문제에 대한 해결도 제공해 준다. 우리가 낯선 언어의 표현들을 이해하려고 한다고 가정해 보자. 토끼 한 마리가 뛰어갈 때마다 항상 이 언어 사용자가 '가와가이(gavagai)'라고 말한다는 것을 우리는 알게 된다. 이제 우리는 '가와가이'가 '토끼'를 의미한다고 가정할 수 있을 것이다. 하지만 이 가정은 최종적으로 증명될 수 없다. 왜냐하면 그 언어 사용자는 이 토끼의 한 부위, 예를 들어 토끼의 귀를 가리킬지도 모르기 때문이다. 혹은 만약 토끼의 귀가 아니라, 그냥 귀만을 보게 된다면, 그는 "가와가이"라고 말하지 않을 것이다. 그는 토끼가 보이는 상태에서 그 귀를 보게 될 때에만 그렇게 말할 수도 있다. 이 가정을 배제할 수 없다면 우리는 의미를 완전하게 규정할 수 없을 것이다. 이런 '의미의 비규정성'은 모르는 언어 뿐 아니라, 우리가 다른 이의 표현을 이해하려는 모든 상황에 대해서도 적용된다.

데이비드슨의 진리 조건적 이론은 의미의 무규정성에도 불구하고 우리가 의미론을 구성해 낼 수 있는 간단한 해결책을 제공해 준다. 우리는 낯선 언어의 사용자가 어떤 표현을 말하는지를 알 뿐 만 아니라, 또한 그가 이 표현의 내용을 참이라고 여긴다고 가정해야만 한다.(자비의 원리) 이 가정을 한 뒤에 비로소 우리는 이 표현들에 '진리 조건적 의미론'을 적용할 수 있다. 그가 거짓으로 혹은 장난으로 말하면 우리는 그것에 진리 이론을 적용할 수 없다. 이를 통해서 우리는 그 표현을 이해할 수 있다. 진리 이론은 우리에게 의미론을 제공해 준다.

데이비드슨의 진리 조건적 이론은 하나의 의미론으로서, 전통적인

---

11 피스터는 'Unbestimmtheit der Bedeutung'(의미의 명확하지 않음)이라 하지만, 일반적으로는 'indeterminacy of translation'(번역의 불확정성)이라 한다.

이론과 다르게 의미를 어떤 대상(관념)으로 규정하지 않으면서, 사용 이론과 달리 사용을 통해 규정하지도 않는다.

반론 1 언어는 너무 복잡하기 때문에 진리 조건적 의미론으로 기술될 수 없다. 예를 들어 우리는 부사('느리게', '너무')가 문장들의 진리 조건에 어떤 기여를 하는지 규정할 수 없다.

대답 데이비드슨의 진리 조건적 의미론은 이점에서 하나의 기획으로 이해되어야만 한다. 언어학자와 철학자의 과제는 각 단어가 문장의 진리 조건에 어떤 기여를 하는지를 규정하는 이론을 발전시키는 것이다.
완전한 이론은 있을 수 없지만, 그가 제시한 이론으로 상당수의 문장들의 의미가 설명될 수 있다.

^언어 철학은 언어학이 아니다. 부사 전치사 동명사 따위의 의미는 언어학에서 규명한다. 철학은 '의미'라는 틀에서 언어를 분석한다. '느리게 너무' 같은 것은 주된 분석 대상이 아니다. 괜한 트집이다.

반론 2 데이비드슨의 이론은 우리가 언어 사용자로서 언제 문장들이 참인지를 알 경우에만 기능하게 된다. 하지만 우리는 바로 이것부터 알아내 야 한다.

대답 의미론의 과제는 우리가 어떤 문장들이 참인지를 어떻게 아는지를 설명하는 것이 아니다. 이는 인식론의 과제이지 의미론의 과제가 아니다. 의미론은 다만 우리가 새로운 문장들을 어떻게 단번에 이해할 수 있는지를 설명해 준다.

요약

의미를 가진 기호와 의미를 가지지 않는 기호 사이의 차이는 무엇인가? 어디에 의미가 존재하는가? 우리는 새로운 문장들을 어떻게 단번에 이해할 수 있는가? 이것이 바로 언어철학의 세 가지 중심 물음이다.

지시 의미론은 의미를 지시되는 대상과 동일시한다. 하지만 이는 모든 단어들에 적용될 수 없다. 또한 동일한 대상을 지시하지만 의미는 다른 '개밥바라기'(저녁별)와 '샛별'(새벽별)과 같은 표현들의 경우를 설명해 줄 수 없다.

관념 의미론은 의미를 마음속의 관념과 동일시한다. 이 이론은 모든 단어들에 적용될 수 없다. 그리고 이는 의사소통을 설명할 수 없다. 왜냐하면 관념은 주관적인데 반해 의미는 객관적이어야 하기 때문이다.

명제 의미론은 의미를 추상적인 대상인 명제와 동일시한다. 하지만 '명제'라는 개념이 이해 가능하지 않다는 점에서 비판을 받는다.

이상의 전통적인 세 이론은 모두 의미를 대상으로 간주하고 있다는 비판에 직면한다. 또한 이들은 어떻게 하나의 단어가 의미를 가질 수 있는지를 설명하지 못 한다.

비트겐슈타인의 **사용 의미론**은 이 문제를 설명하려고 한다. 이 이론은 의미의 개념을 사용 규칙 및 관습으로 분석한다. 하지만 이 역시 몇 가지 비판에 직면한다. 사용의 관습은 의미를 규정하기에 충분하지 못하다. 또한 사용 의미론을 통해서는 언어적인 관습적 행위와 비언어적 관습적 행위가 구별될 수 없다.

그라이스의 **의도주의적 의미론**은 '단어적 의미'를 의도와 관련하여, '말하는 이의 의미'로 환원하려고 한다. 그러나 앞에서 보았듯이 이 역시 다양한 반대 사례에 직면한다.

데이비드슨의 **진리 조건적 의미론**은 타르스키의 진리론을 뒤집어서 문장들의 의미를 규정한다. 이 이론에 대해서는 자연언어가 너무 복잡해서 이 이론으로는 자연 언어가 기술될 수 없다는 비판, 그리고 이 이론은 자신이 먼저 설명해야만 할 것을 미리 전제한다는 비판이 제기된다.

11. 과학

우리는 일상에서 "그건 비과학적이야"라던지 "좀 더 과학적인 방법은 없을까?"라는 표현을 사용한다. 그런데 '과학적'이라는 말이 무슨 뜻인지 곰곰이 생각해보는 사람은 드물다. *무엇이 과학적인 설명이고, 무엇이 과학적 설명이 아닌가?* 이것이 이 장에서 다룰 첫 번째 물음이다. (1절, 설명의 문제)

과학자들은 이 세계에 대해 보편적인 언명[12]을 제시한다. 예컨대 '모든' 물체는 아래로 떨어진다. 우리의 경험은 유한한데, '모든 물체'라고 보편적으로 말해도 되는가? 만일 그 언명들이 경험을 통해 증명된다면 정당하다고 말할 수 있다. *어떤 언명이 증명된다는 것은 무슨 뜻일까?* 무엇이 충분한 증명으로 인정받는가? 이것이 우리가 논의할 두 번째 주제이다. (2절, 증명의 문제)

설명되고 증명된 언명들이 과학 이론을 구성한다. 이론은 현상의

---

12 언(言明 statement)은 전문가가 그 분야에 대해서 '명확하게 말하는 것'이다.

최대 영역을 체계적인 방식으로 설명하는 진술들의 집합으로 이해될 수 있다. 이것이 세 번째 물음이다. (3절, 과학 이론)

과학 이론들은 어떻게 만들어지는가?
과학 이론과 세계는 어떤 관계를 맺고 있는가?
왜 하나의 이론이 다른 이론으로 대체되는 일이 발생하는가?

앞의 10장처럼 하나의 문제에 대한 다양한 대답을 제시하는 대신, 여기에서는 주로 고전적이고 정통으로 인정되는 견해만을 제시한다. 그러나 이 고전적인 입장들은 늘 그렇듯 다양한 반론들에 직면한다. 이에 대한 이론적인 대안들을 언급하겠다.

11.1 과학적 설명의 문제

다음 중에서 어떤 예가 과학적 설명에 해당하는지 생각해 보자.

(1) 신이 명령하였기 때문에, 이 돌은 바닥으로 떨어진다.
(2) 철수의 두통이 멈춘 이유는
그의 별자리가 처녀자리이고, 그 별자리를 가진 사람은
이번 주에 특별히 좋은 기운을 많이 받을 것이기 때문이다.
(3) 지구가 끌어당기기 때문에, 이 돌은 바닥으로 떨어진다.
(4) 철수의 두통이 멈춘 이유는 그가 계피차를 마셨기 때문이다.

(1)과 (2)는 과학적 설명이 아니다. 이 말에 반대한다면, 그는 과학에서 통용되는 언어나 개념에 맞지 않는 비과학적 사고방식을 가진 사람이다. 아래의 설명은 (1)과 (2)가 비과학적 설명이라는 것에 동의하는 사람에게만 의미가 있다.

(3)과 (4)는 과학적 설명이다. 이 두 예에서 돌이 바닥으로 떨어진 원인과 두통이 완화된 원인이 대략적으로만 제시되기는 했지만, 이후에 충분히 다른 언명들을 통해 과학적인 것으로 인정받는 설명을 할 수 있으니 큰 문제는 아니다.

그렇다면 (1) (2)와 (3) (4)의 차이는 어디에 있는가? 고전적 견해에 따르면, 그 차이는 형식에 있다. (3)과 (4)는 암암리에 법칙과 관계를 맺는다. 다시 말해, 두통과 계피차와 같은 두 종류의 사건들 사이의 관계가 참인지 거짓인지 시험해볼 수 있고 증명할 수 있다. 그 두 사건은 규칙성으로 관계를 맺고 있다. 그런 관계가 두통의 완화와 계피차를 마심 사이에는 존재하지만, 두통의 완화와 어떤 개인의 별자리 사이에는 존재하지 않는다.

법칙은 "계피차를 마시면, 두통이 완화된다"와 같이, 일반적으로 '만약 A이면, B이다'라는 형식을 갖는다. 그러나 하나의 법칙이 성립하려면, A 이외에 수많은 조건들이 충족되어야 한다. 예를 들어, 두통의 완화와 계피차 섭취의 예에 대한 또 다른 조건은 그 사람이 그 차를 마실 때 추위에 노출되지 않아야 한다. 왜냐하면 노출되면 두통이 더 악화되기 때문이다. 따라서 'A이면, B이다'라는 법칙은 '그 밖에는 모두 그대로'라는 조건(ceteris paribus)하에서만 성립한다. 예를 들어, 두통을 앓는 사람이 추운 곳에 있지 않거나, 계피차에 대한 생리적인 이상 반응이 없거나 하는 조건들이 다 충족되었다고 가정했을 때, "계피차를 마시면, 두통은 완화된다"는 과학적인 언명으로 인정받을 수 있다.

모든 설명에는 그런 식의 논증의 형식이 있다. 설명 대상인 언명(결론)은 강력한 근거(전제)를 가져야 한다. 결론은 반드시 전제에 의해 지지되어야 한다. 만일 전제를 옳다고 인정한다면, 결론도 옳은 것으로 받아들여야 한다. 그럴 때 논증은 귀납적으로나 혹은 연역적으로 올바른 논증이 될 수 있다.[13] 전제들로부터 결론이 논리적으로 따라 나올 때, 다시 말해, 만약 전제들이 참이면 결론이 필연적으로 참일 때, 논증은 '연역적으로 올바르다.' 전제들로부터 결론이 논리적으로 따라 나오는 것은 아니지만, 전제들을 근거로 결론을 개연적으로 추론할 수 있을 때, 논증은 '귀납적으로 올바르다.'[14] 그러므로 이렇게 말할 수 있다. 하나의 사건은, 그 사건에 대한 연역적 또는 귀납적으로 올바른 논증이 제시되고, 그 전제들 가운데 최소한 하나는 반드시 법칙일 때, 과학적으로 설명된다.

다음의 예는 **연역 논증**이 들어있는 과학적 설명이다.

(1) "그 밖에는 모두 그대로"라는 조건이 성립할 때:
지구가 잡아당기면, 물체는 땅(지구)으로 떨어진다.
(2) 지구가 돌을 잡아당긴다.
이상의 둘로 부터 다음이 도출됨:

---

13 연역(演繹, 풀어냄)은 일반적인 법칙(전제)에서 개별적 사실(결론)을 끌어내는 것이다. 예컨대 "사람은 죽는다"는 법칙에서, "공자는 죽는다"를 결론으로 끌어내는 것이다. 귀납(歸納 거두어들임)은 개별적 사실들에서 일반 법칙을 만드는 것이다. "A도 B도 C도 D도 E도 … 죽었다." → "모든 사람은 죽는다." 연역과 귀납은 서로 반대이다.

14 '논리적으로' 라는 말은 필연적으로라는 뜻이다. '올바르다'는 '타당하다'(vaild)를 의미한다. 논리학에서 'valid'의 의미는 90쪽의 각주 1 참조.

(3) 이 돌은 땅으로 떨어진다.

첫째 전제 (1)은 중력 법칙을 단순화시켜 표현한 것이다. 물체는 자신의 질량에 비례하는 인력(引力 끄는 힘)을 다른 물체에 행사한다. 지구는 돌보다 훨씬 더 크기 때문에 돌을 잡아당긴다. 둘째 전제 (2)는 일종의 경험적 언명이다.[15] 이는 (1)의 전건(前件 앞 부분)에 부합한다. 이 둘로부터, (3)의 결론이 논리적이고 연역적으로 도출된다.

다음은 **귀납 논증**으로 구성된 과학적 설명의 예이다.

(1) "그 밖에는 모두 그대로"라는 조건이 성립할 때:
두통이 있는 사람이 계피차를 마시면,
그 두통은 거의 틀림없이 가라앉는다.
(2) 철수는 두통이 있다.
(3) 철수가 계피차를 마신다.
이상의 둘로 부터 다음이 뒤따라 나옴:
(4) 철수의 두통이 가라앉았다.

첫 번째 전제는 법칙이다. 그러나 물론 앞의 예에서 그랬던 것처럼 엄격한 법칙은 아니고 통계적 법칙이다. 만약 전건이 참이면, 후건은 거의 틀림없이 참이다. 전제 (2)와 (3)은 전제 (1)의 전건(前件)을 참이 되게 하는 초기 조건이다. 결론 (3)은 전제들로부터 논리적으로 도출되는

---

15 경험적으로 확인할 수 있는 것은 "돌이 땅으로 떨어짐"이다. 이것에서 역으로 "땅(지구)가 돌을 잡아당긴다"고 추론해낼 수 있다. 글쓴이가 착각을 하고 있다. 올바른 형식 = (2) 물체가 땅으로 떨어진다. (경험적 사실) (3) 지구가 돌을 잡아당긴다.

것이 아니라, 전제들을 근거로 개연적으로 추측할 수 있다.

^귀납적 추론을 정확하게 말하자면, "철수가, 영희가, 남호가 … 두통이 있어서, 계피차를 마셨다." → "두통이 가라앉았다." 여기에서 나오는 결론 ; "두통에 계피차가 효과가 있다." 이 결론은 여러 사례들을 종합한 것으로, 개연적인 추측이다. 논리적 필연적으로 도출되는 것이 아니다. 귀납 추론은 개연적인 추론이다.

고전적 이론에 따르면, 과학적 설명 형식은 일반적으로 다음과 같다.

(1) 만약 A이면, B이다. / "그 밖에는 모두 그대로"라는 조건 아래

(2) A이다.

이상의 둘로 부터 뒤따라 나옴 :

(3) B이다.

(1)은 법칙이다. A는 법칙에서 초기 조건이고, B는 설명되는 사건을 의미한다. 그 관계는 필연적 또는 개연적으로 성립한다. 이 설명 방식은 헴펠(Carl Hempel, 1905-1977)과 오펜하임(Paul Oppenheim, 1885- 1977)이 매우 분명하게 제시했기 때문에, 종종 'HO 도식'이라 불린다.

반론 1 전통적 이론은 낮은 개연성에 근거한 설명은 배제하기 때문에, 설명의 범위가 넓지 않다. 그러나 개연성이 낮지만 과학적인 것으로 인정되는 바로 그런 설명도 있다. 예컨대 증상 M을 보이는 사람만이 병 K에 걸린다. 물론 증상 M을 보이는 사람 가운데 극소수만, 그러니까 천 명 가운데 한 명 꼴로 병 K에 걸린다. 그러면 이제 우리는 이런 다음과 같은 과학적 언명을 제시할 수 있을 것이다.

"어떤 사람은 증상 M을 가지고 있으므로, 병 K에 걸릴 것이다."

이 설명은 무엇이 병 K의 요인인지에 관한 정보를 제공하기 때문에 과학적인 것으로 받아들여져야 한다. 그러나 고전적 견해에 따른다면, 병이 발생할 개연성이 너무 낮기 때문에 과학적 설명으로 인정받지 못할 것이다.

대답 만일 설명이 훌륭하다면, 앞으로 그 결론을 지지해주는 요인들이 더 밝혀질 수 있을 것이고, 그러면 그 결론의 개연성은 더 높아질 것이다.

^증상 M이 있다고 모두 다 병 K에 걸리는 것은 아니다. 그러나 M이 없는 사람은 K에 걸리지 않는다. 따라서 K는 M의 필요 조건이다. 충분 조건은 아니다. 이럴 경우, K 이외에도 그 병에 관여하는 다른 요인이 있다는 말이다. 이를 밝혀낼 때, 고전적 설명은 과학적이 된다. 고전적인 설명은 개연적이기 때문에, 새로운 발견의 씨앗이 된다.

반론 2 전통적 이론은 적용 범위가 너무 광범위해서 잘못된 설명도 수용하게 된다. 예컨대, 옛날 사람들은 밀물과 썰물이 달의 모양(보름달, 반달, 초승달)과 연관된다고 설명한다.[16] 이는 고전적 이론의 형식에는 부합한다. 그러나 과학적인 설명은 아니다. 밀물과 썰물은 달 모양에 영향을 받지 않기 때문이다. 달의 위치에 따라 인력(引力)이 옮겨가기 때문에 발생한다.

밀물과 썰물은 반대 현상이다. 옛 이론에 의하면, 두 현상은 달의 두

16 달의 모양과 관련되는 것은 사리(滿潮)와 조금(干潮)이다. 날마다 달이 지구를 돈다. 따라서 날마다 밀물과 썰물이 있다. 최대 밀물(사리)과 최대 썰물(조금)은 한 달에 한 번씩 있다.

모양과 대응되므로 서로 완전히 다른 원인을 가진다. 그러나 실제로는 밀물과 썰물은 모두 달의 중력이라는 하나의 원인에 의해서 발생한다. 달의 위치에 따라 다르다.

고전적 이론은 정반대인 두 사건에 하나의 공통 원인이 있음에도 불구하고, 서로 반대되는 원인을 제시하는 설명도 포함할 수 있다.

대답 ^초승달 보름달 등은 달의 위치에 따라 달리 보이는 것이다. 달의 모양과 달의 위치는 인과적 관계가 있다. 따라서 고대인의 조금과 사리의 설명은 완전히 비과학적이지 않다.

과학적 설명은 발전해 간다. 과거의 설명이 비과학적이지만, 현재는 좀 더 정밀하게 설명하게 되었다. 미래의 사람이 볼 때, 현재의 설명 역시 비과학적인 것을 포함하고 있을 것이다. 그렇다고 이 설명을 포기할 수는 없다.

반론 3 눈동자의 색이 푸른 사람들이 그렇지 않은 다른 사람들보 다 평균적으로 지능이 높다는 것을 심리학자들이 알아냈다고 가정하자. 이 경우 고전적 이론에 따르면 푸른 눈을 가진 사람들의 높은 지능은 그들의 눈 색깔에 의해 설명된다. 물론 지능은 눈 색깔과 무관하다. 우연적인 관계이다. 이처럼 고전적 이론은 순전히 우연한 관계조차도 과학적 설명으로 받아들일 만큼 너무 광범위하다.

대답 ^푸른 눈동자를 가진 사람이 평균적으로 지능이 높다. — 이런 사례는 통계적으로 증명될 수 없다. 잘못된 예를 든 것이다. 설사 그런 통계가 있다 하더라도 그것의 진위를 의심할 수 있다.

이 절에서는 진위를 따지는 증명의 문제가 아니라, 이미 참으로 인정된 사실을 설명하는 문제를 다룬다. 과학자들이 참으로 인정한 것들은 일반적으로 HO 도식으로 설명한다.

11.2 과학적 증명의 문제*

이 세계에 관한 언명은 잘 증명되었을 때 '참'(眞)으로 인정된다. 그러나 정확히 언제 언명이 잘 증명되는가? 흄(David Hume, 1711-1776)에 의하면, 정확히 말하자면, 완전히 증명되는 경우는 없다. 경험적으로 관찰한 사실로 부터 보편적인 언명을 이끌어낼 수 없기 때문이다. 이것이 그 유명한 귀납의 문제이다(6.2절 참조). 감각적 경험도, 이성적 사유도 귀납에 충분한 근거를 제공해 주지 못한다.

전통적 이론은 이 문제에 해법을 제시하고자 했다. 어떤 조건들이 충족되면, 우리의 관찰들로부터 시작해서 보편 언명으로 추론해 갈 수 있다. 그러나 그러기 위해서는 정확히 두개의 조건이 충족되어야 한다.

첫째, 언명은 많은 수의 특수한 사례들에 의해 증명되어야 한다. 하나의 언명을 증명하는 특수한 사례는 그 언명을 좀 더 개연적(그럴듯함)으로 만들어 준다. "매일 아침 해가 뜬다"라는 언명은 실제로 아침에 해가 뜬 많은 사례에 의해 증명된다. (검증의 원리)

둘째, 조사된 언명(A)은 그것을 부정한 언명(~A)보다 더 잘 증명되어야 한다. "매일 아침 해가 뜬다"(A)라는 언명의 부정인 "매일 아침 해가 뜨는 것은 아니다"(~A)는 그 어떤 사례에 의해서도 증명되지 않는다. 그러므로 "매일 아침 해가 뜬다"는 언명이 그것을 부정한 언명보다 더

잘 증명된 언명이다. (반증의 원리)[17]

그 언명에 반하는 그 어떤 사례도 알려진 바가 없으면, 그 언명은 아직 거짓으로 입증되지 않은 것이다. 그 언명은 아직 반증(反證)되지 않은 것이다. 어떤 언명은 아직 반증되지 않은 때만 증명된 것으로 인정하자고 포퍼(Karl Raimund Popper, 1902-1994)가 제안했다.

그러나 이 기준은 너무 엄격해 보인다. 왜냐하면 과학에서도 단시 개연적인 언명들이 적지 않으며, 심지어 반증될 수 없는 언명들도 흔하다.[18]

언명이 증명된 것으로 인정받기 위해, 굳이 그 언명이 거짓임을 밝혀야 할 필요는 없다. 한 언명이 그것을 부정한 언명보다 더 잘 증명된다면, 이미 잘 증명된 것이다. 예를 들면, 계피차를 마신 후 두통이 가라앉는다는 언명은, 그 차를 마셔도 고통이 줄지 않는다는 언명보다 더 잘 증명된다. 매일 해가 뜬다는 언명은 잘 증명될 뿐만 아니라, 아직 반증되지도 않았기 때문에, 내일도 해가 뜨리라고 추론할 수 있다.

그러나 우리는 경험의 한계 때문에 이 세계에 관한 보편 언명이 참인지 결코 확실하게는 알 수 없다. 이러한 이유로 과학철학자 포퍼는 모든 과학적 지식은 가정이라고 한다. 어느 정도 증명되었으며, 아직 반증되지 않은 지식이다. 그 지식들은 언제든지 참이 아닌 것으로 밝혀질 수

---

17 검증은 verification, 반증은 falsification이라 한다. '반증'은 '반대 증명'으로, 어떤 것이 거짓임을 밝히는 증명이다. 사람의 경험은 유한하기 때문에, "모든 X는 ~하다"는 보편 명제를 검증할 수 없다. 이것이 흄이 말한 귀납 추론의 문제이다. 포퍼는 반증 이론으로 귀납의 문제를 해결했다. 그는 반증 가능성을 통해서 과학과 비과학을 구분하고, 또 마르크스주의 등의 전체주의를 비판했다.

18 반증 불가능한 사례들 — 동전의 앞면이 나올 확률은 절반이다. 심리학자인 아들러 학파는 순종하는 아들과 반항하는 아들 모두를 오이디푸스 콤플렉스로 설명하였다. 계피차는 60퍼센트의 확률로 두통을 진정시킨다.

있기 때문이다.

반론 1 헴펠(Carl Hempel, 1905-1997)의 '까마귀 역설'이 보여 주듯, 문제는 여전히 해결되지 않았다.

"모든 까마귀는 검다"라는 가설은 "검지 않은 것은 어떤 것도 까마귀가 아니다"라는 대우(對偶) 명제와 논리적으로 같은 값이다. 달리 말하면, "만약 x가 까마귀라면, x는 검다"와 "만약 x가 검지 않다면, x는 까마귀가 아니다"는 항상 동일한 진리값을 갖는다.(15.1절의 진리값 표 참조) 두 가설이 논리적으로 등가라면, 두 번째 가설을 증명하는 사례는 모두 첫 번째 가설도 또한 증명하는 사례가 된다.

첫 번째 가설은 까마귀들을 찾아서 그 색깔을 확인해서 검증하고, 두 번째 가설은 검지 않은 사물들을 찾아서 까마귀가 있는지 알아봄으로써 검증할 수 있다. 후자는 예를 들어, 푸른 양말 및 붉은 청어 등을 제시함으로써 증명할 수 있다. 논리적으로 보자면, 이런 사례들로 첫 번째 가설 역시 증명할 수 있다. 이 말은 우리는 푸른 양말과 붉은 청어가 "모든 까마귀는 검다"는 가설을 증명할 수 있다는 뜻이다.

여기에서 패러독스(역설)가 발생한다. 왜냐하면 푸른 양말 및 붉은 청어의 사례를 통해서 "모든 까마귀는 희다"라는 가설도 증명할 수 있기 때문이다.

대답 ^이 역시 가설과 검증의 문제이기는 하다. 그러나 검증을 할 때 굳이 대우 명제를 들어서 하는 사람은 없다. 이는 귀납 논증을 할 때 주의할 사항 정도로는 충분하다.

반론 2 굿맨(Nelson Goodman, 1906-1998)의 '귀납의 새로운 수수께끼'가 보여 주듯, 또 다른 이유로 해결하기 힘든 문제가 발생한다.

"어느 시점 t 이전에는 초록색(green)이고, t 이후에는 푸른색(blue)인 사물"을 '녹청색(grue)'이라 하자.[19] 가설 "모든 에메랄드는 초록색이다"와 가설 "모든 에메랄드는 녹청색이다"는 t 이전에는 똑같이 잘 증명된다. 왜냐하면 t 이전에 알려진 모든 에메랄드는 초록색이면서 또한 녹청색이기 때문이다. 그 두 가설들이 똑같이 잘 증명되었다면 한 가설을 다른 가설보다 낫다고 할 근거가 없다.

그러나 그렇다고 해서 에메랄드가 초록색이며 녹청색이라고 말할 수도 없는데, 왜냐하면 그럴 경우에 에메랄드가 t 이후에도 초록색이면서 동시에 푸른색이 될 터인데, 에메랄드가 같은 시점에 서로 다른 두 가지 색을 가지는 것은 사실이 아니다. 따라서 우리는 그 가설들 가운데 어느 하나를 더 옳은 것으로 택해야 하는데, 어느 것이 더 잘 증명된 것인지 알아낼 수 없으므로, 그렇게 할 수 없다.

^굿맨은 똑같은 증거에서도 얼마든지 서로 다른 결론을 쉽게 이끌어 낼 수 있다는 것을 보여주었다. '귀납'을 단순히 언어를 통한 형식적인 형태를 통해서만 정의하려 할 경우 grue와 같이 모순적인 술어와 그렇지 않은 술어를 구분할 수 있는 기준이 모호해지고 결국 우리는 끊임없이 이러한 모순에 직면하게 될 것이다.

---

19 green+blue=grue, bleen. 이는 새로 만든 말들이다.

11.3 과학의 이론*

1) 가설-연역적 체계: 과학의 목적은 이론을, 즉 최대한 넓은 영역의 현상을 체계적으로 설명할 언명들의 집합을 만들어 내는 것이다. 그러면 과학의 이론은 어떻게 만들어 지는가? 고전적 견해에 의하면 이론은 층 모양의 형태를 갖고 있다. 가장 아래층에는 '**관찰을 통해 얻은 명제들**'이 있다. 가장 개수가 많다. 그것들로부터 '**보편적인 명제**들'이 귀납적으로 도출된다. 개수가 줄어든다. 그 보편적인 명제들로부터 추상화 작업을 통해 '**자연 법칙**'에 도달할 수 있다. 그 최상층에는 '**공리**'들이 위치해야 한다. 공리는 정당화될 필요가 없이 옳다고 여겨지는 언명들이다.

아래에서 위의 방향으로는 *귀납적 정당화*가 이루어진다. 높은 단계는 그 아래의 단계로부터 단지 확률적으로 추론될 수 있다.

위에서 아래의 방향으로는 *연역적 추론*이 성립한다. 논리 규칙에 근거해서 공리와 자연 법칙으로부터 관찰 명제들이 연역된다.

그러므로 이 전체 이론 모델은 '가설-연역적'이라고 간주할 수 있다.

2) 대상 실재론: 이러한 방식으로 만들어진 이론과 우리 주변 세계에 대한 관계는 어떤 모습일까? 고전적 견해에 따르면, 그 관계는 매우 밀접하다. 관찰된 명제들은 우리에게 이 세계의 속성들을 전달해 준다. 과학 이론은 이 세계를 생긴 그대로를 설명해 준다. 이러한 의미에서 과학 이론은 대상 '실재론'적 이론이다. (5.2절 참조)

3) 과학 이론의 변화 — 쿤의 과학 혁명의 이론

과학에서 왜 하나의 이론을 버리고 다른 이론을 택하는 일이 발생하는가? 일반적으로 과학자들은 자신들이 근거하는 이론[20]을 쉽게 버리지 않는다. 버리려면, 그 이론으로는 설명할 수 없는 중대한 현상이 등장해서 큰 위기에 직면해야 한다. 물론 이론이 버려지기 보다는 그 적용 범위만 축소되는 경우도 종종 있다.[21] 예를 들면, 뉴턴(Isaak Newton, 1643-1727)의 물리학에서 아인슈타인(Albert Einstein, 1879-1955)의 물리학으로의 발전이 그런 경우이다.

뉴턴의 운동 법칙에 따르면, 물체의 운동하는 힘(F)은 그것의 질량(m)과 가속도(a)에 비례한다. $F = ma$이다. 여기서 가속도는 질량에 영향을 미치지 않는다고 가정되어 있으나, 정확히 말하면 그것은 사실이 아니다. 아인슈타인의 특수 상대성 이론의 유명한 공식 $E = mc^2$에 따르면, 질량은 에너지로 변환된다. (E는 에너지, c는 빛의 속도.) 그러나 빛의 속도

---

20 이를 쿤은 '정상 과학'이라 한다. 어떤 시대의 과학자들이 표준적인 이론이라 합의한 이론들이다. 교과서에 실린다. 이것보다 포괄적인 개념이 '패러다임'(paradigm)이다. 한 시대 사람들이 공유하는 이론, 방법, 문제 의식 등의 체계를 말한다.

21 정상 과학에서 설명할 수 없는 관찰 자료들이 생겨나면, 학자들은 정규 이론을 버리기보다는 관찰 자료를 무시한다. 그러다가 어떤 순간에는 정상 과학을 버리고 새로운 이론 체계를 만든다. 패러다임 교체이다. 이를 쿤은 과학의 혁명으로 규정한다.

보다 훨씬 더 작은 일반적인 운동에 대해서는 이 변환이 무시될 수 있다.

아인슈타인의 이론은 뉴턴의 이론을 배척하는 것이 아니라, 그것의 적용 범위만 축소하는 것이다. 속도가 광속 보다 훨씬 더 낮기만 하다면, 뉴턴의 법칙이 예외 없이 잘 들어맞는다. 아울러 아인슈타인은 새로운 법칙을 덧붙여서 뉴턴의 이론을 확장했다. 이로써 아인슈타인의 이론에서 제공되는 지식은 뉴턴의 지식을 보완한다. 시간이 흐를수록 이처럼 점점 더 많은 지식이 모인다. 이런 식으로 과학적 지식은 점증적으로 발전한다.

그러나 과학자들이 하나의 이론을 버리고 다른 이론을 택하게 되는 경우가 있다. 고전적 이론에 의하면, 이른바 '결정적 실험'이 있어서, 어떤 이론이 옳은 예측을 하는지 가려낼 수 있다. 경쟁 이론들 중 어떤 것이 옳은지를 판단해주는 객관적인 사실이 존재한다.[22]

요약하면, 고전적 견해는 이론의 체계를 층 모양(앞 페이지의 삼각형)의 형태로 이해하며, 과학의 발전은 점증적이며 합리적인 측면을 갖고 있다고 본다.

반론 1 고전적 견해는 이 세계가 있는 그대로 기술(記述)된다는 잘못된 믿음에 근거해 있다. 이는 중립적인 관찰 명제를 작성할 수 있는 중립적인 관찰 언어가 존재한다는 것을 전제한다. 그러나 그러한 언어는 존재하지 않는다. 언어는 언제나 어떤 세계관을 담고 있다. 명제들은 하나의 패러다임을 표현하기 때문에 이 세계는 결코 있는 그대

22 저자인 요나스 피스터는 쿤의 '과학 혁명' 이론을 부정하고 있다. 쿤에 따르면, 결정적 실험으로 어떤 이론이 부정되어도 과학자들은 그 이론 체계인 정상 과학을 버리지 않는다. 과학은 점진적으로 발전하기 보다는 혁명적으로 패러다임을 바꾼다.

로 설명되지 않는다. 쿤(Thomas Kuhn, 1922-1996)이 『과학 혁명의 구조』에서 제기한 반론이다.

대답 ^쿤의 주장은 어느 정도 인정된 이론이다. 반면 요나스 피스터는 고전적 견해에 따른다. 이는 피스터가 답할 문제이다.

반론 2 서로 경쟁하는 두 이론들 중에서 어떤 것이 더 나은지를 결정하게 하는 근거가 되는 객관적 사실은 존재하지 않는다. 모든 이론은 언제나 이론이면서 동시에 한 패러다임에 대한 표현이기 때문에 이론들은 이 세계를 각각 다르게 설명하며 따라서 다른 그 어떤 이론과도 서로 비교될 수 없다. 어떤 것이 더 나은 이론인지를 알려 줘야 할 실험은 각 각의 이론에 따라 각기 다르게 설정된다. 그러므로 객관적으로 더 나은 실험 대상은 없으며, 그에 상응하는 실험도 존재할 수 없다.

대답 ^이는 쿤의 이론을 극단적인 회의주의로 몰고 간 것이다. 쿤은 회의주의자가 아니다. 완벽한 절대적인 이론은 없다. 그러나 어떤 이론이 있는 그대로 세계를 더 잘 기술하는지는 가릴 수 있다.

반론 3 과학은 합리적으로도, 점증적으로도 발전하지 않는다. 경쟁하는 이론들 중에서 어떤 것이 더 나은 것인지를 결정하는 근거가 되는 객관적 사실이 존재하지 않기 때문에, 어느 한 이론을 더 선호할 근거가 없다.

그보다는 오히려 공명심이나 시기심과 같은 심리적 요소, 권력과 영향력과 같은 사회적 요소가, 한 이론에서 다른 이론으로 넘어갈 때 결정적인 역할을 한다. 그러므로 결정은 최소한 부분적으로는 비합리적이다.

과학은 점증적으로 발전하지 않는다. 포기되는 이론은 다른 패러다임을 표현하기 때문에, 새로운 지식이 옛 지식에 단순하게 첨가될 수는 없다. 하나의 이론에서 다른 이론으로 넘어갈 때는 오히려 패러다임의 교체가 일어나며, 쿤이 말하듯이, '과학적 혁명'이 이루어진다. 전에 통하던 것이 오늘날에는 더 이상 통하지 않는다. 낡은 패러다임이 새로운 패러다임으로 교체되는 것이다.

대답 ^쿤의 과학 혁명 이론은 반론에 넣을 것이 아니라, 본문에 넣어서 설명해야 한다. 쿤의 이론 역시 완벽한 것이 아니기 때문에, 반론의 여지는 많다. 과학 이론은 비합리적 요소 등에 영향을 받지만, 그래도 객관적으로 세계를 좀 더 있는 그대로 기술하는 방향으로 간다.

요약

1. 과학적 설명이란 무엇인가?

고전적 견해에 따르면 설명의 과학성은 설명의 형식에서 나온다. 과학적 설명의 형식은 일반적으로 이러하다.

(1) A라면 B이다.: "그 밖에는 모두 그대로"라는 조건.

(2) A이다.: 이 둘로부터 뒤따름.

(3) B이다.

이 모델에 대해서 그것은 적용 범위가 너무 좁기도 하고 또 너무 넓기도 하다는 반론이 제기된다.

2. 언제 과학적 언명은 증명된 것으로 인정을 받을까?

귀납에 대한 흄의 회의론에 반대하여 고전적 견해가 나온다. 귀납적 추론은 이렇게 정당화된다. 그 언명이 적절한 갯수의 특수 사례들을 통해 증명되고(검증), 그것을 부정하는 언명보다 더 잘 증명될 때(반증) 정당화된다. 물론 '까마귀 역설'과 '귀납의 새로운 수수께끼'는 귀납의 증명이 그렇게 간단하게 해결되지 않는다는 것을 보여 준다.

3. 과학 이론은 어떻게 만들어지며, 이 세계와는 어떤 관계인가?

고전적인 견해에 의하면 과학 이론은 가설-연역적 층 모양의 형태로 묘사된다. 관찰 명제들이 이론을 지지하기 때문에, 이론은 이 세계를 생긴 그대로 묘사한다. 지식은 점증적으로 발전하여 쌓인다. 하나의 이론에서 다른 이론으로 옮겨가는 과정은 합리적으로 발생한다.

쿤은 과학 혁명의 이론을 제시한다. 그는 과학적 지식이 점증적으로 축적되며, 합리적인 과정으로 발전한다는 고전적 믿음에 반대한다. 과학 이론은 각각의 패러다임으로 이 세계를 바라보기 때문에 결코 중립적이지 않으며, 과학적 지식의 발전에는 사회적, 심리적 요인들이 개입하기 때문에 합리적으로 이루어지지도, 점증적으로 이루어지지도 않는다. 또한 과학의 패러다임은 혁명적으로 바뀐다.

12. 예술

예술이란 무엇인가?

고대 이래로 음악, 춤, 문학, 연극, 그림과 조각이 예술에 속했다. 최근에는 사진, 영화, 비디오 설치, 컴퓨터 애니메이션 등도 예술에 속한다. 예술에 대해 일찍이 없었던 활발한 토론의 계기가 마련된 것은 기술의 발전 때문만은 아니다.

이미 이전에 존재하기는 했지만 예술에 속하지 않던 대상으로 예술 개념이 확장된 것도 그러한 토론의 계기를 마련해 주었다. 특히 뒤샹(Marcel Duchamp)이 획기적인 영향을 미쳤다. 그는 1913년 일상용품을 활용한 전시회를 통해 — 그의 〈자전거 바퀴〉와 〈샘〉이 유명하다 — 이 시기까지 통용되던 예술 관념에 의문을 제기했다.

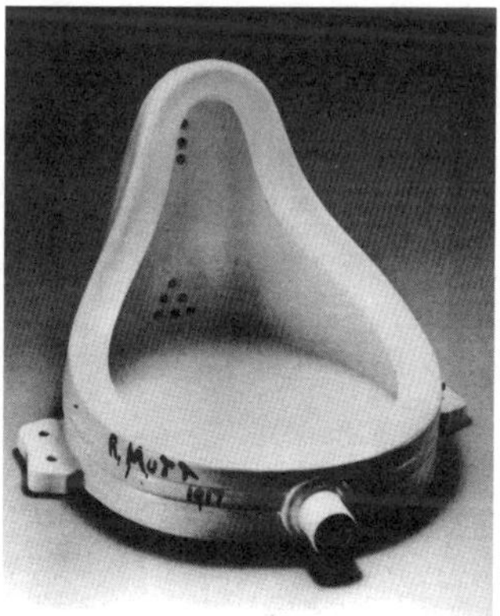

마르셀 뒤샹, 〈샘〉, 레디메이드, 63×45×35cm, 1917.

우리는 일상에서 구할 수 있고 예술가에 의해 예술 작품으로 선언되는 그러한 대상을 레디메이드(Ready-made 이미 만들어진 것, 기성품)라고 부른다.

슈비터스 (Kurt Schwitters)는 한 걸음 더 앞으로 나아간다. 그는 1919년 이른바 〈분실물 보관소(objets trouvés)〉라고 불린, 습득물을 활용한 전시회를 열었다. 이 전시회를 통해 심지어 인간에 의해 창조되지 않은 대상조차도 예술 작품의 지위를 획득하게 된 것이다. 심지어 습득물조차도 예술이 될 수 있다면, 더 이상 예술이 존재하지 않는다. 이 말은 무슨 의미일까? 모든 대상이 예술로 선언될 수 있다면, 예술이라는 개념 자체가 어떤 의미를 가질 수 있단 말인가?

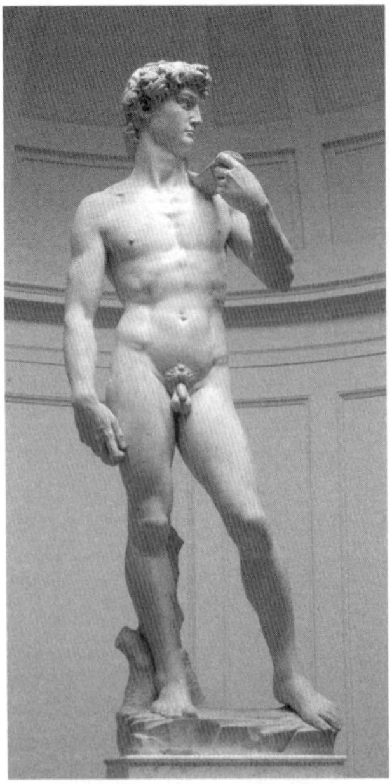
미켈란젤로, 〈다비드〉, 대리석, 높이 4.34m, 1504. 피렌체 아카데이아 미술관 소장.

이러한 물음에 대답하기 위해 다음의 두 질문을 구분해야 한다.

(1) "예술이란 무엇인가?"라는 물음은 "무엇이 예술인가"라는 물음으로 이해할 수 있다. 그렇다면 예술 작품은 어떤 종류의 대상에 속하는 것인지를 설명하는 것이 중요해진다. 예술 작품은 단순히 물리적 대상인가? 아니면 심리적 대상인가? 사회적 대상인가? 추상적 대상인가? 아니면 완전히 다른 종류의 대상인가? 이는 예술 작품의 존재론적 지위에 대하여 묻는 것이다. 이를 '존재 문제'라 하자.

(2) "예술이란 무엇인가?"라는 물음은 "예술의 본질은 무엇인가?"라는 물음으로도 파악될 수 있다. 이때 중요한 문제는 예술 작품을 (어떠한 종류이든지 간에) 예술 작품이 아닌 다른 대상과 구분하게 하는 것은 무엇인지를 설명하는 데 있다. 피렌체에 있는 미켈란젤로의 다비드상은 예술 작품이지만, 내가 앉아 있는 식탁 위의 잔은 예술 작품이 아니라면, 그것은 무엇 때문인가? 베토벤의 9번 교향곡을 개구리의 개굴개굴 소리와 구분하게 하는 것은 무엇인가? 이 물음은 예술과 비예술 사이의 본질적인 차이에 초점을 맞추고 있는데, 앞으로는 간단히 '본질 문제(Wesens-frage)'라고 부르자.

이상의 두 물음은 상이한 입장들을 서술할 때 서로 나누어 다루겠다. 반론은 둘 중 하나의 물음에 대한 대답과 관련하여 각각마다 제기될 것이다.

"좋은 예술과 나쁜 예술을 구분하는 것은 무엇인가?"라는 물음 역시 분명히 철학적으로 흥미롭기는 하지만, 여기서는 다루지 않는다. "아름다움(美)이란 무엇인가?"도 서술하지 않겠다. 물론 예술 작품은 추할 수도 있다. 그리고 "예술 작품은 어떻게 인식될 수 있는가?"도 여기서 언급하지 않는다. 따라서 '미학'(aesthetics) 혹은 그리스어 'aisthesis (감각적 지각)'가 의미하는 것도 다루지 않는다.

12.1 물질주의

특히 그림과 조각의 경우, 예술 작품의 존재에 대한 물음에 수긍이 가는 대답이 있다. 예술 작품은 바로 그것을 구성하고 있는 '물질적 대

상'이다. 이 입장을 (예술 철학적) '물질주의'라 하자.[23]

물질주의 — 예술 작품은 그것을 구성하고 있는 물질적 대상과 동일하다. 그렇다면 '동일하다'는 무엇을 의미하는가? 어떤 대상 *x*와 어떤 대상 *y*가 동일한 물질적 성질을 가진 경우에만 정확히 동일한 것이다. 예컨대 대리석으로 미켈란젤로의 다비드상과 똑같이 만들었다고 하자. 이 조각품은 미켈란젤로의 다비드상을 구성하고 있는 대리석과 정확히 동일한 성질을 갖고 있다. 둘은 같은 장소에 서 있고, 같은 형태를 갖추고 있고, 같은 무게를 지니고 있다. 그리고 이 둘을 사진으로 촬영한다. 그 둘은 동일한 물질적 성질을 갖고 있기 때문에, 동일한 것이다.

예술 작품의 본질에 관한 물음에 대해서 물질주의는 주장한다. 어떤 임의의 대상과 예술 작품 사이의 본질적인 차이는 물질적인 성질에 있다. 예술 작품은 물질적 성질을 가진다. 가장 설득력 있는 주장은 이러한 성질이 예술 작품의 독특한 형식이라고 말한다. 예컨대 다비드상은 대리석이라는 물질이지만, 놀라울 정도로 사람과 비슷한 모습으로, 예술적 형식으로써 관람객을 매혹시킨다.

^제작자로서 예술가의 입장에서 보자면, 예술 작품은 물질적 대상이다. 그림이나 조각의 경우, 물감이나 대리석같은 재료의 물질적 성질을 잘 알지 못 하면, 뛰어난 예술 작품을 만들 수 없다. 이는 음악이나 연극과 같은 장르도 마찬가지이다. 작품을 생산하는 입장에서는 일차적으로 예술 작품은 물질적인 것이다.

---

23 'physicalism'은 일반적으로 '물리주의'로 번역하지만, 여기 맥락에서는 '물질주의'가 낫다. 'physisch'은 ① 물질적인 ② 육체적인 – 둘을 뜻한다. 여기에서는 예술 작품 자체를 '육체' 혹은 물질로 본 것이다.

반론 1 물질주의가 맞다면, 예술 작품과 그것을 구성하는 물질은 실질적으로 모든 성질을 공유해야만 한다. 예술 작품과 재료는 동일하기 때문이다. 하지만 예술 작품은 그것을 구성하고 있는 물질만은 아니다. 그것을 넘어서는 다른 성질을 갖고 있다. 다비드 상은 수많은 관람자를 유혹한다. 하지만 대리석 덩어리가 그렇게 한 것은 아니다.

대답 이 대리석이야말로 바로 그 예술적 성질을 담고 있다. 수백만 관람자를 유혹하는 것은 바로 대리석 덩어리이다. 이 대리석이 아니면 어떻게 그 예술을 표현할 수 있는가?

반론 2 '존재 물음'에 대한 물질주의의 대답은, 복제 가능한 예술 작품의 경우에 문제가 생겨난다. 다시 말해 많은 복사물로 존재하는 예 술작품이 있다. 예컨대 책 사진 노래 등이 있다. 발저(Robert Walser)의 『타너 형제』라는 소설은 나의 서가에, 대학 도서관에 그리고 많은 다른 곳에 있다. 모차르트의 〈돈 조반니(Don Giovani)〉는 잘츠부르크, 비엔나 등 많은 도시에서 상연된다. 하나의 유일한 원본이나 하나의 유일한 공연만이 예술 작품이 아니다. 그렇기 때문에 물질적 대상이 예술 작품과 같을 수는 없다.

대답 물론 이점에서 물질주의는 한계를 가지고 있다. 하지만 물질주의를 근본적으로 반박하는 것은 아니다. 물질주의는 예술 작품의 원본의 영역에 제한된다. 원칙적으로 하나의 유일한 작품에만 국한된다.

^그러나 물질주의는 복제품에도 적용될 수 있다. 사진 노래가 복제품이 기본이지만, 그것 역시 물질로 만든 것이다. 아무나 만드는 것이 아

니다. 복제품에서 물질주의를 부정하는 것은 예술가의 능력을 부정하는 것이다.

반론 3 '본질 물음'에 대한 대답으로 물질주의는 불충분하다. 어떤 예술 형식을 가졌다 하더라도, 모든 것이 예술 작품에 포함되는 것은 아니다. 뒤샹이 전시했던 〈소변기〉는 일상의 소변기와 구분되지 않는다. 일반인이 휴가 중에 찍은 스냅 사진과 작가가 찍어서 전시한 사진은 크기나 인화지가 같다면, 표면적으로는 구분될 수 없다. 그럼에도 불구하고 어떤 것만 예술로서 인정한다. 물질주의는 이를 구분할 수 없기 때문에, 예술의 본질 물음에 대한 대답은 불충분하다.

12.2 생산자적 정신주의

물질주의와 정반대가 정신주의이다. 정신주의 이론에 따르면, 예술 작품은 물질적 대상이 아니라 어떤 표상(Vorstellung)이나 아이디어이다.[24] 정신주의에는 두 종류가 있다. '생산자적 정신주의'는 생산자인 예술가의 머릿속에 아이디어가 존재한다고 한다. '수용자적 정신주의'는 수용자인 관람자의 머릿속에 아이디어가 존재한다는 주장이다. 이 절에서는 전자를, 다음 절에서는 후자를 다룬다.

24 'Vor · stellung'은 "앞에(vor) 세우다(stellen)"는 뜻이다. '표상(表象)'이라 옮긴다. 대상 사물에 대해 내 마음이 '앞에 세우는 것', 떠올리는 것이다. 영어는 'representation' (대리인)이라 번역한다. 대상 사물이 내 마음에 '대리인'으로 내세운 것이다. 경험론에서는 대상 사물의 속성이 인식 주관인 마음에 '인상'(impression)을 만든다고 한다. 반면 합리론에서는 대상 사물의 '대리인'을 내 마음이 '앞에 세운다'고 본다.

콜링우드(R. G. Collingwood, 1889-1943)는 생산자 입장의 정신주의를 대변하는 가장 중요한 사람이다. 예술 작품은 글로 써진, 혹은 형체로 만들어진 물리적인 것이 아니라, 사유하여 표상(表象)한 것이다. 예술가는 어떤 대상을 표상한다. 마음에 표상한 것이 예술 작품이다. 따라서 '존재 물음'에 대한 생산자적 정신주의에 따르면, 예술 작품은 예술가의 머릿속에 존재하는 아이디어(표상)이다.

콜링우드는 예술 작품의 본질 물음에 답하기 위해 수공업 제품과 예술 사이의 구분을 발전시킨다. 수공업자는 유용한 목적을 위해 제품을 생산한다. 예컨대 의자는 우리가 앉을 수 있도록, 옷은 우리가 입을 수 있도록 고안된 것이다. 그와 반대로 예술은 어떠한 기능을 맡기 위해서가 아니라, 무엇보다도 예술가의 아이디어(표상)를 표현하기 위해 창조된다. 물론 예술은 유용한 목적에도 도움을 준다. 하지만 예술은 오직 예술가의 아이디어를 표현함으로써만 예술적 가치를 갖게 된다.

반론 1 예술 작품의 '존재 물음'에 대한 생산자적 정신주의는 모든 예술 작품에 적용되지는 않는다. 그 어떤 사람도 그 아이디어를 떠올릴 수 없을 정도로 복잡한 예술 작품이 존재한다. 예컨대 어떤 화가도 미리 대규모 전투 장면을 모두 떠올 수 없고, 그렇기 때문에 모든 세세한 면에서 생각에 따라 그릴 수 없다.

대답 복잡한 예술 작품의 경우, 예술가가 모든 부분을 한 번에 떠올릴 수는 없다. 예술 작품은 단순한 아이디어에서 복잡한 아이디어로 단계적으로 발전시키는 것이 대다수이다.

반론 2 '존재 물음'에 대한 생산적 정신주의의 대답은 불합리한 결론에 도달하게 된다. 작품이 단지 예술가의 마음속의 아이디어일 뿐이라면, 눈에 보이지 않는 예술 작품도 존재할 수 있다. 그러나 물질적 실체가 없는 예술 작품의 존재를 인정하는 것은 분명 불합리하다. 따라서 예술 작품은 예술가의 정신 속의 아이디어(표상)와 동일할 수 없다.

대답 예술 작품은 작가의 아이디어일 뿐만 아니라 물질적인 대상에서 표현된 것이다. 작가의 아이디어는 물질적으로 표현되기 위한 표상이다.

대답에 대한 반론 아이디어(표상)이 물질적인 대상에서 완전하게 표현된다면 아이디어는 대상에게 아무 것도 덧붙인 것이 없다. 대상에 아무 것도 덧붙인 것이 없는 것은 반드시 존재하는 것이 아니다. 반드시 존재하는 것이 아니라면, 그것은 '오컴의 면도날'(4.6.2절)에 따라서 제거되는 것이 좋다.

^'대답에 대한 반론'의 요점이 무엇인지 명확하지 않다.

반론 3 '본질 물음'에 대한 생산자적 정신주의의 대답은 매우 제한적이다. 예술가는 아이디어를 표현하는 데 헌신하지만, 예컨대 어린이의 그림같은 예술 작품이 존재한다. 어린이는 자신이 무엇을 그리는지 정확히 알지 못하면서도 그림을 그리는 경우가 있다. 선 긋기로써 어떤 아이디어를 표현하는 것이 아니다. (침팬지의 그림도 마찬가지이다.) 그럼에도 불구하고 그들이 그린 것을 예술 작품으로 인정할 수 있다.

대답 ^어린이일지라도 아이디어를 가지고 그림을 그린다. 아이디어 없이 그리는 경우는 드물다. 나아가 그렇게 그린 그림이 작품으로 인정받는 경우는 더 드물다.

12.3 수용자적 정신주의

정신주의의 다른 형태인 '수용자적 정신주의'는 예술 작품은 창작자인 예술가의 마음속의 아이디어가 아니라, 관람자가 감상할 때 마음속에 생기는 아이디어라고 주장한다. 관람자가 비로소 어떤 대상을 예술 작품으로 만든다는 것이다.

생산적 정신주의에 비해서 수용자적 정신주의가 가진 장점은 예술가 에 의해 예술 작품으로 사유(표상)된 것이 아닌, 그러한 대상을 예술 작품으로 포함한다는 데 있다. 그렇기 때문에 중요한 것은 예술가의 아이디어가 아니라 관람자가 갖는 아이디어(표상)이다. 관람자가 진정한 예술가이다. 관람자는 대상을 예술 작품으로 변하게 한다.

수용자적 정신주의는 예술은 관람자가 예술로 간주한 것이라고 말함으로써 본질 물음에 대답한다. 관람자가 예술로서 가치가 있는지 그렇지 않은지를 결정하는 전권을 가진다.

반론 1 예술 작품의 '존재 물음'에 대한 수용자적 정신주의는 생산자적 정신주의에 제기된 것과 동일한 반박에 직면하게 된다. 물질적 대상이 없는 예술 작품도 존재할 수 있다는 불합리한 결론에 빠질 수 있다.

대답 ^예술 작품 없이 관람자가 마음에 아이디어(표상)를 떠올릴 수 없다. 이는 비판을 기계적으로 적용한 불합리한 비판이다.

반론 2 수용자적 정신주의에 따르면, 하나의 예술 작품에 대해서 수많은 관람자가 수많은 아이디어를 떠올릴 수 있다. 예술 작품으로 동일한 이름을 가진 수많은 대상들이 존재할 수 있다.

관람자의 아이디어에 따라 대상의 수가 늘어난다는 생각은 불합리하다. 나아가 동일한 작품에 대해 사람들이 서로 소통할 수 없게 되어 버리는 극단적인 상황이 발생할 수 있다.

대답 ^하나의 작품에 대해서 관람자마다 다양한 아이디어를 떠올릴 수 있다. 그것이 예술의 본질이고 핵심이다. 예술은 자유로움이다. 작가의 아이디어만큼이나 관람자의 아이디어가 중요하다. 이는 수용자적 정신주의의 문제점이 아니라 오히려 장점이다.

반론 3 수용자적 정신주의는 예술가의 작업을 부당하게 실제보다 낮게 평가한다. 예술 작품은 관람자의 정신 속에서 비로소 생성되는 것 이 아니다. 관람자는 작품 창조자가 아니다. 창조자는 예술가 자신이다.

대답 ^훌륭하게 만든 작품일수록 관람자도 감동을 받는다. 결코 예술가의 작업을 낮게 평가하는 것이 아니다. 예술가가 작품을 창조하지만, 관람자 역시 제2의 창조를 한다. 이는 부정할 수 없는 사실이다.

반론 4 수용자적 정신주의는 예술 작품의 '본질 물음'에 대해서 대답하는 것이 아니라, 그 물음을 소멸시켜 버린다. 누구든지 예술로서 가치있는 것을 자기 스스로 규정할 수 있다면, 예술과 비예술을 구분하는 기준에 대해 더 이상 숙고할 필요가 없다.

대답 ^수용자적 정신주의는 일단 작가가 만든 작품이 있고, 그것을 관람자가 감상한다는 것을 전제한다. 예술 작품은 예술가가 만드는 것이라 전제한다. 따라서 예술과 비예술의 기준을 제시하는 이론은 아니다.

12.4 인과적 역사주의

생산자적 정신주의는 예술 작품의 중요한 성질을 제시했다. 예술 작품은 예술 작품을 만들어 낸 예술가의 마음(표상)과 밀접한 관계가 있다는 것이다. 하지만 생산자적 정신주의는 예술 작품이 예술가의 마음 속의 아이디어와 같다고 주장함으로써 너무 지나치게 나아갔다.

우리는 이 이론의 지나친 주장을 받아들이지 않으면서도, 장점을 수용할 수 있다. 왜냐하면 예술 작품이 일정한 유형의 아이디어에 의해 야기된 대상으로 이해될 수 있기 때문이다. 예술 작품은 아이디어가 아니다. 예술 작품은 특별한 종류의 아이디어를 통해서 야기된 구체적인 대상이다. 이러한 방식으로 인과적 역사주의는 예술 작품의 '존재 물음'에 대하여 대답한다.[25]

---

25 역사주의는 '역사'가 독자적인 실체를 가진다고 주장하는 이론이다. 여기에서는 창작자

예술 작품의 '본질 물음'은 예술 작품의 탄생의 원인과 관련해서 반드시 필요한 아이디어 종류의 규정을 통해서 대답된다. 아마 가장 유망한 주장은 어떤 대상이 예술가에 의해 예술 작품으로 사유되고 예술 작품으로 선언된다면 이 대상은 예술 작품이 된다는 주장일 것이다. 이 주장의 가장 큰 장점은 이것이 "레디메이드"나 〈분실물 보관소〉와 같은 극단적인 사례를 잘 설명해 줄 수 있기 때문이다. 예를 들어, 뒤샹은 소변기를 구입해서 간단히 싸인만 한 뒤에 그것을 예술 작품이라고 명명했다. 이래서 평범한 소변기가 예술 작품이 된 것이다.

반론 1 예술 작품의 '존재 물음'에 대한 인과적 역사주의의 대답은 결국 그것이 기본적으로 물질주의 이론을 따르고 있다는 것을 보여 준다. 얼핏 예술가의 아이디어를 고려하고 있는 것 같지만, 인과적 역사주의에 따르면, 결과적으로 예술 작품은 그것을 구성하고 있는 물질적 대상과 다를 바 없다. 그렇다면 물질주의처럼 인과적 역사주의도 복제 가능한 예술 작품을 설명할 수 없다.

대답 인과적 역사주의는 복제 가능한 예술 작품을 잘 설명할 수 있다. 예술가의 근원적 이념과 적절한 인과 관계에 있는 모든 대상은 동일한 예술 작품의 표본이 된다. 한 권의 책이 여러 번 인쇄된다면 개개의 책들은 원본의 복사이다. 그렇기 때문에 이 개개의 책들은 근원적 아이디어와 올바른 인과 관계에 있는 것이고 동일한 예술 작품의

를 둘러싼 모든 환경을 '역사'라 한다. 그리고 작품과 창작자는 인과적 관계를 맺는다. 요컨대 작품과 창작자가 1대1의 관계를 맺는 것이 아니라, 작품이 창작자 및 그 환경과 인과적 관계를 맺는다는 말이다. 이는 발생론적 설명과 거의 같은 개념이다. 작품을 그것이 발생한 개인적 사회적 역사적 배경에서 보는 것이 발생론이다.

표본이 된다.

반론 2 예술의 '본질 물음'에 대한 인과적 역사주의의 대답은 너무 포괄적이다. 이 이론은 비예술 작품도 포함한다. 인과적 역사주의가 옳다면, 일반인 누군가가 스스로 예술가로 자처하고, 자기 발코니의 화분을 예술 작품으로 명명한다면, 그것은 예술 작품이 될 것이다. 하지만 그 화분에 예술의 지위를 부여할 수 있는가? 이는 답하기 쉬운 물음이 아니다.

대답 인과적 역사주의는 이런 반론에 크게 신경 쓰지 않는다. 한 취미 예술가가 성당의 봉헌식을 예술이라 선언한 것이 인정된다면, 그 봉헌식에 쓰인 화분도 예술 작품이 된다. 인정되지 않는다면, 예술 작품이 아닐 것이다. 이는 인과적 역사주의가 예언한 대로이다.

반론 3 예술 작품의 '본질 물음'에 대해 인과적 역사주의가 포괄하는 것이 너무 좁다. 예술가들에 의해 예술 작품으로 간주되지 않거나 선언되지 않지만 그럼에도 불구하고 나중에 추가적으로 예술로 지칭되는 그러한 예술 작품이 있기 때문이다. 예컨대 어린이들의 그림도 미술관에 전시된다.

대답 인과적 역사주의 이론은 반대 사례를 포괄하기 위해 확장될 수 있다. 예술 작품으로 선언하는 것은 굳이 창작자가 아니더라도, 전권을 위임받은 대리자가 할 수 있다. 아마도 예술의 목적에 도움 받아서, 그 대리자가 선언하는 기준이 규정될 수 있을 것이다.

요약

1. 예술 작품의 존재론적 지위는 무엇인가?

물질주의자는 예술 작품을 물질적 대상이라고 주장한다. **정신주의자**는 예술 작품을 마음속의 아이디어(표상)라고 주장한다. 이 아이디어는 예술가의 마음속에 있거나(생산자적 정신주의), 감상자의 마음속에 있다(수용자적 정신주의). **인과적 역사주의**는 예술 작품이 특별한 종류의 아이디어에 의해 야기된 대상이라고 주장한다. (작품과 작가는 역사 속에서 인과적 관계를 맺는다.)

정신주의 이론은 물질적 실체가 없는 '비가시적인 예술 작품'이 존재하게 된다는 반론에 직면한다. **물질주의** 이론은 복제 가능한 예술 작품을 설명하는 데 어려움을 갖는다. **인과적 역사주의**는 복제 가능성의 문제에 관해서 하나의 해결책을 제시하는 것처럼 보인다.

2. 예술과 비예술을 구분해 주는 것은 무엇인가?

확고한 **물질주의자**는 그 차이는 특수한 형식에 있다고 말한다. **생산자적 정신주의**는 그 차이가 작가의 아이디어의 표현에 있다고 한다. **수용자적 정신주의**는 관람자에게 예술을 규정하는 권한을 넘겨준다. **인과적 역사주의**는 예술가나 또는 최소한 전권을 위임받은 사람이 어떤 것이 예술 작품이고, 어떤 것이 아닌지를 규정한다고 주장한다.

예술이 무엇인지를 규정하기 위해 형식이나 또는 아이디어의 표현에 그 근거를 두는 논변은 약해 보인다. 다른 한편 관람자나 예술가나 또는 전권을 위임받은 자가 예술로서 가치가 있는 것을 규정한다면, 이는 그 물음을 단지 미루고 있는 것처럼 보인다. 왜냐하면 전권을 위임받은 사람이 어떤 것을 예술로 선언할 때 그 근거가 되는 기준들이 먼저 규정되어야만 하기 때문이다. 그러한 결정을 위해서는 예술의 목적에 토대를 두는 기준이 제시되어야 한다.

13. 인간

인간이란 무엇인가?

이것이 '철학적 인간학'의 근본적인 물음이다. 철학의 많은 고전적인 질문들이 이것의 일부분으로 간주될 수 있을 정도로 이 물음은 포괄적이다. 예컨대 칸트는 철학을 네 개의 물음으로 환원시킬 수 있다고 했다.

(1) 나는 무엇을 알 수 있는가?

(2) 나는 무엇을 해야만 하는가?

(3) 나는 무엇을 희망해도 좋은가?

(4) 인간이란 무엇인가?

(『순수 이성 비판』 B 832쪽 이하)

여기서 우리는 이 넷을 인간학에 편입시킬 수 있다. 왜냐하면 앞의 세 물음은 궁극적으로 (4) "인간이란 무엇인가?"라는 물음과 연결되기 때문이다.

우리는 "인간이란 무엇인가?"라는 물음 속에서, 인간이라는 동물을 특징짓는 몇 가지 특성을 찾고자 하는 겸허한 목표도 추구할 수 있다. 이미 플라톤과 아리스토텔레스는 인간이 이성적 동물(합리적 동물)이고 언어 능력이 있는 동물(zoon logon echon)이며, 정치적 동물(zoon politikon)이라 주장했다(2.2절 참조). 이와 같이 인간이 다른 동물과 구분된다면, 동물들에게는 이성적 능력도, 언어적 능력도 없다는 것을 뜻한다.

그러나 동물 행동학이나 동물 심리학의 경험적 연구에 의하면, 돌고래 까마귀 침팬지 그리고 몇몇 동물들은 일정한 사유 능력을 가지고 있고, 게다가 그 중 몇몇은 일정한 언어적 능력, 혹은 의사소통 능력과 일정한 사회적 능력도 갖고 있다. 따라서 앞에서 말한 능력들이 동물과 인간을 구분해 주는 특징이 되려면, 그 능력들은 정확하게 규정되어야 한다.

이 물음을 다루기 전에 먼저 설명해야 할 중요한 내용이 있다. "인간이란 무엇인가?"라는 물음은 생물학적인 것이 아니라 철학적인 것이다. 다른 동물들처럼 인간도 생물학적 범주로 말하자면 '호모 사피엔스(homo sapiens, 생각하는 사람)' 종(種)으로 분류될 수 있다.

다윈(Charles Darwin, 1809-1882)은 인간이 신의 창조가 아니라, 모든 다른 종들처럼 진화의 과정을 거치면서 형성되었다고 주장했다. 이는 결국 생물학의 핵심으로 인정되었다. 진화론을 입증하기 위한 근거는 상당히 많다. 다양한 화석, 체격에서 유사성, 지리적 분포, 태아 생성에서의 유사성, 그리고 유전학적 구조에서의 유사성 등이 있다. 변종, 유전, 자연적 선택 등이 진화론의 토대를 형성한다.

우리는 진화론을 간단히 서술할 수 있다. 변형(돌연변이)에 의해 개체의 성질에서 변종이 존재한다. 이러한 성질 중 몇몇은 유전된다. 환경에 적응하지 못하는 개체는 죽고 자손을 남기지 못 한다. 그러나 환경에 잘 적응하는 개체는 생존하여, 유전 가능한 성질을 자손에게 넘겨준다. 이로써 어떤 방식으로 다른 종의 생물이 생겨나는지, 그리고 어떻게 발전해 가는지가 설명된다.[26] 이러한 종들 가운데 하나가 바로 인간이다.

하지만 생물학적 종을 통해서는 인간 존재가 규정되지 않는다. 그렇다면 '존재'가 갖는 의미는 무엇인가? 우리는 아리스토텔레스를 통해 '존재'의 두 가지 의미를 구분할 수 있다.

첫째, 우리는 이 개념으로써 특정한 종의 구체적인 '개체'를 지칭한다. 예컨대 이 특정한 인간(소크라테스), 또는 이 특정한 코끼리(교황 레오 10세의 코끼리인 한노 Hanno)를 지칭한다. 첫 번째 의미에서의 존재(개체)는 생겨나서 한동안 실존하다가 다시 사라진다.

둘째, '존재'는 개체가 속하는 '종(種)'을 지칭하기도 한다. 우리는 '인간'이나 '코끼리' 또는 '의자'와 같은 이름으로써 종을 지칭한다. 이 두 번째 의미에서의 존재는 첫 번째 의미에서의 존재가 존재하게끔 하는 본질이다. 우리가 첫번째 의미에서의 존재(개체)에 대해 말하는 것 중 많은 것들은 그것의 본질에 속하지 않는다.

예컨대 우리는 "소크라테스는 아테네 시민이다"라고 말한다. 이것은 소크라테스에게 본질적인 것이 아니다. 왜냐하면 "소크라테스가 이제 더 이상 아테네 시민이 아니다"라고 말한다고 해서, 소크라테스가 이제 더 이상 존재하지 않는 것이 아니기 때문이다. 단지 소크라테스가 아

---

26 지구가 생겨났을 때 생명체도 생겨났다. 그때는 하나의 종만 있었다. 현재는 무수한 종이 있다. 종(種)이 하나임과 무수함, 이 모순을 해결하기 위한 것이 『종(種)의 기원』이라는 책이다. 개체들의 다름이 아닌, 종(種)의 다름이 생겨나는 과정을 설명한 것이다.

테네 시민권을 갖고 있지 않다는 것을 뜻할 뿐이다.[27]

그러나 "소크라테스는 인간이 아니다"라고 말한다면, 인간 '소크라테스'도 존재하지 않는다. 그렇다면 아마도 고양이처럼 어떤 다른 것이, 다른 몸체가 '소크라테스'라는 이름을 가졌다는 것이다. 그러나 그것은 '소크라테스'가 아니다.

여기에서 우리는 특정한 사물에 본질적이고 필수적인 성질과, 본질적이지 않고 우연적인 성질을 구분할 수 있다. 예컨대 소크라테스가 인간으로서 존재함은 본질적인 성질이고, 소크라테스가 아테네 시민인 것은 우연적인 성질이다. 본질적인 성질은 우리가 사물을 사물로서 동일시하고(identify), 정체를 인식하는 데 도움을 준다.

13.1 이성적 존재

인간은 합리적 존재이다. 다시 말해 인간은 이성적으로 사유하고 행위하는 능력을 갖고 있다. 동물도 일정한 정도까지는 그러한 능력을 갖고 있다. 까마귀의 주둥이가 나무의 구멍을 통과하기에는 짧기 때문에, 전선을 이용해 구멍으로부터 먹잇감을 끄집어낸다면, 까마귀는 이성적으로 행동하는 것이다. 한 침팬지가 우두머리 수컷을 만났을 때, 짝짓기가 준비되어 있는 암컷에게 가지 않는다면 이 침팬지는 이성적으로 행동하는 것이다. 이는 많은 동물 종이 일정한 수준에서 이성적으로 행

27 이런 논증은 영어의 be 동사가 "① ~이다 ② ~이 있다"의 두 뜻이 있기 때문에 나온다. "소크라테스가 시민'이다'"와 "소크라테스가 '있다'"는 완전히 다른 이야기이다. 4.4절의 반론4 참조.

동하는 능력을 갖고 있다는 사실을 보여 주는 사례들이다.

하지만 자신의 신념과 결정에 대해 근거를 제시할 수 있는 동물은 인간 뿐이다. 그래서 우리는 다음과 같은 물음에 답할 수 있다. 성냥을 치면 불이 붙는다는 것을 당신은 왜 믿는가? 당신은 왜 다른 학교가 아니라 이 학교를 다니기로 결정했는가? 다른 동물들은 이러한 물음에 답을 하기 위해 생각을 할 수 없다. 이런 점에서 인간은 이성적이다.

반론 1 우리는 물론 우리의 믿음과 결단의 근거를 제시할 수 있다. 하지만 제시한 근거가 그 신념과 결정에 대한 실제적 원인을 뜻하는 것은 아니다.

자기 기만 현상은 고대 이래로 잘 알려져 있다. 그리고 심리학적 연구는 이 현상이 우리가 단순히 믿는 것보다 훨씬 더 흥미로운 특색을 갖고 있다는 것을 보여 준다.

나아가 우리가 제시하는 근거 중 그 어떤 것도 실제적인 효력이 없고, 우리의 신념과 행동은 뇌의 상태에 의해 야기될 수도 있다. 즉, 어떠한 근거와도 무관하게 행위가 야기된다. 근거라고 부르는 것은 우리의 사유와 행위에 영향을 주지 않는 두뇌 활동의 구성물일 뿐이다. 오직 두뇌만이 실제적인 영향력을 행사한다.

대답 이와 같은 입장은 결국 인간의 의지의 자유를 부정한다. 따라서 설득력이 없으며, 중대한 개념적 문제를 일으킨다(3.1절 참조). 신념과 결단과 같은 근거가 행위에 영향을 미친다는 사실이 증명될 수 없다 할지라도, 신념과 결정에 행위를 근거 지으려는 인간 존재의 특징은 계속 남아 있다.

반론 2 컴퓨터도 근거를 토대로 행동하는 능력이 있다. 예컨대 체스 컴퓨터는 게임 상황을 근거로 해서 다음 차례에 자신의 어떤 말을 이동시킬 것인지를 결정한다. 이러한 결정은 다른 선택과 비교할 때 최선이라는 신념(혹은 계산)에 기초한다. 인공 지능 컴퓨터는 자신의 선택 근거에 대해서도 알려 줄 수 있을 정도로 프로그래밍될 수 있다. 컴퓨터가 자신의 결정을 합리적으로 근거 짓는다고 말할 수 있다. 따라서 컴퓨터는 인간과 같은 특성을 갖는다.

대답 인간이 합리적 존재라는 주장은 합리성이 오직 인간에게만 충분히 있다는 말이 아니다. 이 주장은 지각하고 느끼고 운동할 수 있는 존재를 합리적 존재에 또한 포함한다. 컴퓨터가 인간으로 간주될 수 있기 위해서는, 컴퓨터는 사람의 모든 성질을 가져야만 한다. 인간에 의해 창조된 어떤 존재가 언젠가 이러한 모든 성질을 갖게 될 수도 있다는 점을 배제하지 않는다. 그렇다고 해서 인간에 대한 우리의 개념이 결함이 있다는 것은 아니다. 합리적 존재라는 인간 개념이 호모 사피엔스 종에 속하지 않는 다른 존재에 적용되었을 뿐이다.

13.2 사회적 존재

인간은 사회적 존재이기도 하다.

아리스토텔레스는 '정치적 결사체'(폴리스)에서 인간 존재가 도달해야 할 목적을 파악한다. 하지만 홉스는 인간이 오직 자기 이익에 따라서만 움직인다고 주장함으로써 아리스토텔레스의 생각에 반대한다(8.1절 참조). 전자는 사회 단체에서, 후자는 개인에서 인간의 본질을 파악한다.

역사적 유물론의 창시자(?쪽 참조)인 마르크스(Karl Marx, 1818-1883)와 엥겔스(Friedrich Engels, 1820-1895)는 인간의 사회적 본성을 노동이라는 행위에서 찾는다.

인간도 모든 동물처럼 본성상 의식주가 충족되어야 산다. 하지만 모든 행동이 자신의 생명 활동과 하나로 일치해 있는 동물과 달리, 인간은 그러한 생명 활동으로부터 분리되어 있다. 인간 이외의 동물은 생명 활동을 단지 생존에의 욕구를 충족시키기 위한 수단으로만 삼는다.

반면 인간은 자신의 생필품을 만들어 내는 동안에 **자기 자신을 생산**한다. 다시 말해 인간은 이러한 노동을 통해서 비로소 자신의 존재를 만들어낸다. 말하자면 여타 동물의 생명 활동이란 단지 생존에의 욕구를 충족하기 위한 활동에 불과한 것이라고 인간은 생각하는데, 인간이 이와 같이 생각하는 존재가 될 수 있는 것은 오직 노동 때문이다. 이러한 관점에서 인간은 자신을 동물과 구분한다.

노동은 사회의 경제적 구조의 한 부분이다. 모든 인간은 경제적 사회구조 안에서 갖게 되는 자신의 지위에 의해 규정된다. 사회가 발전하면 할수록 생활 필수품 등의 재화의 생산은 더욱 복잡해진다. 그리고 노동 분업의 정도도 더 커지게 된다. 농업 사회에서는 거의 모든 사람이 자신의 야채를 재배하는 반면, 자본주의 사회에서는 비교적 소수의 사람들만이 식품의 생산에 종사한다. 대다수의 사람들은 의복, 가구, 건축자재, 교통 수단, 그리고 다른 많은 것을 전문가로서 생산한다.

소외의 문제: 마르크스와 엥겔스에 따르면 자본주의 사회를 특징짓는 이러한 높은 정도의 노동 분업은 자신의 삶에 대한 인간의 소외를 야기하게 된다. 자본주의 사회는 노동자 자신의 생명 활동과 더 이상 연결되지 않고, 의미가 없는 사물(상품)을 만들도록 노동자에게 강요한다. 자

신의 밭을 경작하고 자신의 가축을 기르는 농부와, 고용되어 공장에서 언제나 같은 자리에서 늘 동일한 노동을 매일 수천 번씩 수행하는 노동자를 비교해 보라. 마르크스와 엥겔스는 인간의 자기 삶으로부터의 소외를 극복하기 위해 공산주의를 고안한다. 모든 개인이 자유롭게 선택하고, 의미있고, 그렇기 때문에 만족하는 노동을 수행할 수 있는 사회, 계급이 없는 사회가 바로 그것이다. 그렇다면 이러한 유토피아가 어느 정도까지 실현될 수 있는가? 그것은 문제이다.

반론 1 인간의 존재(실존)은 사회경제적 구조 안에서의 지위에 의해서 규정되는 것이 아니다. 인간의 실존은 결코 자기 자신의 외부의 그 어떤 것에 의해서도 규정되지 않는다. 인간은 자신이 원하는 것을 위해 스스로 자기 자신을 던지는 존재다. 이것을 사르트르(Jean-Paul Sartre, 1905-1960)는 실존주의의 첫 번째 근본 원칙이라 한다. 인간은 자유롭게 존재하도록, 즉 스스로 자기 자신을 형성하도록 형벌 지워져 있다. 따라서 인간은 자신에 대해 전적인 책임을 가져야만 한다. 자신의 모든 결정에서 자유롭다는 것을 인정하지 않는 사람은 스스로를 속이는 사람이다. 사르트르는 이것을 '자기 기만(mauvaise foi)'이라고 부른다.

대답 사르트르는 인간의 행위 가능성의 정도를 과대평가한다. 우리가 어떤 사람인지를 근거로 해서 우리는 결정을 내린다. 그리고 우리가 어떤 사람인지는 최소한 부분적으로라도 우리의 사회와 환경에 의해 규정된다. 이리하여 어떤 사람의 삶에 대한 모든 책임을 그 사람 개인에게 전적으로 전가하는 것은 공평하지 못한 일이다.

반론 2 역사적 유물론은 인간을 성적인 존재로 파악하기 위해서는 불충분하다. 인간은 남성이나 여성이라는 성을 갖고 태어난다. 하지만 이러한 생물학적 성이 우리를 여성이나 남성으로 만드는 것은 아니다. 사회가 우리에게 제시하는 각종 다양한 역할 때문에 여성과 남성이 된다. 이것이 시몬 드 보부아르(Simone de Beauvoir, 1908-1986)의 주장이다. 그 녀는 "여자란 무엇인가?"라는 물음에 대답하는데, 역사적 유물론이 불충분함을 보여 준다. 노동자 계급에 속하는 것은 노동으로 인한 것이지만, 생물학적 성에 속하는 것은 출생으로 인하기 때문이다. 여성 억압은 노동자에 대한 억압과는 다른 토대를 가진다. 마르크스와 엥겔스의 이론을 통해서는 여성, 그리고 남성이 무엇인지 설명될 수 없다.

대답 ^이것은 반론이라기보다는, 마르크스주의가 다루지 않은 부분을 지적한 것이다.

13.3 도덕적 존재

인간은 합당한 근거에 따라 행위할 수 있는 이성적인 존재일 뿐만 아니라, 도덕적인 근거 때문에도 행위할 수 있는 존재이다. 예컨대 사람은 누군가를 돕기로 결정할 수 있다. 왜냐하면 그것은 도덕적으로 해야만 하는 것이기 때문이다. 도덕적으로 행위하는 것은, 누구에게 동정심을 느끼기에, 혹은 어떤 사람에게 이롭기 때문에 하는 것이 결코 아니다. 동정심이나 이익과 같은 외적인 이유 때문이 아니라, 도덕적 행위를 자

신의 의무로 인식하기 때문이다.[28]

^동물도 감성을 가진다. 오직 사람만이 도덕적 이성에 따라서 자신의 행위를 수행할 수 있다. 이런 점에서 사람의 본질 가운데 하나가 도덕적 존재이다. 도덕적 존재에 대한 회의는 **니체**와 **아렌트**의 이론이 있다.

반론 1 서양의 윤리와 도덕적 의무들은 기독교에 토대를 두고 있다. 따라서 보편타당한 것은 아니다. **니체**(Fridrich Nietzsche, 1844-1900)가 말한 바와 같이, 도덕적 개념이 어떻게 생겨났는지를 탐구해 보면, 고대에는 오늘날과는 다른 가치, 예컨대 대담함, 용기, 결단과 같은 것이 좋은 것으로 간주되었다. 니체는 이런 덕목을 '**주인의 도덕**'이라 한다. 그러나 이러한 가치가 유대교와 기독교에 의해 뒤집혔다. (가치의 전도) 그래서 동정심, 순종, 겸손, 이웃 사랑이 '선'으로 간주된다. 니체는 이것을 '**노예의 도덕**'이라 한다. 약자가 강자에게, 노예가 주인에게 굴레를 씌우기 위해서, 강자와 주인의 특징을 악으로, 약자와 노예의 처지를 선으로 규정했다. 노예의 주인에 대한 원한과 복수심 때문에 가치를 전도시킨 것이다.

가치의 생성 과정에 대해 잘 알고 있어야 '자유 정신'이 선다. 이제 자유 정신은 다시 새롭게 가치를 전복시키고, 자신의 의지에 따라 대담하게 사는 인간, 즉 '초인'을 위해 길을 준비해야 한다고 니체는 주장한다.

---

28 마음은 감성과 이성으로 나뉜다. 감정 욕망(감성)에 따르는 것을 칸트는 '경향성'(inclination)이라 한다. 이익이나 동정심이 그것이다. 반면 도덕적 이성은 의무에 따른다. 칸트의 의무 윤리는 9.1절 참조.

대답 모든 인간과 모든 시대에 타당한 도덕은 없다. 우리가 도덕으로 이해하는 것은 각 시대마다 다르다. 니체는 전자보다 후자를 주목한다. 주인 도덕과 노예 도덕도 그런 차이이다.

자신의 고유한 의지에 따라 사는 인간은, 그가 도덕적인 근거에 따라 실제로 행위하지 않을지라도, 도덕적인 근거에 따라 행위를 할 능력을 지니고 있다.

반론 2 인간은 도덕에 따라 행위할 능력이 있는 것과 마찬가지로 악을 행할 능력도 있다. 다시 말해 이기심, 탐욕, 적개심, 또는 이와 유사한 것으로 행위를 할 능력도 있다. 하지만 이런 주장은 너무 단순한 생각이다. 아렌트(Hannah Arendt, 1906-1975)에 따르면, 그런 이유 없이 인간 존재 자체를 파괴하는 행위도 존재하기 때문이다. 아렌트는 이러한 행위가 국가 사회주의자들(나찌)에 의한 유대인 학살에서 일어났다고 본다. 유태인 강제 수용소의 목표는 수감자들의 개성과 자발성을 조직적으로 파괴하고, 인간의 행위 가능성 자체를 제거하는 것이다.

아렌트는 이를 '**근본악**'이라 부른다.

아렌트는 강제수용소의 유대인 학살의 책임자인 아돌프 아이히만에 대한 재판을 참관하고 보고서를 작성한다. 아이히만은 학살에 대해서, 자신에게 부여된 '업무'를 했을 뿐이라고 한다. 그녀는 이 진술을 근거로 하여 다음의 결론에 이른다. 악은 악마같은 인간이나 마귀에 사로잡힌 인간이 저지르는 것이 아니다. 평범한 인간이 일상적인 일을 하듯이 행할 수 있다. 아이히만이 바로 그런 자이다.

아렌트는 이것을 '**악의 평범성**(비속성)'이라 한다.

대답 이것이 아이히만이나 또는 어떤 사람에게 스스로 사유하고 자신의 양심에 따라 결정하는 그러한 의무를 면제해 주는 것은 아니다. 아이히만은 자신이 저질렀던 악행 대한 책임이 있다. 사람은 일상적인 업무로 다른 사람의 존재 조건을 파괴할 수 있는 능력을 가질 수 있다. 그렇다 하더라도 그 업무 지시를 거부할 수 있고, 거부해야 한다. 시킨다고 무슨 짓이든 다 하면, 그 책임은 그에게 있다.

요약

인간의 존재 물음은 생물학적인 것이 아니라 철학적인 것이다. 왜냐하면 어떤 종에 소속되어 있다는 것이 존재를 규정하는 것은 아니기 때문이다. 따라서 인간은 이성적, 사회적 그리고 도덕적 존재로 간주될 수 있다. 인간은 자신이 숙고하고 결정하는 것에 근거를 제시할 수 있다. 이것은 인간이 자유의지를 갖고 있지 않다고 할지라도 그러하다.

마르크스와 엥겔스에 따르면 인간은 노동을 통해 비로소 인간이 된다. 그리고 인간의 존재는 사회의 경제적 구조 속의 그의 지위에 의해 규정된다. 하지만 이렇게 해서 인간의 사회적 존재의 모든 측면이 파악되는 것이 아니다. 예컨대 **시몬 드 보부아르**가 보여준 것처럼 성의 문제는 그 틀로는 파악될 수 없다.

인간은 도덕적 근거에 따라서 선하게 행위할 능력이 있다. 도덕적인 존재이다. 그러나 **니체**는 주인 도덕과 노예 도덕을 나눔으로써 보편타당한 도덕이 존재하는지를 묻는다. **아렌트**는 근본악과 악의 평범성이라는 개념을 통해서, 인간은 타인의 존재 조건 자체를 파괴하는 악을 저지르며, 일상적인 업무로 악을 저지를 수도 있다고 한다. 도덕적 존재로서 인간은 그만큼 취약하다.

14. 응용 윤리학

윤리학은 그 무엇보다도 인간의 행위 근거를 위한 보편적 원칙을 찾으려고 노력했다. 두 가지 윤리가 특히 유명하다. 칸트의 범주적 명령(정언 명법)과, 벤담과 밀의 공리주의 원칙이 그것이다(9장 참조). 응용 윤리학은 그러한 원칙을 구체적인 경우에 적용해서, 그 결과가 도덕적 직관에 일치하는지를 검토하는 일이다. 일치하지 않는다면, 그 원칙을 교정해야 하거나, 아니면 우리의 직관을 변경해야 한다.

응용 윤리학에서 가장 많이 논의된 주제로는 낙태, 배아 세포 연구, 안락사(이상 의료 윤리), 동물 윤리, 빈곤, 환경과 생태, 여성 문제 등이 있다. 이 장에서는 이러한 주제들 중 세 가지를 소개한다.

14.1 동물

사람들은 고기를 먹는다. 이는 인간의 역사를 통해 설명할 수 있다.

수천 년 전에 인간은 사냥꾼이고 채집자였다. 인간은 잡을 수 있었던 동물의 고기를 먹었고, 발견할 수 있었던 뿌리, 잎, 열매를 기꺼이 먹었다. 인간은 고기의 소비 없이는 생존할 수 없었을 것이다. 우리의 선조들이 고기를 먹었다는 사실은, 우리가 현재에도 고기를 먹고 있는 것을 설명해 준다. 따라서 육식 애호가나 육식 찬성자는 고기를 먹는 것을 도덕적으로 전혀 주저할 필요 없다고 주장할 수 있다. 하지만 이러한 주장에 대해서 다양한 반론이 존재한다.

반론 1

피터 싱어(1946-)는 동물 해방 운동에서 가장 영향력 있는 대표자 중 하나이다. 그는 육식가의 동물에 대한 입장과, '인종 차별주의자'의 다른 인종에 대한 입장을 비교한다. 인종 차별은, 어떤 인간이 단지 특정한 인종에 속해 있다는 것 때문에, 그의 이익을 다른 인종에 속해 있는 인간의 이익보다 더 적게 존중하는 것이다. 이처럼 육식가는 특정한 동물이 단지 특정한 종에 속해 있다는 것을 근거로 하여, 그 동물의 이익을 자신의 종의 이익보다 더 적게 존중한다. 싱어는 이러한 입장을 '**인종 우월주의**'라고 부른다. 이는 다음과 같은 '윤리의 근본 원칙'에 어긋난다. 각 개인의 이익은 모든 다른 개인의 이익과 동일하게 다루어져야 한다.

하지만 중요한 물음은 동물이 정확히 어떤 이익을 갖고 있는지의 문제이다. 돼지, 소와 송아지, 양과 새끼 양, 닭과 물고기와 같이 우리가 식용을 목적으로 죽이는 동물들은 고통을 느낄 수 있는 능력이 없다. 이런 주장에 대해서, 최소한 두 가지 사실이 이를 반박하는 근거로 제시된다.

첫째, 이 동물들은 고통을 느낀다는 징후로서 어떤 행동을 보인다. 예컨대 암소는 송아지를 빼앗기면 괴로운 소리를 낸다.

둘째, 동물의 뇌는 고통을 느끼기 위한 필수 과정이 일어나도록 진화했다. 물론 동물은 인간과 동일할 정도로 복잡한 감정을 느낄 수는 없다. 예컨대 돼지는 자신을 자랑스럽게 느낄 수 없고, 양은 자신을 부끄러워할 수 없다. 하지만 포유 동물이 즐거움과 고통을 지각한다는 사실만큼은 부정될 수는 없을 것이다. 사람과 마찬가지로 동물도 고통을 피하려는 관심을 갖고 있다.

동물의 대량 사육에서는 가능한 한 저비용으로 최대한의 고기가 생산될 수 있도록 한다. 이를 위해 동물은 주로 좁은 공간에서 키워지고, 친구들과 어울리는 사회적인 상호작용은 방해된다. 좁은 공간에서 사육은 동물이 병들고 전염병이 퍼지는 위험이 커지게 만든다. 사회적 상호작용을 방해하는 것은 동물들의 다양한 이상 행동을 불러일으킨다.

대량 사육을 하면서 동물에게 가해지는 고통은 동물의 이익이 아니다. 인간들은 다른 방식으로도 먹고살 수 있지만, 저렴한 고기를 먹으려하기 때문에, 동물들은 이러한 고통을 감수해야만 한다. 대량 사육한 동물의 고기를 소비하는 자는 인간이라는 '인종 우월주의자'이다.

대답 이 논증은 동물의 대량 사육에만 적용되지, 전통적인 동물사육이나 생태적인 동물 사육에는 적용되지 않는다. 후자는 충분히 넓은 공간에서 동물이 사육된다. 동물은 자유롭게 움직일 수 있고, 친구들과의 사회적인 상호 작용도 방해받지 않는다. 도축 전에는 동물에게 불필요한 고통이 가해지지 않는다. 동물이 고통을 감지할 수 없는 정도로 도축이 이루어진다면, 도덕적으로도 문제가 없다.

반론 2 고통을 받지 않는 것이 동물의 유일한 관심사가 아니다. 동물은 죽기를 바라는 것이 아니라 계속 살기를 원한다. 사람들이 동물을 죽인다면 그것은 더 살기를 원하는 동물의 이익에 반하여 행동하는 것이다. 그렇다면 사람들이 이렇게 해서 동물에게 가하는 손해는 얼마나 큰 것일까?

동물의 생명의 가치가 어느 정도인지를 가늠하기는 어렵다. 왜냐하면 해당 동물의 생명의 가치를 정하고, 이를 다른 생명의 가치와 비교할 수 있어야만 하기 때문이다. 이것은 간단한 문제가 아니다. 우리는 한 존재가 어떤 종류의 즐거움을 경험할 능력이 있는지, 예컨대 먹는 것, 마시는 것, 운동, 사회적 관계, 성적 관계 등을 통해 즐거움을 경험할 능력이 있는지에 따라 그 생명의 가치를 잴 수 있을 것이다. 어떤 동물을 죽인다면, 그가 수많은 즐거운 경험을 할 수 있는 가능성을 그에게서 빼앗음으로써 그에게 손해를 입히게 된다.

따라서 만약 우리가 동물을 죽일 필요 없이 다른 식품을 통해 영양가와 즐거움에 도달할 수 있다면, 이 식품은 다른 식품에 비해 윤리적 관점에서 더 선호될 수 있다. 우리들 대부분은 부유한 나라에 살면서 그러한 식품을 이용할 수 있는 기회를 갖는다. 그렇기 때문에 싱어는 공리주의적인 근거에서 고기의 소비를 완전히 포기할 것을 주장한다.

반론 3 동물을 죽이는 것이 도덕적으로 비난받을 만한 것이라는 사실을 증명하기 위해 혹자는 즐거움의 상황을 비교한다. 그러나 이럴 필요가 없이 그것은 올바른 것이 아니다. 감정을 느끼는 모든 동물은 자신의 생명에 대한 도덕적인 권리를 갖고 있다. 다시 말해 감정을 느끼는 동물을 죽이는 것은 도덕적으로 허용되지 않는다. 그 삶이 얼마나 행복한지 아니면 파란만장한지는 중요한 요소가 아니다. 하나의 생명은 말 그대로 하나의 고귀한 생명이다.

레건(Tom Regan, 1938-)은 이러한 입장을 대변한다. 그의 논증은 칸트의 윤리학에, 더 정확히 말해 칸트의 범주적 명령(정언 명법)에 근거를 두고 있다. 범주적 명령에 따라, 이성적 존재를 단지 수단으로서만 사용해서는 결코 안 된다(9.1절 참조). 레건은 이 원칙을 '생명의 주체'인 모든 존재, 모든 생명체로 확장시킨다.

14.2 낙태

낙태가 도덕적으로 허용될 수 있는지의 물음은 지난 수십 년 동안 격렬하게 논의되었다. 1967년까지 낙태는 덴마크와 스웨덴만 예외로, 거의 모든 나라에서 불법이었다. 그 후 낙태 금지 법률은 우선 영국에서, 그리고 나중에 미국과 수많은 유럽의 국가들에서 자유주의적으로 변경되었다. 금지 법률 제정과 마찬가지로 이후의 허용 법률 개정의 배후에는 최소한 부분적일지라도 도덕적 숙고가 들어 있다.

낙태 반대자는 반복적으로 논증한다. 죄 없는 인간 존재를 죽이는 것은 정당하지 않다. 인간 태아는 죄 없는 인간 존재이다. 그렇기 때문에 인간 태아를 죽이는 것은 정당하지 않다. 살인에 해당된다.

여기에서 태아가 인간 존재인지의 물음이 제기된다. 일반적으로 말해 인간의 생명은 언제부터 시작되는가?

인간의 생명은 이미 생식의 순간부터, 즉 난자와 정자가 수정되는 순간부터 시작한다는 견해가 있다. 그렇다면 인간의 생명이 수정되지 않은 난자 세포로부터는 왜 시작되지 않는가? 라고 물을 수 있다.

반대로 인간의 생명이 어머니 배에서 출생할 때 비로소 시작하는 것이라고 주장하는 사람은 거의 없을 것이다. 왜냐하면 조산아도 인큐

베이터와 같은 기술 발전의 덕택으로 생존할 수 있기 때문이다. 따라서 생명이 언제부터 시작하느냐가 아니라 특정한 발전 단계의 생명에 어떤 가치를 부여하느냐가 중요한 것이다. 극단적으로 보수적인 입장은 수정된 난자 세포의 생명은 법률로 보호될 필요가 있다고 보기 때문에, 모든 낙태를 도덕적으로 옳지 않은 것으로 간주한다.

반론 1 수정된 난자 세포와 수정되지 않은 난자 세포 사이에는 도덕적으로 중대한 차이가 없다. 따라서 급진 보수적인 입장으로부터는 불합리한 결과가 도출된다. 한 여성이 자신의 난자 세포가 수정되지 않은 채 자신의 육체로부터 떨어져 나가는 것을 막지 못한다면, 이것은 매번 생명체를 죽이는 옳지 않은 행위가 될 것이다. 이는 불합리한 결과이다.

반론 2 모든 수정된 난자 세포는 법률로 보호될 필요가 있다면, 기술적으로 시험관 아기 시술(IVF)을 통해서 수정된 난자 세포들은 모두 임신 출산되어야 한다. 이는 설득력이 없는 입장이다. 아니면 모든 인공 수정은 도덕적인 이유로 금지되어야 한다는 마찬가지로 설득력이 없는 입장을 주장하게 될 것이다.

반론 3 사람들은 어떤 존재가 즐거움과 고통을 느낄 수 있는 능력이 있을 때에야 비로소 그 존재에 관심을 주게 된다. 최소한 고통이라도 느낄 수 있는 능력을 가진 존재의 생명만이 그 자체로 가치를 갖는다. 일반적으로 임신 18주까지는 고통을 느끼기 위한 필수 과정이 일어날 정도까지, 의식과 관계된 뇌의 부분은 그렇게 발달하지 못한다. 이를 근거로 피터 싱어는 임신 18주 이전에 이루 어지는 임신 중절은 도덕적으로 중립적인 것으로 간주한다. 이후에 태아는 동일한 근거에서 잘못된 행위의 대상이 되지 않게끔 보호된다. 이것은 인간이 아닌, 감각 능력이 있는 동물에게도 적용된다.

대답 태아는 어느 시기에도 상황에서 성장된 인간으로 발달해 간다. 우리는 감각 능력이 없는 태아도 완성된 인간으로 성장할 수 있도록 충분히 배려할 수 있다. 태아를 제거한다면, 그가 완성된 인간으로 발달할 수 없게 하기 때문에, 이 태아에게 잘못된 행위를 하게 된다.

대답에 대한 반론 태아의 이익뿐만이 아니라, 임신한 여성의 이익도 중요한 문제다. 피터 싱어는 임신한 여성에 대한 배려가 감각 능력을 갖춘 태아에 대한 관심보다 더 중요하다고 한다.

반론 4 페미니즘에 따르면, 여성은 자신의 육체를 지배하는 것에 대해 도덕적인 권리를 갖기 때문에, 태아의 임신 · 출산에 대해 도덕적으로 의무가 없다. 하지만 태아는 육체의 한 부분일 뿐만 아니라 심지어는 한 개인이다. 그렇기 때문에 톰슨(Judith Jarvis Thomson, 1929-)은 일종의 유비 논증을 시도한다.

어떤 유명한 바이올리니스트는 9개월 동안 다른 사람의 몸에 연결되어 있어야만 생존할 수 있다고 치자. 톰슨에 따르면 이 바이올리니스트는 자신과 몸을 연결해 준 타인의 육체를 사용할 도덕적 권리를 가진 것은 아니다. 마찬가지로 출산이라는 프로젝트를 위해 태아에게 나의 육체를 마음대로 사용하도록 허락해야만 하는 도덕적인 의무가 있는 것은 아니다. 이 유비로 볼 때, 임신한 여성은 끝까지 임신하여 태아를 출산해야만 하는 도덕적 의무가 없다.

대답 우리가 바이올린 연주자와 연결되었다면, 그에 대해 도덕적 의무를 가진다. 우리가 9개월 동안 희생함으로써 타인의 생명을 구할 수 있다면, 연결을 유지할 도덕적인 의무가 있다. 따라서 이 유비가 타당하다면, 우리는 낙태를 해서는 안 된다.

그러나 이는 좋은 유비가 아니다. 왜냐하면 바이올린 연주자는 성인이지 태아가 아니기 때문이다. 나아가 '바이올리니스트와 우리'는 '태아와 어머니'의 관계와는 다르다. 비유의 오류이다. 임신은 적어도 주체적으로 선택하며, 사랑의 결실이기 때문이다.

14.3 빈곤과 부

인간의 부(富)는 아주 불평등하게 분배되어 있다. 일부 사람들은 너무나 가난하고 일부는 너무나 부유하다. 빈곤은 무엇을 뜻하는가? 우리는 빈곤을 상대적으로 정의할 수 있다. 예컨대 한 사회에서 평균 임금의 절반보다도 적게 버는 사람을 가난하다고 말할 수 있다. 그러나 이러한 빈곤 개념은 단지 조건적으로만 설득력을 가진다. 한 사회에서 가난하다고 여겨지는 사람이 다른 나라에서는 부자로 간주되는 경우가 있기 때문이다. 따라서 이러한 상대적인 개념 규정은 글로벌한 차원에서는 보편화될 수 없다.

우리는 빈곤 개념을 절대적으로 정의할 수 있다. 그렇다 하더라도 우리는 빈곤의 기준이 되는 절대적인 수입을 규정할 수는 없다. 한 나라의 물가는 다른 나라의 물가와 다르기 때문이다. 또한 빈곤하지 않은 삶을 위해서는 충족되어야만 하는 욕구들이 있다. 이 욕구들은 기후나 사회적인 혹은 다른 조건들 때문에 각 나라마다 다르다.

따라서 절대 빈곤의 개념을 다르게 적용해야 한다. 하나의 방법은 특정한 어떤 제품(예컨대 A사의 햄버거)을 살 수 있는, 달러화로 환산한 가격을 비교하는 것이다. 좀 더 근본적인 다른 방법은 사람들이 도달할 수 있는 어떤 것을 고려하는 것이다. 철학자이자 경제학자인 센(Amartya Sen, 1933-)은 빈곤 개념을 노동을 위한 기초 능력으로 정의하자고 제안했다. 그와 비슷하게 미국은 경제적인 기본 서비스(식품, 식수, 의료 서비스에의 접근), 평균 수명, 읽고 쓰는 능력 등과 같은 다양한 요소를 통해 빈곤 개념을 구체적으로 정의한다.

우리가 이러한 정의를 전제한다면, 세계에서 수백만 명은 절대 빈곤 속에서 살고 있다. 그들은 반복되는 굶주림 속에 있고, 영양 결핍으로 고통을 받는다. 깨끗한 물이나 건강 서비스에 접근할 수 없고, 읽을 수도 쓸 수도 없다. 매일 수천 명의 사람들이, 특히 어린이들이 영양실조로 죽어간다. 동시에 수백만 명은 절대적인 부 속에서 낭비를 하며 산다. 삶을 위해 필요한 것보다 훨씬 많은 수입을 갖는다. 의식주, 건강 서비스, 교육에 대한 욕구를 충족하고 난 후에도 여전히 돈이 충분히 남아 있어서 사치품을 살 여유가 있다. 그들은 자신들의 입맛에 맞는 음식을 선택하지, 배고픔을 멈추게 하기 위해 먹지는 않는다.

절대적으로 부자인 사람들은 절대적으로 가난한 사람들을 도와줄 도덕적 의무를 가지는가? 피터 싱어는 이것을 다루는 논증을 발전시켰다. 다음의 상황을 상상해 보자. 우리는 어떤 연못 안에서 익사 직전에 있는 어린이를 본다. 그리고 우리가 물속으로 들어가 그 아이를 끌어낸다면 그 아이를 구할 수 있다. 그것을 우리는 알고 있다. 우리가 이러한 상황에 있다면, 우리는 그것을 행할 의무가 있다. 왜냐하면 우리가 그것을 함으로써 더럽혀지는 신발과 옷의 가치는 우리가 구하게 될 생명의 가치와 비교할 때 사소하기 때문이다.

우리가 비교 가능한 도덕적 유의미성을 희생하지 않으면서 어떤 나쁜 것을 저지할 수 있다면, 그것을 하는 것이 좋다. 매일 영양실조로 죽는 수천 명의 어린이들에 대해서도 우리는 그러한 상황에 놓여 있는 것이다. 논증은 다음과 같이 다듬어져 표현된다.

> 우리가 비교 가능한 도덕적 유의미성을 희생하지 않으면서 어떤 나쁜 것을 저지할 수 있다면, 그것을 하는 것이 좋다.
> 절대 빈곤은 나쁘다.
> 우리가 비교 가능한 도덕적 유의미성을 희생시키지 않으면서 막을 수 있는 일정한 기준의 절대 빈곤이 있다.
> 이로부터 결론이 나온다.
> 우리는 일정한 기준의 절대 빈곤을 막아야 한다.

이것이 구체적으로 뜻하는 것은, 우리는 이 세계의 가장 빈곤한 자들에게 돈을 기부해야 한다는 것이다. 싱어는 대략 수입의 10%를 기부할 것을 제안한다. 어떤 사람은 적게 내고 다른 사람은 많이 내자는 것이다.

반론 1 우리가 어떻게 일정한 기준의 절대 빈곤을 저지할 수 있는지가 불분명하다. 싱어는 돈을 기부하라고 제안한다. 하지만 우리가 이를 통해서 실제로 절대 빈곤을 감소시킬 수 있는지는 불분명하다. 왜냐 하면 우리가 기부하는 돈은 어쩌면 이 세계의 가장 빈곤한 자들을 착취하고 있는 자본주의적 시스템에서 운용된 것이기 때문이다. 심지어는 기부가 부정적인 결과를 초래할 수 있다. 예컨대 특정 지역으로 보내는 식료품이 그 지역의 농업을 망하게 할 수도 있다.

대답 ^물론 기부로 근본적인 문제 해결이 되지 않는다. 그렇다 하더라도 어느 정도 가난 해소에 기여할 수는 있다. 국가의 정책이나 경제 운용과 달리 도덕적 측면에서 볼 때, 기부는 가진 자의 의무라 할 수 있다.

반론 2 우리가 기부를 통해 절대 빈곤을 감소시킬 수 있다 하더라도 이 기부가 최선의 길인지는 불분명하다. 사람들은 정책을 위해 돈을 투입할 수도 있다. 혹은 마르크스와 엥겔스의 의미에서 계급 없는 사회를 수립하기 위해 노력할 수 있다. 아니면 사람들은 글로벌한 차원에서 자유주의적인 경제 시스템을 이루고자 노력할 수 있다. 애덤 스미스(Adam Smith, 1723-1790)의 의미에서 모든 개인들에게 가능한 한 많은 경제적 자유의 공간을 준다. 이는 자유주의적 경제시스템이다. 왜냐 하면 이러한 시스템이 중장기적으로 볼 때 다른 시스템보다 더 많은 복지를 가져다준다고 경험이 말하고 있기 때문이다. 어느 경우든 빈곤의 문제는 싱어의 논증이 보여 주는 것보다 훨씬 더 복잡하다.

대답 ^빈곤은 경제적 혹은 사회적인 문제이다. 그러나 개인적인 차원에서 보자면, 싱어의 제안도 충분히 유효하다. 빈곤은 어느 하나의 방법만으로 퇴치할 수 있는 것이 아니다.

요약

응용 윤리학은 윤리적 원칙을 구체적 경우에 적용하는 것이다.

하나의 사례는 식용을 목적으로 동물을 죽이는 경우다. 이에 반대하여 싱어는 공리주의적 입장에서 동물의 권리를 논증한다.

다른 사례는 임신중절이다. 싱어는 감정을 느낄 수 없는 태아의 낙태는 도덕적으로 중립적이라고 논증하고, 감각능력이 있는 태아의 낙태도 보통의 경우에는 도덕적으로 허용된다고 논증한다. 톰슨은 페미니즘적인 논증을 구사했지만 이 논증은 문제가 있는 유비 논증이다.

세 번째 사례는 빈곤의 문제이다. 싱어는 우리가 절대 빈곤을 감소시킬 의무가 있다고 논증한다. 하지만 빈곤 문제는 그의 논증이 보여 주는 것보다 훨씬 더 복잡하다.

15. 논리학

의견을 내놓는 사람은 그것을 정당화할 수 있어야 한다. 의견의 정당화는 논증의 형태로 주어진다. 논증은 전제와 결론, 즉 기점이 되는 언명들(전제들)과 목표하는 언명(결론)으로 이루어진다. 전제들과 결론의 관계는, 전제를 인정하면 결론 또한 인정해야 한다. 이것이 논증이다.

모든 논증이 똑같이 좋지는 않다. 논증의 질은 무엇인가? 논증은 형식적 관점과 내용적 관점에서 평가될 수 있다. 형식적으로 올바른 논증은 '타당하다'(valid)고 한다. 형식적으로 타당하며 내용적으로도 맞는 논증을 '건전하다'(sound)고 한다. 이것이 강력한 논증, 설득력 있는 논증이다. 논증은 그것이 형식적으로 타당하고, 내용적으로 모든 전제들이 참일 때만 강력하고 설득력 있다.

이 장에서는 논증의 형식적 타당성을 주로 다룬다. 논증은 언제 타당한가? 이것을 다루는 것이 '형식 논리학'이다. 이 장은 고전적 '명제 논리'의 개괄적 설명으로 국한된다. 먼저 무엇이 타당한 논증인지를 정의하기 위해 논리의 성분들을 소개한다. 그 다음에 논증의 타당성을 평가하는 방법을 설명한다. 타당한 또는 부당한 논증의 다양한 형식들을 소개한다. 끝맺는 부분에서는 논증들이 어떻게 비판될 수 있는지를 설명한다.

^서양 철학에서 논리학은 크게 둘로 나뉜다. 모순에 근거하는 '변증법(적 논리)'와 모순을 가장 큰 오류로 보는 '형식 논리학'(formal logic)이 그것이다. '형식'(form)은 아리스토텔레스가 말한 '형상'과, 내용이 빠진 '형식'의 둘을 의미한다. 형식 논리학은 그 둘을 다룬다.

형식 논리학은 삼단 논법이 주를 이룬다. 또한 명제를 다루기 때문에 '명제 논리'라 한다. 서양 현대 철학의 '술어 논리'와 다르다. 그리고 이 장에서 설명은 주로 연역적 추론이다. 귀납법은 제외한다.

15.1 논리의 성분

형식 논리학이 다루는 언명(言明)이란 무엇인가? 언명은 참이거나 거짓인 문장이다. 참도 아니고 거짓도 아니거나, 또는 참이기도 하고 거짓이기도 한 문장은 언명에서 제외한다. 예를 들어, "잘 생각해 봐!"는 언명이 아니라 명령이다. 이는 참도 거짓도 아니다. 반면 "오늘은 해가 비친다"는 참이 거나 거짓이다. 창문을 내다보기만 하면, 무엇이 진실인지 알 수 있다.

전제에서 결론을 이끌어냄: 논증은 전제와 결론으로 이루어진다. 그 둘은 명제들이다.[29] 논증들은 일상적으로는, 아니 철학적 텍스트에서도, 종종 불완전하다. 예를 들어 "해가 비친다"는 언명을 "해가 비치는 것을

---

29 언명(言明)은 자기의 뜻을 명확하게 밝혀 말함이다. 명제(命題)는 논리적으로 참 거짓을 가릴 수 있는 문장이다. 논리학에서는 주로 '명제'라 한다.

봄"으로써 증명한다면, 일반적으로 인정되겠지만, 논리학에서는 불완전한 논증이다. 왜 그러한가? 전제는 "해가 비친다는 것을 봄"이다. 결론은 "해가 비친다." 전제와 결론 사이에 논리적 관계를 맺어주는 언명이 없기 때문에, 아직 완전한 논증이 아니다. "해가 비치는 것을 보면, 해가 비친다"를 중간에 넣어야 한다.

만약 해가 비치는 것을 내가 본다면, 해가 비친다. (제1 전제)
나는 해가 비치는 것을 본다. (제2 전제)
이로부터 뒤따라 나옴:
해가 비친다. (결론)

이 논증은 타당한가? 이에 대답하기 위해서는 타당한 논증이 정확하게 무엇인지가 먼저 설명되어야 한다.

타당한 논증은 하나의 특수한 형식으로 나타난다. 만약 전제들이 참이면, 결론도 참이다. 결론이 전제들로부터 논리적으로 뒤따른다. 전제들이 참인가, 그리고 그 내용은 무엇인가 하는 내용적 문제는 논증의 타당성(valid)을 평가하는 데 중요하지 않다. 형식 논리학은 말 그대로 '형식'만을 다룬다. 내용을 제외한다. 따라서 논증은 내용적으로 거짓인 전제들을 포함하고도, 형식적으로 타당할 수 있다. 이 사실은 앞의 것과 정확하게 똑같이 구성한, 다음의 논증이 보여 준다.

만약 소크라테스가 이방인이라면, 그는 그리스인이 아니다.
소크라테스는 이방인이다.
이로부터 뒤따라 나옴:
소크라테스는 그리스인이 아니다.

소크라테스는 그리스인이기 때문에, 두 번째 전제 뿐만 아니라 결론 또한 거짓이다. 그럼에도 이 논증은 형식적으로 타당하다. 반대로, 타당한 논증이라고 해서 언제나 참인 전제들로부터 참인 결론으로 나아가는 것은 아니다. 예를 들어, 다음의 논증은, 전제들과 결론이 내용적으로 참이긴 하지만, 형식적으로 부당하다.

만약 소크라테스가 플라톤의 스승이었다면, 플라톤은 대화편을 썼다.
플라톤은 대화편을 썼다.
이로부터 뒤따라 나옴:
소크라테스는 플라톤의 스승이었다.

이 결론은 나오지 않는다. 후건(後件) 긍정의 오류이기 때문이다. (뒤의 '논증 형식 1' 참조) 논증이 타당하지 않고, 따라서 그것은 전제들이 참인 모든 경우에 참인 결론으로 진행하는 것이 아니다.

논증이 형식적으로 타당하다면, 전제들이 참일 때, 결론도 참인 추론을 할 수 있다. 논리학은 이 확실성을 보장한다. 따라서 논증을 평가할 때 유일하게 중요한 것은 그것의 형식이다. 그러므로 논증의 타당성을 테스트하려면 우선 그것의 형식을 조사해야 한다.

이를 위해서 언명의 자리에 명제 기호 p, q, r을 대입한다. 명제 "해가 비친다"는 p라고 하고, 명제 "눈이 내린다"는 q라고 하자.

만약 p라면 q이다.
p이다.
이로부터 뒤따라 나옴.
q이다.

"만약 ~라면, ~이다"는 명제는 두 개의 언명이 연결된 표현이다. 일상어의 접속사는 논리학에서 연산자에 해당한다. 표현 "만약 ~라면, ~이다"에 대응하는 연산자는 화살표 →로 나타낸다. 이를 '**실질적인 함언**(含言 포함하는 말)'이라 한다.

"이로부터 뒤따라 나옴"은 전제들을 결론과 연결한다. 이 표현 속에는 "만약 ~라면, ~이다"라는 구성이 숨어 있다. 만약 전제들이 참이라면, 결론 역시 참이다. '이로부터 뒤따라 나옴'이라는 표현은 수평선으로 나타낸다. 이를 '**형식적 함언**'이라고 부른다.

이를 실질적 함언과 혼동해서는 안 된다. 실질적 함언은 단순 언명들을 복합 언명으로 결합할 뿐이다. 논증을 나타내지는 않는다.

그러면 앞의 논증을 기호를 쓴 형식으로 바꾸면 다음과 같다.[30]

$$\begin{array}{l} p \rightarrow q \\ \underline{p \qquad} \\ q \end{array}$$

이 논증이 타당한지를 평가하기 위해서는 먼저 등장하는 모든 논리적 연산자가 정의되어야 한다. 이 장에서 논의되는 모든 논증 형식을 이해하고 평가하기 위해서는 다음 네 개의 연산자이면 충분하다.

30 근대 이후 형식 논리학자들은 논리학에서 일상 언어를 몰아내려 했다.

일상어의 표현	연산자 이름	논리적 기호
만약 -라면, -이다	함언(含言)	→
그리고	연언(連言)	∧
또는	선언(宣言)	∨
아니다	부정	¬

표의 마지막인 ¬은 간단하게 정의될 수 있다. 그것은 어떤 명제를 부정하는 것이다. 그것으로는 두 개의 명제가 연결되지 않는다.

1) **부정의 정의:** "¬p"는 p를 부정한 것이므로, p가 거짓일 경우에만 참이다. 비트겐슈타인(Ludwig Wittgenstein, 1889-1951)이 개발한 진리값표의 도움을 받으면, 논리적 연산자들의 정의가 일목요연하게 표현된다. w는 '참' (wahr)을, f는 '거짓'(false)을 나타낸다.

p	¬p
w	f
f	w

언급한 다른 세 개의 표현들은 각각 두 개의 언명들을 서로 연결한다. 모든 언명들이 두 개의 진리값, 즉 '참'과 '거짓'을 가질 수 있으므로, 결과적으로 정확히 네 개의 가능한 조합이 생겨난다.

p 참, q 참 / p 참, q 거짓 / p 거짓, q 참 / p 거짓, q 거짓.

p	q
w	w
w	f
f	w
f	f

이 조합들의 도움을 받아 그 세 개의 논리적 연산자들, 함언(含言 포함하는 말), 연언(連言 연결된 말) 그리고 선언(選言 선택하는 말)이 정의된다.

2) 함언(含言)의 정의: "p → q"는 "p이면 q이다"라는 뜻이다.

'함언'이란 p는 q를 포함하고 함축한다는 말이다.

"p → q"는 p가 참이고, q가 거짓인 바로 그 경우에만 거짓이고, 다른 모든 경우에는 참이다. 이는 아래 표를 보면 알 수 있다.

p	q	p → q
w	w	w
w	f	f
f	w	w
f	f	w

함언(含言)의 정의는 일상어 표현 "만약 ~라면, ~이다"와 정확하게 일치하지는 않는다. 일상어에서라면, "만약 에펠탑이 서울에 있다면, 울산시는 미국에 있다"는 내용적으로 참이라고 볼 수 없다. 그러나 형식적으로 보면 그 언명은 참이다. 왜냐하면 전건(前件 앞의 것)이 거짓일 경우, 후건(後件 뒤의 것)이 참-거짓, 어떤 진리값을 갖더라도 참이기 때문이다, 즉 그 언명은 그 진리값에 상관없이 참이다. 함언은 왜 다르게 정의되지 않고 이렇게 간단히 정의되는가? 이런 방식으로 그 논리 법칙이 좀 더

간단하게 표현되기 때문이다.

3) 연언(連言)의 정의: "p∧q"는 "p 그리고 q이다"라는 말이다.

'연언'은 p와 q 를 연결하는 말이다.

"p∧q"는 p와 q 모두 참일 바로 그 경우에만 참이고, 다른 모든 경우에 그 언명은 거짓이다. 아래 표를 보라.

p	q	p∧q
w	w	w
w	f	f
f	w	f
f	f	f

4) 선언(選言)의 정의: '선언'은 p 또는 q를 선택한다는 뜻이다.

"p∨q"는 "p 또는 q이다"라는 말이다.

"p∨q"는 p와 q 모두 거짓일 바로 그 경우에만 거짓이다. 나머지 경우는 참이다. 아래의 표를 보라.

p	q	p∨q
w	w	w
w	f	w
f	w	w
f	f	f

선언(選言)에서 '또는'은 일상어의 '또는'과 의미가 정확하게 같지는 않다. 일상에서는 '또는'은 여러 해석이 가능하다.

'또는'은 '포함적 또는'과 '배타적 또는'이 있다.

"치즈 또는 과자를 먹어라!"에 대해서 ; '포함적 또는'일 경우는 "치즈를 먹거나 또는 과자를 먹거나, 또는 둘 *다 먹어라*"를 의미한다. '배타적 또는'이면, "치즈 또는 과자를 먹되, 둘 *다는 먹지 말라*"를 의미한다.

논리학에서는 위의 ∨로 표시된 선언(또는)은 '포함적 또는'이다. 이는 '배타적 또는'보다 훨씬 더 중요하다. 그 이유는 앞에서와 마찬가지로, 어떤 논리법칙들은 그로써 더 간단하게 표현되기 때문이다.

5) **진리값표**를 사용하면 논리적 연산자들의 의미뿐만 아니라, 논증의 결론의 진리값도 결정할 수 있다. 진리값표는 타당한 논증 형식과 부당한 논증 형식을 구별할 수 있게 해 주는 유효한 수단이다. 전제가 참인 경우에 결론 역시 참이라면 그 논증은 타당하다. 이 조건을 충족시키는지 여부는 진리값표로 알 수 있다.

"만약 전제들이 성립한다면, 결론이 성립한다." 전제들과 결론의 결합이 항상 참이다. 이것을 증명함으로써, 논증의 타당성 테스트는 이루어진다.

어떤 경우에도 항상 참인 언명은 '동어 반복'(tautology)이라 불린다. 예를 들어, "전쟁은 전쟁이다"가 그런 것이다. 반대로 어떤 경우에도 참이 아닌 언명은 '모순'이라고 불린다. "비가 오면서, 비가 오지 않는다"는 모순이다. 어떤 경우에도 참이 아니다.

"만약 전제들이 성립한다면, 결론이 성립한다."라는 언명이 동어반복이라면, 그 논증은 타당하다. 그러나 그것이 동어반복인지 완전하게 증명하는 것은 시간과 노력이 많이 든다. 그 방법이 간단하지도 않다. 그러므로 이제 진리값표에 따라 간단히 결정하는 방법을 소개한다.

15.2 타당한 논증 형식

이제 진리값표의 도움을 받아 논증의 진위를 결정하는 간단한 방법을 제시한다. 여섯 개의 타당한 논증 형식이 있다.

15.2.1 논증 형식 1: 전건 긍정(modus ponens)

1) **전건 긍정식**: 이 장의 첫머리 307쪽에서 언급한 논증은 전건(前件 앞의 것) 긍정 논증의 한 예이다. 이 논증 형식은, 그 안에서 함언(含言)의 전건이 전제로서 긍정되기 때문에 그렇게 불린다.

만약 내가 해가 비치는 것을 본다면, 해가 비친다.
나는 해가 비치는 것을 본다.
이로부터 뒤따라 나옴:
해가 비친다.

이 논증은 타당한가? 세 단계를 거쳐서 대답에 도달한다.
첫째로, 논리적 형식을 규명해야 한다.
이는 일상어로 표현된 명제를 기호화시키는 작업이다.

$p \rightarrow q$
p
―――
q

둘째로, 언명의 진리값표를 작성해야 한다.

p	q	p → q
w	w	w
w	f	f
f	w	w
f	f	w

셋째로, 전제들이 참인 경우에 항상 결론이 참인지 검토한다. 다음의 표에서, 전제(p → q, p)가 둘 다 참인 경우가 하나가 있고, 그것은 결론(q)이 참이다.(첫줄) 따라서 이 논증은 타당하다. 다르게 보자면, "p이면 q이다. p이다. 그래서 q이다"의 경우 p가 참인 경우 q가 참이면 이 논증 전체는 참이다. 아래의 표에서 첫 번째 줄이 그것이다.

p	q	p → q
w	w	w
w	f	f
f	w	w
f	f	w

2) **후건 긍정식**: 전건 긍정식과 매우 유사한 형식을 갖는 논증이 있다. 후건 긍정식이 그것이다. 전건 긍정식이 타당하면, 후건 긍정식은 부당하다. 후건 긍정식의 예는 다음과 같다.

해가 비치면, 밖이 환하다.
밖이 환하다.
이로부터 뒤따라 나옴:
해가 비친다.

이 논증은 타당한가? 앞에서 말한 3단계 방법을 써서 시험해 보자. 먼저 논증의 논리적 형식을 기호화시키자.

$$\frac{p \rightarrow q \quad q}{p}$$

진리값표는 앞의 것과 동일하다. 표를 보면 전제(p→q, q)가 참인 것은 두 경우가 있다. 그 중 결론(p)이 한 경우에서는 참이고(첫줄), 다른 경우에서는 거짓이다(셋째줄). 그것은 전제가 참인 모든 경우에 결론이 참은 아니라는 것을 의미한다. 그러므로 이 논증은 부당하다.

p	q	p → q
w	w	w
w	f	f
f	w	w
f	f	w

하나의 논증이 부당하다는 것을 보여 주는 제2의 방법도 있다.

전제들이 참인 모든 경우에 결론이 참이라야만 논증은 타당하다. 그렇기 때문에, 참인 전제들로부터 거짓인 결론이 뒤따라 나오는 단 하나의 경우만으로도 논증이 부당하다는 것을 증명하기에 충분하다. 그러므로 논증의 부당성은, 동일한 형식을 가지고는 있으나, 참인 전제들로부터 명백하게 거짓인 결론으로 나아가는 하나의 새로운 논증을 제시함으로써도 증명할 수 있다. 아래의 경우를 보자.

울산시의 청소차가 햇빛이 비치는 날, 거리에 물을 뿌린다고 하자. 어떤 사람이 지나가다 다음과 같은 생각을 한다.

만약 방금 전에 비가 내렸다면, 거리가 축축할 것이다.
거리가 축축하다.
이로부터 뒤따라 나옴:
방금 전에 비가 내렸다.

이는 앞의 예와 같은 후건 긍정식이다.

$$\frac{\begin{array}{l} p \rightarrow q \\ q \end{array}}{p}$$

이 논증의 두 전제들은 참이나, 전에 비가 내리지 않았으므로 결론은 거짓이다. 이 논증 형식은 부당하다. 이 형식이 모든 경우에서, 참인 전제들에서 참인 결론으로 나아가는 것은 아니다.

15.2.2 논증 형식 2: 후건 부정(modus tollens)

1) **후건**(後件 뒤의 것) **부정 논증**은 함언(含言)의 후건이 전제로서 부정되기 때문에 그런 이름으로 불린다. 그 예는 이렇다.

만약 방금 전에 비가 내렸다면, 거리가 축축할 것이다.
거리는 축축하지 않다.
이로부터 뒤따라 나옴:
비가 내리지 않았다.

타당성을 테스트하기 위해 앞에서 썼던 방법을 3단계로 적용한다. 그 논리적 형식은 기호화시키면 다음과 같다.

$$\frac{\begin{array}{l} p \rightarrow q \\ \neg q \end{array}}{\neg p}$$

그 진리값표는 이렇다.

p	q	p → q	¬q	¬p
w	w	w	f	f
w	f	f	w	f
f	w	w	f	w
f	f	w	w	w

두 전제(p → q, ¬q)가 모두 참인 경우가 정확하게 하나 있고, 이 경우에 결론(¬p) 역시 참이다. (넷째 줄) 그러므로 논증은 타당하다.

2) **전건 부정식**: 전건 긍정식과 똑같이, 후건 부정식에서도 비슷하지만 똑같지는 않은 형식을 보여 주는 논증이 있다. 전건 부정식의 한 예는 이렇다.

만약 내가 민주주의 국가에서 산다면, 나는 정치적으로 자유롭다.
나는 민주주의가 아닌 나라에서 살고 있다.
이로부터 뒤따라 나옴:
나는 정치적으로 자유롭지 않다.

그 논리적 형식을 기호화시키면 다음과 같다.

$p \rightarrow q$
$\neg p$
———
$\neg q$

진리값표를 보면 이렇다. 두 전제($p \rightarrow q$, $\neg p$)가 함께 참인 경우가 두 개 있는데, 이 경우들에서 결론($\neg q$)은 한 번은 참이고(넷째 줄), 한 번은 거짓이다(셋째 줄). 그러므로 이 논증 형식은 부당하다.

p	q	$p \rightarrow q$	$\neg q$	$\neg p$
w	w	w	f	f
w	f	f	f	w
f	w	w	w	f
f	f	w	w	w

이 논증의 부당성은 다음의 반례로써도 증명된다.

만약 김지영이 부산에 산다면, 그는 한국에 산다.
김지영은 부산에 살지 않는다.
이로부터 뒤따라 나옴:
김지영은 한국에 살지 않는다.

김지영은, 예컨대 사는 곳이 울산이라면, 부산에 살지 않으면서도 얼마든지 한국에 살 수 있다. 그러므로 두 전제들 모두 참이지만 결론은 거짓이다. 이것은 전건 부정 논증 형식이 부당함을 보여 준다.

15.2.3 논증 형식 3: 가언 삼단 논증

가언(假言 가정하는 말) 삼단 논증은 전제로서 두 개의 "만약 ~라면, ~이다"라는 가정적 명제(假言)를 포함한다. 이 명제들은 첫 번째 명제의 후건(後件)이 두 번째 명제의 전건(前件)을 이룬다. 서로 얽혀 있다. 그 한 예는 이렇다.

만약 비가 내린다면, 거리가 축축하다.
만약 거리가 축축하다면, 거리 색은 어둡다.
이로부터 뒤따라 나옴:
만약 비가 내린다면, 거리 색은 어둡다.

그 논리적 형식은 다음과 같이 기호화시킬 수 있다.

$$\begin{array}{l} p \rightarrow q \\ \underline{q \rightarrow r} \\ p \rightarrow r \end{array}$$

이것의 타당성 테스트는 많은 시간과 노력을 요한다. 이 논증은 세 개의 언명과, 이것의 진리값 조합을 합하여 여덟 개의 경우가 가능하다. 진리값표는 여덟 개의 조합들을 모두 다루어야 한다.

p	q	r	p → q	q → r	p → r
w	w	w	w	w	w
w	w	f	w	f	f
w	f	w	f	w	w
w	f	f	f	w	f
f	w	w	w	w	w
f	w	f	w	f	w
f	f	w	w	w	w
f	f	f	w	w	w

표를 보면 두 전제(p → q, q → r) 모두가 참인 경우가 네 개 있음이 드러난다. 그 네 개의 경우 모두에서 결론(p → r)이 참이다. 그로써 그 논증 형식이 타당함이 명시되었다.

15.2.4 논증 형식 4: 선언 삼단 논증

선언 삼단 논증은 전제에 하나의 선언(選言, 선택하는 말)을 포함한다. 그리고 두 번째 전제는 선언의 두 선택지 중에서 하나를 부정한다.

지민은 과자나 또는 치즈를 먹는다.
지민은 치즈는 먹지 않는다.
이로부터 뒤따라 나옴:
지민은 과자를 먹는다.

이 '또는'은 '포함적 또는'이다. (312쪽 참조)
이를 기호화시키면 다음과 같다.

$$\frac{\begin{array}{l} p \lor q \\ \neg q \end{array}}{p}$$

이것의 진리값표를 만들어 보면, 이 논증 형식이 타당하다.

p	q	p∨q	¬q	p
w	w	w	f	w
w	f	w	w	w
f	w	w	f	f
f	f	f	w	f

15.2.5 논증 형식 5: 양도 논증(Dilemma)

양도(兩刀) 논증은 선언(選言) 삼단 논증과 가언(假言) 삼단 논증의 조합으로 이루어진다. 아래에 제시된 도식을 보면, 첫 번째 전제는 두 가지 가능성을 제공하는 선언 명제이다. 두 선택지는 보통 모순되는 것이다. 둘째와 셋째 전제들은 첫째 전제의 두 선택지 중 하나씩을 다룬다. 어떤 선택지를 택해도, 결론은 같다.

그래서 딜레마(Dilemma)[31], 즉 진퇴양난이다. 일상에서는 이 결과가 나쁜 것이다. 사람들은 더 이상 출구가 보이지 않기 때문에, 진퇴양난에 처했다고 한다. 그러나 논리학에서는 그 결과가 나빠야 하는 것은 아닙니다.

딜레마의 논리적 형식은 다음과 같이 기호화시킬 수 있다.

31 Dilemma는 논리학에서는 양도 논증을 가리키지만 일상어로는 진퇴양난이라는 뜻이다. 양도(兩刀)는 '두 칼'로서, 두 선택지(Di lemma)를 의미한다.

$p \lor q$
$p \rightarrow r$
$q \rightarrow r$
$\overline{}$
r

딜레마 논증 형식을 사용한 일화가 있다. 젊은 그리스인 에우아틀로스가 수사학 선생인 프로타고라스와 약속을 한다. 에우아틀로스가 자신의 첫 번째 법정 소송에서 이기고 나면 수업료를 지불하겠다. 그러나 에우아틀로스는 한번도 소송에 참여하지 않았다. 그래서 프로타고라스가 수업료를 지불하지 않는다고 그를 고소했다. 그래서 에우아틀로스는 배운대로 다음과 같이 논증한다.

프로타고라스는 나에 대한 이 소송에서 이기거나 또는 진다.
만약 그가 이 소송에서 이긴다면, 나는 수업료를 내지 않아도 된다.
(왜냐하면 나는 나의 첫 번째 소송에서 졌기 때문이다.)
만약 그가 이 소송에서 진다면, 나는 수업료를 내지 않아도 된다.
(왜냐하면 나는 이 소송에서 이겼기 때문이다.)
이로부터 뒤따라 나옴:
나는 수업료를 내지 않아도 된다.

이에 대해서 프로타고라스도 똑같이 논증할 수 있다. 프로타고라스가 스스로를 변호하는 논증을 한번 만들어 보기 바란다.

15.2.6 논증 형식 6: 귀류 논증(Reductio ad absurdum)

여섯 번째이자 마지막으로 소개하는 형식은 귀류(歸謬) 논증이다.

라틴어 'Reductio ad absurdum'은 '부조리함으로 환원시킨다'는 뜻이다. 이를 한자로 '귀류(歸謬 오류로 돌아감)'라고 번역한다.

이 이름이 말해 주듯이, 그 전제들을 따라가면, 모순으로 귀결되거나, 말도 안 되는 어떤 것으로 결론이 난다. 따라서 전제들 중에서 최소한 하나는 틀렸음이 분명하다.

일반적으로 자신이 주장하려는 명제(A)와 정반대되는, 모순되는 명제(¬A)가 옳다고 임시로 가정한다. 그리고 ¬A의 귀결을 따져보면 그 자체로 모순되거나, 말도 안 됨을 보여준다. 따라서 ¬A가 틀렸기 때문에 A가 옳다는 것을 증명하는 것이다. 이는 후건(後件) 부정 논증의 확장이라 할 수 있다. 다음의 예를 보자.

신이 존재한다고 가정하자.
만약 신이 존재한다면, 인간은 자유롭다.
만약 신이 존재한다면, 인간은 자유롭지 않다.
이로부터 뒤따라 나옴:
인간은 자유로우며 자유롭지 않다.

이 결론은 모순이다.

이로부터 뒤따라 나옴:
신은 존재하지 않는다.

그 논리적 형식은 다음과 같다.

$$\begin{array}{l} p \\ p \rightarrow r \\ \underline{p \rightarrow \neg r} \\ \underline{r \wedge \neg r} \text{ (모순!)} \\ \neg p \end{array}$$

엄밀하게 말하면, 이 논증은 p가 거짓임을 보여 주는 것이 아니라, 단지 전제 중에 하나가 거짓이라는 것을 보여 준다. 그러나 두 번째와 세 번째 전제들이 모두 참이라는 가정에서 출발하면 p가 거짓이라고 추론할 수 있다.

^귀류법은 매우 강력하고 유용한 논증이기 때문에, 수학 등에서 자주 쓰인다. 위에 든 예는 약간 문제가 있다.

15.2.7 연습 문제

이로써, 중요한 여섯 개의 타당한 논증 형식들이 소개되었다. 새로 습득한 지식과 능력을 테스트하고 싶은 사람은 다음의 연습 문제들을 풀어도 좋다.

(1) 다음 논증들의 타당성을 검토하라.

만약 방금 전에 비가 내렸다면, 거리가 축축할 것이다.
방금 전에 비가 내렸다.
이로부터 뒤따라 나옴:
거리가 축축하다.

(2) 논증 형식 5의 양도 논증의 타당한 예를 드시오.

(3) 프로타고라스와 에우아틀로스 사이의 논쟁에 대하여:

a) 프로타고라스 역시 에우아틀로스에게 똑같은 논증을 한다. 그래서 에우아틀로스가 어쨌든 수업료를 지불해야 한다는 것을 논증한다. 어떻게 논증할 것인가?

b) 프로타고라스와 에우아틀로스 논증은 귀류 논증식을 가진 하나의 논증으로 합쳐진다. 이 논증의 결론은 무엇인가?

15.3 논증 비판

논증 형식을 미리 알고 있으면, 논증을 할 때 논증의 타당성을 매번 증명할 필요가 없다. 논증 형식은 목적을 위한 수단이다. 그것은 자신의 입장을 방어하거나 비판하기 위하여 사용된다.

논증을 비판할 때, 내적 비판과 외적 비판을 구별해야 한다. 내적 비판은 단지 논증 속에 포함된 것만을 다룬다. 그것은 일차적으로 논증의 형식을 탐구한다. 외적 비판은 논증의 내용을 겨냥하여, 새로운 사고 내용을 적용한다. 그것으로 논증의 건전성을 테스트한다.

1) 논증의 타당성

내적 비판의 첫 번째 가능성은 논증의 타당성을 거부하고 따지는 데 있다. 내적 비판이 어떻게 진행될 수 있는지는 앞의 장에서 상세하게 명시했다.

2) 논증의 인식적 가치

비록 부당하지는 않지만 매우 사소한 논증들이 있다. 그것들의 인식적 가치는 제로이다.

(1) 이러한 논증 가운데 하나가 **'선결 문제 요구'의 오류**이다. 선결 문제 요구의 오류를 범하는 논증에서는 결론 자체와 최소한 똑같이 설명이 필요한 전제들로부터 결론이 끌려 나온다. 그 예는 이렇다.

초자연적 힘이 있다.
만약 초자연적 힘이 있다면, 신은 존재한다.
이로부터 뒤따라 나옴:
신은 존재한다.

이 신 존재 증명은 결론에 있는 표현 '신' 보다 더 분명하지도 않은 표현 '초자연적 힘'을 사용한다. 이러한 논증의 인식론적 가치는 제로이다.

^'초자연적 힘'이라는 말과 '신'이라는 말은 사실상 같은 것이다. 신 존재를 증명하려 하면서, 신의 존재와 같은 '초자연적 힘'이라는 것을 미리 전제한 것이다. 이는 선결 문제 요구의 오류이다.

이런 논증은 새로운 인식을 우리에게 주는 것이 거의 없다.

(2) **순환 논증**: 선결 문제 요구의 오류의 특수한 한 경우가 '순환 논증'이다. 순환 논증에서는 결론이 전제로 사용된다. 정당화되어야 할 것(결론) 자체가 그것을 정당화하기 위해 사용되는 것(전제)이다. 아주 간단

한 그 한 예는 이렇다.

비가 내린다.
  이로부터 뒤따라 나옴:
비가 내린다.

이러한 논증을 통해서는 아무런 새로운 지식도 얻지 못한다. 이제 누구도 이러한 잘못을 저지를 만큼 어리석지는 않을 것처럼 보일 수도 있다. 그러나 유감스럽게도 이러한 논증들이 드물지 않게 작성된다.

^ 위에 든 예는 순환 논증이라기 보다는 동어반복(tautology)이다.

3) 애매성

(1) 일상어에는 애매한, 즉 다의적인(aequivocus) 표현들이 있다. 하나의 논증 안에서 표현들은 언제나 동일한 의미로 사용되어야 한다. 이것이 지켜지지 않으면, 거짓인 결론이 이끌려 나올 수 있다.

'일각수'의 의미는 존재한다.
'일각수'의 의미는 일각수이다.
  이로부터 뒤따라 나옴:
일각수는 존재한다.

여기서 문제는 표현 '의미'가 두 가지 상이한 방식으로 사용된다는 것이다. 첫번째는 사전에서 찾을 수 있는 의미를 뜻하고, 두번째는 표현이 가리키는 대상을 뜻한다.

일상어의 많은 표현들이 얼마나 부정확한지, 그리고 동일한 표현으로써 다른 어떤 것을 의미할 가능성이 얼마나 많은지를 생각해 보면, 어째서 애매성이 이 간단한 예가 설명하는 것처럼 보이는 것보다 더 큰 문제를 나타내는지 알 수 있다.

^일각수의 예는 애매성의 오류이기 이전에 논증 형식 자체가 틀렸다.

(2) 외적 비판: 만약 논증을 내적으로 비판할 수 없다면, 외적 비판에 호소한다. 외적 비판은 하나의 반대 논증을 세운다. 다시 말해서, 다른 전제들로 구성되어 있으면서, 첫 번째 논증에 반대되는 논증을 마주 세우는 것이다. 가상적 신 존재 증명이 그 예이다.

우주는 무한하거나, 또는 시작이 있다.
만약 우주가 무한하다면, 신은 존재한다.
(왜냐하면 신은 무한하기 때문이다.)
만약 우주에 시작이 있다면, 신은 존재한다.
(왜냐하면 신은 모든 것의 시작이기 때문이다.)
이로부터 뒤따라 나옴:
신은 존재한다.

이 논증에 대한 외적 비판이 여러 대목에서 가해진다. 모든 전제가 의심스럽다. 첫째로, 우주가 무한하지도 않고 시작도 없으나 끊임없이 새롭게 생성되는 것이 가능하다. 둘째로, 무한성이 신인 것은 아니다. 따라서 우주가 무한하다 하여 신이 존재해야 하는 것은 아니다. 똑같은 것이 마지막 전제에도 적용된다. 마지막으로, 그 결론에 반대해서도 신은 존재하지 않는다는 대략의 논증을 제시함으로써 반대 논증을 펼 수 있다.

(3) 철학적 논증의 의미

외적 논증은 논의 전체에 활기를 불어넣는다. 왜냐하면 이제 최소한 하나의 새로운 논증이 제시되어서 다시 테스트되어야 하고, 첫 번째 논증을 제시했던 사람이 그것을 거부하거나, 아니면 최소한 어떤 식으로 든 그것에 응대해야 하기 때문이다. 그러기 위해서는 다시 하나의 논증이 꼭 필요하다. 이것이 비판되려면 그것은 다시금 하나의 새로운 논증을 필요로 한다. 그러면 이 논증은 다시금 하나의 반대 논증과 만난다 … 이런 상황들을 보면, 철학은 끝이 없으며 사소하다는 비판을 받을 수도 있다. 그러나 이 두 비판은 쉽게 물리칠 수 있다.

철학적 논의를 할 때 발생할 수 있는 가지치기가 언제나 보다 작은 세부 사항들을 유발한다는 말은 맞다. 그러므로 꼬리에 꼬리를 물면 이 세부 사항들은 본래의 문제들과 더 이상 관계가 없다는 인상을 줄 수 있다. 그러나 그 관계는, 그 논의가 논리적으로 타당한 논증들과 더불어 이루어지는 한 존속한다. 따라서 이런 경우 세부사항에 대한 논의는 결코 사소하지 않다. 왜냐하면 만약 하나의 언명이 제기된 것이 틀림없다면, 이것이 전체 논증에 영향을 미칠 수 있기 때문이다. 도미노 놀이에서처럼 한 논증이 전복되면, 일련의 논증 전체를 넘어트릴 수 있다.

만약 계속 반복해서 동일한 논점으로 되돌아온다면, 논의는 끝이 없을 것이라는 인상을 줄 수도 있다. 논의에서, 양쪽의 논증이 기본적 전제들에 대한 견해차에 기초해 있다는 것을 알기 때문에, 사실상 더 이상 논의할 수 없는 논점에 도달할 수도 있다. 이런 대목에서는 아무리 애를 써도 그것이 참인지 거짓인지를 결정할 수 없는 때가 자주 있다. 이러한 논점에 도달하면 양쪽 논증의 강도를 비교 검토해야 한다. 이런 저런 전제를 더 중시하기 때문에, 그 한 논증이 어떤 사람에게는 더 그럴듯 하게 보인다. 그러나 그러한 중요성의 결정은 논리적으로도 자연과학적으로도 증명되지 않는다. 그러나 그러한 논점에 도달할 때까지 대부분의 경우 다소 먼 길을 가야 한다. 논리가 이 길을 가는 데 도움을 준다.

이 길의 긍정적인 결과는 사고를 명확하게 해 주는 데 있다.

참고문헌

I. 고대

요한네스 힐쉬베르거, 『서양 철학사』(상), 강성위 역, 이문출판사, 1996.

『철학 소사(小史)』 *Hans Joachim Störig, Kleine Weltgeschichte der Philosophie,* Frankfurt a. M.: Fischer, 1997.

이 짧은 철학사는 흥미롭고, 쉽게 읽을 수 있으며, 입문자에게 철학사에 대한 개관을 제 공해 준다.

『철학의 역사』 (12권) Wolfgang Röd (Hrsg.), *Geschichte der Philosophie,* 12 Bde., München: Beck, 1986 ff.

입증된 전문가들에 의해 쓰인 이 "철학사"의 전집은 철학사의 각 시기에 대한 상세한 설명을 담고 있다.

『현대 철학의 거장들』 Ansgar Beckermann / Dominik Perler (Hrsg.), *Klassiker der Philosophie heute*, Stuttgart: Reclam, 2004.

이 책은 문제를 중심으로 철학자와 그의 사상을 다룬 37개의 장으로 구성되어 있으며, 철학의 역사에 대한 좋은 개관을 제공해 준다.

1. 철학

고전 텍스트

플라톤, 『국가』, 박종현 역, 서광사, 2005.

Platon, *Der Staat*, übers. von Karl Vreska, Stuttgart: Reclam, 1982 [u. ö.].

플라톤의 주된 저작. 그의 많은 다른 저작들처럼 이 대화편은 철학이란 무엇인지를 다루고 있다. 여기에 동굴의 우화가 나온다.

플라톤, 『메논』, 박종현 역, 서광사, 2010.

Platon, *Menon*, griech/dt., übers. von Margarita Kranz, Stuttgart: Reclam, 1994 [u. ö.].

여기서 플라톤은 상기(想起)로서의 인식을 주장한다.

플라톤, 『소크라테스의 변명』, 왕학수 역, 동서문화사, 2017.

Platon, *Die Apologie des Sokrates*, griech/dt., übers. von Mafred Fuhrmann, Stuttgart: Reclam, 1986 [u. ö.].

플라톤은 검토되지 않은 인생은 살 만한 가치가 없다는 소크라테스의 생각을 대변한다.

입문서

『철학. 초심자를 위한 안내서』 Jay F. Rosenberg, *Philosophie. Ein Handbuch für Anfänger*, übers. von Brigitte Flickinger, Frankfurt a.M.: Klostermann, 2006.

훌륭한 철학 입문서이다. 논증을 형식과 내용에 따라 어떻게 평가하는지, 논증들을 어떻게 비판하는지, 그리고 어떻게 철학적 논문을 쓰는지를 로젠베르크는 잘 보여 준다.

『분석과 철학. 철학 입문』 Peter Strawson, *Analyse und Metaphysik. Eine Einführung in die Philosophie*, übers. von Charlotte Hochkeppel, Müchen: Deutscher Taschenbuch-Verlag, 1994.

개념 분석과 철학 일반에 대해 명확하고 이해하기 쉽게 설명한다. 주로 형이상학, 인식론, 그리고 언어철학에 대한 물음들을 다루고 있다.

토마스 네이글, 『이 모든 것의 철학적 의미는?』, 김형철 역, 서광사, 1989.

『이 모든 것이 의미하는 바는? 철학에 대한 짧은 입문서』 Thomas Nagel, *Was bedeutet das alles? Eine ganz kurze Einführung in die Philosophie*, übers. von Michael Gebauer, Stuttgart, Reclam 1990 [u. ö.].

현대 철학에서 유명한 철학자 중 한 사람이 네이글이다. 특히 간결하고, 체계적인 구성과 명료한 언어가 특징이다. 철학자의 이름 저작 등은 의도적으로 적지 않고, 오직 논증만 중점적으로 다룬다. 지식의 확실성부터 단어들의 의미, 인생의 의미를 다룬 10개의 장으로 구성되어 있다.

『우리는 무엇을 알 수 있고, 무엇을 해도 되는가? 철학 입문』 Nigel Warburton, *Was können wir wissen, was düfen wir tun? Einstieg in die Philosophie*, übers. von Martin Suhr, Reinbeck bei Hamburg: Rowohlt, 1998.

쉽게 이해할 수 있는 입문서이다. 논증을 중점적으로 다루기보다는 주제별로 다양한 물음들과 입장들에 대해 잘 정리해 놓았다.

『사유. 위대한 철학적 물음들』 Simon Blackburn, *Denken. Die großen Fragen der Philosophie*, übers. von Gundrun Schäfer, Darmstadt: Primus, 2001.

좋은 입문서이다. 우리는 무엇을 알 수 있는가, 우리는 자유로운가, 우리는 무엇을 해야만 하는가 등과 같은 철학의 중요한 물음들과, 데카르트, 로크, 흄, 칸트 등 위대한 철학자의 저작에서 발췌한 구절들을 다룬다.

『철학. 삽화가 있는 사유 여행』 David Papineau (Hrsg.), *Philosophie. Eine illustrierte Reise durch das Denken*, übers. von Nikolaus de Paléziex, Darmstadt: Wissenschaftliche Buchgesellschaft, 2006.

여섯 명의 전문가들이 여섯 개의 철학의 분야에 입문서를 썼다. 각 주제에 대해서 중요한 테제, 입장, 논쟁들을 최대 네 쪽 분량으로 짧고 간결하게 소개한다.

2. 덕과 행복

고전 텍스트

플라톤, 『고르기아스』, 김인곤 역, 이제이북스, 2014.

Platon, *Gorgias oder Ueber die Beredsamkeit*, übers. von Friedrich Schleiermacher, neu hrsg. von Kurt Hildebrand, Stuttgart: Reclam, 1989.

저명한 소피스트 고르기아스에 따라 이름지어진 이 대화편에서 플라톤은 힘(권력) 있는 자가 행복하다는 주장을 반박하는 논증을 한다.

플라톤, 『국가』, 박종현 역, 서광사, 2010.

Platon, *Der Staat* (Politeia), ubers. von Karl Vretska, Stuttgart: Reclam, 1982.

플라톤의 주저로 통한다. 이 대화편은 "정의란 무엇인가" 라는 물음에 전념한다. 초반에 "강한 자가 정의롭고 행복하다"는 견해를 반박한다. 제4권의 종반부까지 "정의로운 자만이 행복하다"는 주장을 논증한다. 또한 국가의 정확한 구성, 형이상학, 인식 이론에 관한 광범위한 논고들이 뒤를 잇는다.

아리스토텔레스, 『니코마코스 윤리학』, 천병희 역, 숲, 2013.

Aristoteles, *Nikomachische Ethik*, übers. von Franz Dirlmeier, Stuttgart: Reclam, 1969.

아리스토텔레스는 선, 탁월함, 쾌락, 우정, 행복에 관한 상세한 설명을 제공한다. 특히 1권과 10권에서 행복에 관해 논증한다.

에피쿠로스, 『쾌락』, 오유석 역, 문학과 지성사, 1998.

『메논 서신』, 에피쿠로스 Epikur, "Brief an Menoikeus" in: Epikur, *Briefe, Sprüche, Werkfragmente*, griech.ldt., übers. und hrsg. von Hans-Wolfgang Krautz, Stuttgart: Reclam, 1980. 5.41-51.

이 편지 속에 에피쿠로스의 헤도니즘에 관한 주요 주장이 들어 있다.

세네카, 『세네카의 인생철학』, 김현창 역, 동서문화사, 2017.

『도덕의 소사전』, 에픽테투스 Epiktet, *Handbuchlein der Moral*, übers., mit Einl. und Anm. von Ernst Neitzke, Stuttgart: Reclam, 1992 [u.o.].

에픽테투스의 이 책은 스토아 학파 윤리학의 고전적 텍스트이다.

입문서

『행복, 그것은 무엇인가?』 Gunther Bien, *Glück –was ist das?*, Frankfurt a. M.: Knecht, 1999.

행복 문제에 관한 간략한 입문서이다. 비엔은 세심하게 행복의 다양한 의미들을 서술하고 많은 중요한 문제들을 제기한다.

『고대의 삶의 기예』 Christoph Horn, *Antike Lebenskunst*, Munchen: Beck, 1998.

고대의 행복이론에 관해 이해하기 쉽게 쓴 조망을 제공한다.

『고대의 행복 이론: 퀴니코스(견유 학파), 퀴레네, 스토아, 에피쿠로스 학파, 회의주의』 Malte Hossenfelder, *Antike Glückslehren: Kynismus und Kyrenaismus, Stoa, Epikureismus und Skepsis*, Stuttgart: Kroner, 1996.

이 책은 다루고 있는 원전들에 관한 유용한 입문적 지식을 담고 있다.

『인간의 행복에 대하여: 아리스토텔레스, 에피쿠로스, 스토아, 토마스 아퀴나스, 칸트』 Maximilian Forschner, *Üeber das Glück des Menschen: Aristoteles, Epikur, Stoa, Thomas von Aquin, Kant*, Darmstadt: Wissenschaftliche Buchgesellschaft, 1993.

다양한 고대 행복 이론과 중세와 근세에 있어 그것의 지속 발전에 관한 훌륭한 입문서이다.

3. 자유와 필연

고전 텍스트

아리스토텔레스, 『니코마코스 윤리학』, 천병희 역, 숲, 2013.

Aristoteles, *Nikomachische Ethik*, übers. von Franz Dirlmeier, Stuttgart: Reclam, 1969.

제3권은 인간의 행위 자유의 문제에 유익한 접근 방법을 제공한다.

「본성에 관하여」, in 『헬레니즘의 철학자들, 텍스트와 주해』, 에피쿠로스 Epikur, 『De Natura』 (34.26-30), in: Anthony A. Long / David N. Sedley (hrsg.), *Die hellenistischen Philosophen, Texte und Kommentare*, übers. von Karlheinz Hiilser, Stuttgart: Metzler, 2000, S. 120-121.

이는 결정론에 대한 최초의 명시적인 거부이며, 낙관주의적 비양립주의를 근거하려는 최초의 시도이다.

『운명에 관하여』, 키케로 Cicero, *De fato* (21-25), in: Long/Sedley, S. 122-124.

키케로는 에피쿠로스의 논증과 대립하면서 크리시포스의 양립주의를 설명한다.

스피노자, 『에티카』, 강영계 역, 서광사, 2007.

Spinoza, *Die Ethik*, latJdt., Ubers. von Jakob Stern revid. von Irmgard Rauthe-Welsch, Nachw. von Bernhard Lakebrink, Stuttgart: Reclam, 1977.

스피노자는 그의 주저에서 특히 결정론이 참이라고 논증한다. 그럼에도 불구하고 자유 는 존재한다는 것이다. 자유는 스피노자에 따르면 이성에 따라 행위하는 것, 다시 말해 서 죽음의 공포에 끌려가지 않고 자기 자신의 유익을 찾아서 고유한 삶을 보존하려고 시 도하는 것이다.

데이비드 흄, 『인간의 이해력에 관한 탐구』, 김혜숙 역, 지식을 만드는지식, 2012.

David Hume, *Eine Untersuchung über den menschlichen Verstand*, uebers. und hrsg. von Herbert Herring, Stuttgart: Reclam, 1967.

8장에서 흄은 양립주의적 입장을 표명한다. 'Understanding'을 과거에는 '오성(悟性)'으로, 요즘은 '지성(知性)'으로 번역한다. 김혜숙은 '이해력'이라고 원래의 뜻대로 번역했다.

임마누엘 칸트, 『윤리 형이상학 정초』, 백종현 역, 아카넷, 2014.

Immanuel Kant, *Grundlegung zur Metaphysik der Sitten*. Dritte Auflage, hrsg. und eingef. von Theodor Valentiner, Stuttgart: Reclam, 1953.

칸트는 인간이 감각 세계 뿐만 아니라, 다른 세계, 이른바 '지성(이해력) / 지성 세계'에 속한다는 사실을 통해서 인간의 자유를 근거 짓는다.

『자유 의지에 관한 현상금 당선 논문』, 쇼펜하우어 Arthur Schopenhauer, "Preisschrift über die Freiheit des Willens", in: A. S., *Die beiden Grundprobleme der Ethik*, behandelt in zwei akademischen Preisschriften, Hamburg: Meiner, 1978-79.

쇼펜하우어는 인간의 자유 의지에 관련된 비관주의를 제시한다.

프리드리히 니체, 『선악의 저편』, 김정현 역, 책세상, 2002.

Friedrich Nietzsche, *Jenseits von Gut und Böse. Vorspiel einer Philosophie der Zukunft*, Stuttgart: Reclam, 1988.

니체는 자유 의지의 문제를 강한 의지와 약한 의지에 관한 문제로 이해하길 제안한다.

『인간의 자유와 자아』, 치좀 Roderick Chisholm, "Die menschliche Freiheit und das Selbst", übers. von Christoph Taul, in: Ulrich Pothast (hrsg.), *Seminar: Freies Handeln und Determinismus*, Frankfurt a. M.: Suhrkamp, 1978, S. 71-87.

치솜은 충분치는 않지만 그럼에도 인과적으로 작용하는 원인됨 · 야기함의 특수한 형식이 존재한다고 논증한다. 인격 스스로가 행위의 원인자이다.

『자유와 원망함』, 스트로슨 Peter Strawson,"Freiheit und Übelnehmen", übers. von Christoph Taul, in: Pothast, S. 201-233.

스트로슨은 우리가 타인들에게 책임과 더불어 자유를 귀속시키는 것과 다르게 원하거나, 달리할 수 없다고 논증한다.

대니얼 데닛, 『자유는 진화한다』, 이한열 역, 동녘사이언스, 2009.

『팔꿈치를 움직일 수 있을 만큼의 자유: 자유 의지의 바람직한 형식들』, 데닛 Daniel Dennett, *Ellenbogenfreiheit: die wünschenswerten Formen vom freien Willen*, übers. von Uta Müller-Koch, Weinheim: Beltz Athenaum, 1994. Elbow Room: The Varieties of Free Will Worth Wanting 1984, Cambridge, MA: Bradford Books/ MIT Press.

데넷은 양립주의적 입장을 논증한다.

입문서

줄리언 바지니, 『자유의지. 자유의 가능성 탐구』, 서민아 역, 스윙밴드, 2017

리브김, 『철학자가 된 셜록 홈즈 – 현대 심리철학으로의 모험』, 새물결플러스, 2018.

마르쿠스 가브리엘, 『나는 뇌가 아니다』, 전대호 역, 열린책들, 2018.

『자유의 도구. 고유 의지의 발견에 대하여』 Peter Bieri, *Das Handwerk der Freiheit. Über die Entdeckung des eigenen Willens*, Frankfurt a. M.: Fischer, 2003.

비에리는 자유 의지의 문제를, 전문 용어를 사용하지 않고도 대단히 정확하게 논의한다. 그는 도스토예프스키의 소설 『죄와 벌』을 참고한다. 이 소설은 책임의 문제에 관해서 문학적 대가의 날카로운 통찰을 담고 있다.

『우리는 얼마나 자유로운가? 결정론 문제』 Ted Honderich, *Wie frei sind wir? Das Determinismus-Problem*, Stuttgart: Reclam, 1995.

자유 의지 문제에 대한 짧지만 훌륭한 입문서이다.

II. 중세

『세계 철학 소사 小史』 Hans Joachim, *Kleine Weltgeschichte der Philosophie*, Frankfurt a.M.: Fischer, 1997.

이 철학사는 흥미롭고, 쉽게 이해할 수 있으며, 입문자에게 좋은 개관을 제공해 준다.

『철학의 역사』 Wolfgang Röd (Hrsg), *Geschichte der Philosophie*, 12 Bde., Müchen: Beck, 1986 ff.

입증된 전문가들이 쓴 이 전집은 철학사의 각 시기에 대한 상세한 설명을 담고 있다.

4. 신 존재의 증명

고전 텍스트

데이비드 흄, 『인간의 이해력에 관한 탐구』, 김혜숙 역, 지식을 만드는지식, 2012.

David Hume, *Eine Untersuchung über den menschlichen Verstand*, übers. und hrsg. von Herbert Herring, Stuttgart: Reclam, 1967 [u. ö.].

10장과 11장에서 흄은 기적 논증과 목적론적 신 존재 증명에 대한 비판을 다룬다.

『자연종교에 관한 대화』, 흄 David Hume, *Dialoge über natürliche Religion*, übers. und hrsg. von Norbert Hoester, Stuttgart: Reclam, 1981 [u. ö.].

이 대화편에서 흄은 신의 존재에 찬성 혹은 반대하는 다양한 인물들의 토론을 진행시킨다.

토마스 아퀴나스, 『신학 대전』 2, 정의채 역, 바오로딸, 2014.

Thomas von Aquin, *Summa theologiae*, Stuttgart: Körner, 1934-38.

아퀴나스는 존재론적 신 존재 증명을 거부하고, 신을 인식할 수 있는 다섯 가지의 길을 제시한다. 그중에 목적론적 신 존재 증명이 있다.

데카르트, 『성찰』, 이현복 역, 문예출판사, 1997.

René Descartes, *Meditationes de Prima Philosophia / Meditationen über die Erste Philosophie*, übers. und hrsg. von Gehard Schmidt, Stuttgart: Reclam, 1986 [u. ö.].

데카르트는 목적론적, 존재론적 형태의 신 존재 증명을 제시한다.

『선한 신을 위한 변신론』, 라이프니츠 Gottfried Wilhelm Leibniz, *Die Theodizee von der Güte Gottes, der Freiheit des Menschen und dem Ursprung des Übels*, in: G.W.L., *Sämtliche Schriften und Briefe*, Darmstadt: Akademie Verlag, 1985.

라이프니츠는 이 세계는 모든 가능한 세계 중 최선의 세계라는 논증을 한다.

파스칼, 『팡세』, 이환 역, 민음사, 2003.

Blaise Pascal, Gedanken: *Über die Religion und einige andere Themen*, übers. von Ulrich Kunzmann, Stuttgart: Reclam, 2004.

파스칼은 신의 존재에 대한 물음을 신을 믿는 쪽이 더 합리적으로 보이는 하나의 내기로 설명한다.

임마누엘 칸트, 『순수 이성 비판』 1, 2, 백종현 역, 아카넷, 2006.

Immanuel Kant, *Kritik der reinen Vernunft*, Stuttgart: Reclam, 1996 [u. ö.].

칸트는 세 개의 고전적 신 존재 증명인 목적론적, 우주론적, 존재론적 신 존재 증명을 반박한다.

입문서

리처드 도킨스, 『눈 먼 시계공』, 이용철 역, 사이언스북스, 2004.

알리스터 맥그래스, 『도킨스의 신』, 김지연 역, SFC출판사, 2017.

필립 존스 외, 『위대한 지적 설계 그 흔적들』, 새물결플러스, 2014.

『유신론의 놀라움. 신 존재에 대한 찬성과 반대 논증들』, 매키 John Leslie Mackie, *Das Wunder des Theismus. Argumente für und wider die Existenz Gottes*, übers. von Rudolf Ginters, Stuttgart: Reclam, 1985.

꼼꼼하고 명확하고 이해하기 쉽게 쓴 이 책은 다양한 신 존재 증명에 대한 최고의 입문서이다.

III. 근대

『철학의 작은 세계사』 Hans Joachim Störig, *Kleine Weltgeschichte der Philosophie*, Frankfurt a. M.: Fischer, 1997.

이 철학사는 몰입감을 주며, 쉽게 이해될 수 있으며, 입문자에게 훌륭한 개관을 제공한다.

『철학사』 Wolfgang Röd (Hrsg.), *Geschichte der Philosophie*, 12 Bde., München: Beck, 1986 ff.

검증된 전문가들이 쓴 이 시리즈는 철학사의 각 시대에 대한 상세한 서술을 포함한다.

5. 외부세계

고전 텍스트

데카르트, 『성찰』, 이현복 역, 문예출판사, 1997.

René Descartes, *Meditationes de Prima Philosophia/ Meditationen über die Erste Philosophie*, übers. und hrsg. von Gerhard Schmidt, Stuttgart: Reclam, 1986 [u. ö.]

첫 번째 성찰에서 데카르트는 과격한 회의주의를 제시한다. 꿈 논증과 악마 가설이 그것이다.

존 로크, 『인간 지성론』, 추영현 역, 동서문화사, 2011.

John Locke, *Versuch über den menschlichen Verstand*, übers. von Carl Winckler, Hamburg: Meiner, 2000.

모든 관념을 단순 관념으로 환원시키는 경험주의의 고전적인 저작이다. 일차 성질과 이차 성질을 구별하는 유명한 서술이 포함되어 있다.

『인간 인식의 원리들』, 버클리 George Berkeley, *Eine Abhandlung über die Prinzipien der menschlichen Erkenntnis*, übers. von Gunter Gawlik und Lothar Kreimendahl, Stuttgart: Reclam, 2005.

여기에는 관념론에 대한 고전적 공식이 등장한다 (특히 §§1-10 과 §§22-33).

임마누엘 칸트, 『순수 이성 비판』 1, 2, 백종현 역, 아카넷, 2006.

Immanuel Kant, *Kritik der reinen Vernunft*, Stuttgart: Reclam, 1966 [u. ö.].

칸트의 주저이다. 선험론적 관념론 이론을 발전시킨다.

「외부세계의 증명」 in 『철학적 논문들』 G. E. Moore, "Proof of an External World", in: *Philosophical Papers*, collier books, New York, 1939, 126-148.

무어는 실재론을 건전한 상식(인간 지성)으로 방어하려 한다.

루드비히 비트겐슈 타인, 『확실성에 관하여』, 이영철 역, 책세상, 2006.

Ludwig Wittgenstein, "Über Gewissheit", in: *L.W., Werkausgabe*(, Bd.8, Frankfurt a. M.: Suhrkamp, 1984, S. 113-257.

비트겐슈타인은 무어의 외부 세계 증명을 따지면서 논의를 시작한다. 특정한 언명을 확실한 것으로 전제하지 않은 채, 회의주의자의 의심이 관철될 수 없다.

『회의주의와 자연주의』 Peter F. Strawson, *Skepticism and Naturalism*, übers. von M. N. Itase und Renate Soskey, Berlin: Philo, 2001.

첫 번째 장에서 스트로슨은 회의주의로부터의 출구를 논의한다.

『실재론적 관점에 관하여. 언어와 현실에 대한 논문』 Hilary Putnam, *Von einem realistischen Standpunkt. Schriften zu Sprache und Wirklichkeit*, hrsg., eingel. und übers. von Vincent C. Müller, Reinbek: Rowohlt, 1993.

실재론 논쟁에 대한 퍼트넘의 여러 논문이 실려 있다. 무엇보다 용기 안에 든 뇌라는 사유 실험, 내재적 실재론 등이 그의 입장이다.

입문서

『인식론의 기초적 문제들, 데카르트에서 비트겐슈타인까지』 Gottfried Gabriel, *Grundprobleme der Erkenntnistheorie. Von Descartes zu Wittgenstein*, Paderborn: Schöningh, 1993.

인식론을 역사적으로 살피기에 매우 좋은 입문서이다. 근대 사상가의 형이상학적 명제도 함께 다룬다.

버트란드 러셀, 『철학의 문제들』, 박영태 역, 이학사, 2000.

Bertrand Russell, *Probleme der Philosophie*, übers. von Eberhard Bubser, Frankfurt a.M.: Suhrkamp, 1967.

짧고 쉽게 읽을 수 있는 철학 입문서이다. 주로 인식론적 문제를 논의한다.

6. 인식

고전 텍스트

데카르트, 『성찰』, 이현복 역, 문예출판사, 1997.

Réne Descartes, *Meditationes de Prima Philosophia / Meditationen über die Erste Philosophie*, übers. und hrsg. von Gerhard Schmidt, Stuttgart: Reclam, 1986 [u.ö.]

두 번째 성찰에서 데카르트는 생각하는 동안에는 자신의 존재가 확실하다는 결론을 얻는다.

존 로크, 『인간 지성론』, 추영현 역, 동서문화사, 2011.

John Locke, *Versuch über den menschlichen Verstand*, übers. von Carl Winckler, Hamburg: Meiner, 2000.

모든 관념들을 단순한 관념들로 환원시키는 고전적인 경험론의 설명을 잘 보여 주고 있다. 'understanding'을 '지성(知性)'으로 번역했는데, 예전에는 '오성(悟性)'으로 옮겼다. 원래 뜻은 '이해력'이다. 아래의 번역을 보라.

데이비드 흄, 『인간의 이해력에 관한 탐구』, 김혜숙 역, 지식을 만드는지식, 2012.

David Hume, *Eine Untersuchung über den menschlichen Verstand*, übers. und hrsg. von Herbert Herring, Stuttgart: Reclam, 1967 [u.ö.].

흄은 여기서 유명한 귀납의 문제를 제기한다. 인식론적 회의주의이다.

임마누엘 칸트, 『순수 이성 비판』 1, 2, 백종현 역, 아카넷, 2006.

Immanuel Kant, *Kritik der reinen Vernunft*(순수 이성 비판), Stuttgart: Reclaim, 1966 [u.ö.].

칸트는 선험적 관념론을 발전시킨다. 감성의 형식, 오성의 범주, 이성의 안티노미 등을 제시한다.

백종현, 『인간이란 무엇인가: 칸트 3대 비판서 특강』, 아카넷, 2018.

「언어의 논리적 분석을 통한 형이상학의 극복」 in 『인식』 Rudolf Carnap, "Überwindung der Metaphysik durch logische Analyse der Sprache", in: *Erkenntnis 2* (1931) S. 219-241.

카르납은 전통적인 형이상학을 무의미한 진술이라고 비판한다.

「자연주의」 in 『자연주의. 철학적 기고』 Willard van Orman Quine, "Naturalismus – oder: Nicht über seine Verhältnisse leben", übers. von Geert Keil, in: Geert Keil / Herbert Schnädelbach (Hrsg.), *Naturalismus. Philosophische Beiträge*, Frankfurt a.M.: Suhrkamp, 2000, S. 113-127.

이 후기작에서 콰인은 그의 자연주의적 입장을 쉽게 설명한다.

입문서

최훈, 『라플라스의 악마 철학을 묻다』, 뿌리와 이파리, 2016.

『인식론의 근본 문제들. 데카르트부터 비트겐슈타인까지』 Gottfried Gabriel, *Grundprobleme der Erkenntnistheorie. Von Descartes zu Wittgenstein*, Paderborn: Schöningh, 1993.

인식론에 대한 좋은 역사적 입문서이다.

버트란드 러셀, 『철학의 문제들』, 박영태 역, 이학사, 2000.

Bertrand Russell, *Probleme der Philosophie*, übers. von Eberhard Bubser, Frankfurt a. M.: Suhrkamp, 1967.

간결하고 쉽게 읽을 수 있는 철학 입문서이며, 주로 인식론적 물음들이 논의되고 있다.

『인식론』 Peter Baumann, *Erkenntnistheorie*, Stuttgart: Metzler, 2002.

현대 인식론에 대한 훌륭한 입문서이다.

7. 마음과 몸

고전 텍스트

데카르트, 『성찰』, 이현복 역, 문예출판사, 1997.

Réne Descartes, *Meditationes de Prima Philosophia / Meditationen über die Erste Philosophie*, übers. und hrsg. von Gerhard Schmidt, Stuttgart: Reclam, 1986 [u.ö.].

이 성찰에서 데카르트는 실체 이원론에 대한 증명을 제시한다.

『기계 인간』 Julien Offray de La Mettrie, *Der Mensch eine Maschiene*, übers. von Theodor Lücke, Stuttgart: Reclam, 2001.

물질주의적 입장에 대한 근대적 설명이다.

루트비히 비트겐슈타인, 『철학적 탐구』, 이영철 역, 책세상, 2006.

Ludwig Wittgenstein, *Philosophische Untersuchungen*, in: L. W., Werkausgabe, Bd.1, Frankfurt a.M.: Suhrkamp, 1984.

§ 243-313에서 비트겐슈타인은 다음 논증을 한다. 언어적 진술들의 의미가 무엇을 말하는지는 오직 화자만 안다. 그런 의미에서 언어는 순수하게 사적(私的)이지 않다. 이것이 그 유명한 사적(私的) 언어에 대한 반대 논증이다.

『마음의 개념』 Gilbert Ryle, *Der Begriff des Geistes*, übers. von Kurt Baier, Stuttgart: Reclam, 1970 [u.ö.].

라일은 데카르트적 의미에서 '기계 속의 마음'에 반대하는 논증을 편다.

「일인칭」 in 『정신의 분석 철학』 Elizabeth Anscome, *Die erste Person*, übers. von Peter Lanz, in: Peter Bierie (Hrsg.), Analytische Philosophie des Geistes, Bodenheim: Athenäum, 1993, S. 222-242.

우리 자신의 마음에 대한 특별한 접근이 어떻게 가능하며, 어떻게 설명될 수 있는지에 대한 물음을 앤스컴은 다룬다.

『박쥐가 된다는 것은 어떤 것인가?』 Thomas Nagel, *Wie ist es, eine Federmaus zu sein?*, übers. von Ulrich Diehl, in: Bieri, S. 261-275.

네이글의 입장 — 정신적인 상태들은 주관성 때문에 내적인 관점이 아닌, 다른 관점으로는 적합하게 기술될 수 없다.

『정신적 상태들의 본성』 Hilary Putnam, *Die Natur mentaler Zustände*, übers. von Richard Schantz, in: Bieri, S. 123-136.

퍼트넘은 기능주의를 지지한다.

도널드 데이빗슨, "정신적 사건"(『행위와 사건』(도널드 데이빗슨 저, 배식한 역, 한길사, 2012)에 수록.)

『정신적 사건들』 Donald Davidson, *Mentale Ereignisse*, übers. von Michael Gebauer, in: Bieri, S. 73-92.

데이비드슨은 무법칙적 일원론에 대한 자신의 입장을 논증한다.

입문서

이안 라벤스크로프트, 『심리철학』, 박준호 역, 서광사, 2012.

강진호 외, 『마음과 철학: 니체에서 차머스까지』, 서울대학교출판문화원, 2012.

리브김, 『철학자가 된 셜록 홈즈: 현대 심리철학으로의 모험』, 새물결플러스, 2018.

최훈, 『라플라스의 악마 철학을 묻다』, 뿌리와 이파리, 2016.

『심리철학에 대한 분석적 입문』 Ansgar Beckermann, *Analytische Einfürung in die Philosophie des Geistes*, Berlin: de Gruyter, 1999.

심리 철학의 다양한 물음들과 입장들에 대한 개관을 제공해 주는 아주 좋은 입문서이다.

『개괄적 입문』 Peter Bieri, "Generelle Einführung", in: P.B. (Hrsg.), *Analytische Philosophie des Geistes*, Bodenheim: Athenäum 1993.

비엔은 심리 철학의 새로운 논쟁에 대한 좋은 개관을 제공해 준다.

『마음은 어떻게 물질에서 오는가? 의식의 수수께끼』 Colin McGinn, *Wie kommt der Geist in die Materie? Das Rätsel des Bewusstseins*, übers. von Susanne Kuhlmann-Krieg, München: Papier, 2004.

읽기 쉬운 심리 철학 입문서이다. 맥긴은 몸-마음 문제를 원칙적으로 해결할 수 없다고 논증한다.

8. 정의로운 국가

고전 텍스트

토마스 홉스, 『리바이어던』, 최공웅 외 역, 동서문화사, 2016.

Thomas Hobbes, *Leviathan*, übers. von Jacob Peter Mayer, Stuttgart: Reclam, 1970 [u.a.].

13-15장에서, 자기 이익을 통해서 국가 성립의 고전적 정당화를 완성한다

존 로크, 『통치론』, 강정인 외 역, 까치글방, 2017.

John Locke, *Über die Regierung*, übers. von Dorothee Tidow, Stuttgart: Rcclam, 1974 [u.aJ.

4-14장에 국가의 성립에 대한 고전적 자연법적 정당화가 나온다.

장 자크 루소, 『사회 계약론』, 김영욱 역, 후마니타스, 2018.

Jean-Jacques Rousseau, *Vom Gesellschaftsvertrag oder Grundsätze des Staatsrechts*, übers. von Hans Brockard und Eva Pietzcker, Stuttgart: Rcclam, 1977 [u. o.].

루소는 사회 계약을 통해서 안전과 자유가 지속되는 국가를 찾으려 한다.

존 롤스, 『사회정의론』, 황경식 역, 서광사, 2001.

John Rawls, *Eine Theorie der Gerechtigkeit*, übers. von Hermann Vetter, a. M.: Suhrkamp, 1979.

롤스는 이성을 통해 정의로운 국가를 정당화하려고 한다.

입문서

강영계, 『청소년을 위한 정의론』, 해냄출판사, 2012.

마이클 샌델, 『정의란 무엇인가』, 김명철 역, 와이즈베리, 2012.

『정당성: 철학적 입문』 Ottfried Hoeffe, *Gerechtigkeit: eine philosophische Einführung*, Muenchen; Beck, 2001.

국가의 정치적 정당화에 관한 간결하고, 쉽게 이해할 수 있는 입문서이다.

『윤리학과 정치학. 정치철학의 기본 모델과 문제』 Ottfried Hoeffe, *Ethik und Politik. Grundmodelle und–probleme praktischen Philosophie*, Frankfurt a. M.: Suhrkamp, 1992.

이 책은 윤리학과 정치철학의 상세한 입문서이다.

『정치철학 입문』 Christoph Horn, *Einführung in die Politische Philosophie*, Darmstadt: Wissenschaftliche Buchgesellschaft, 2003.

정치 철학의 여러 전통적인 학파들, 그리고 현재의 시사적인 문제들로 안내한다. 더 읽을 만한 중요한 논문과 저서들의 소개가 유용하다.

9. 윤리학

고전 텍스트

임마누엘 칸트, 『윤리형이상학 정초』, 백종현 역, 아카넷, 2014.

Immanuel Kant, *Grundlegung zur Metaphysik der Sitten*, Dritte Auflage, hrsg. und eingef. von Theodor Valentiner, Stuttgart: Reclam, 1953.

칸트는 도덕적 이성에 정초한 의무 윤리학을 체계적으로 설명한다.

『도덕과 입법의 원칙 입문』 Jeremy Bentham, *Eine Einführung in dir Prinzipien der Moral und der Gesetzgebung*, in: Otfried Höffe(Hrsg.), *Einführung in die utilitaristische Ethik: klassische und zeitgenössische Texte*, 3., aktral. Aufl., Tübingen: Francke, 1992 (UTB 1683), S. 55-83.

공리주의의 창시자인 벤담은 '유용성의 원칙'에 근거한 윤리학 이론을 선보인다.

존 스튜어트 밀, 『공리주의』, 서병훈 역, 책세상, 2018.

John Stuart Mill, *Der Utilitarismus*, übers. von Dieter Birnbacher, Stuttgart: Reclam, 1976.

공리주의를 발전시키고, 반대 논증들을 반박하는 공리주의의 고전적인 텍스트이다.

『근대의 도덕 철학』 Elizabeth Anscombe, "Moderne Moralphilosophie", übers. von F. Scholz, in: Günther Grewendorf / Georg Meggle (Hrsg.), *Sprache und Ethik. Zur Entwicklung der Metaethik*, Frankfurt a.M.: Suhrkamp, 1974, S. 217-243.

앤스컴의 이 논문에서 부터 현대 철학에서 덕 윤리학의 르네상스가 시작한다.

『선한 것의 실제. 도덕철학적인 논제들』 Philippa Foot, *Die Wirklichkeit des Guten. Moralphilosophische Aufsätze*, hrsg. von Ursula Wolf und Anton Leist, übers. von Anton Leist, Frankfurt a.M.: Fischer, 1997.

풋은 아리스토텔레스에 기초한 덕 윤리학을 발전시킨다.

『다른 목소리들. 삶의 충돌과 여성 도덕』 Carol Gilligan, *Die andere Stimme. Lebenskonflikte und Moral der Frau*, übers. von Frigitte Stein, München: Piper, 1984.

심리학자인 길리간은 여성들이 남성들과는 다른 윤리학을 지니고 있다고 논증한다. 남성들은 정의의 이념을 더 추구하는 반면, 여성들은 배려와 참여의 이념을 더 강하게 추구한다. 그녀는 보살핌의 윤리학을 옹호한다.

입문서

루이스 포이만 외, 『윤리학: 옳고 그름의 발견』, 류지한 외 역, 울력, 2019.

박찬구, 『생활 속의 응용윤리』, 세창출판사, 2016.

『분석 윤리학 입문』 William K. Frankena, *Analytische Ethik. Eine Einführung*, übers. von Norbert Hoerster, München: Deutscher Taschenbuch-Verlag, 1972.

이 책은 칸트 윤리학 입문서이다.

『도덕적 사유: 그 영역, 방법 그리고 위트』 Richard M. Hare, *Moralisches Denken:seine Ebenen,seine Methode,sein Witz*, übers. von Christoph Fehige und Georg Meggle, Frankfurt a.M.: Suhrkamp, 1992.

이 책은 선호 공리주의에 대한 입문서이다.

『윤리학. 도덕적으로 옳은 것과 그른 것의 발명』 John L. Mackie, *Ethik. Die Erfindung des moralisch Richtigen und Falschen*, übers. von Rudolf Ginters, Stuttgart: Reclam, 1992.

이 책은 윤리학 일반의 입문서이면서, 동시에 자신의 입장을 옹호하는 책이다. 이 책은 매우 논쟁적이지만, 추천할 만하다.

『실천 윤리학』 Peter Singer, *Praktische Ethik*, übers. von Jean-Claude Wolf, 2., rev. und erw. Aufl., Stuttgart: Reclam, 1994.

선호 공리주의의 입장에 서 있는 응용 윤리학 입문서이다.

『윤리학 입문』 Herlinde Pauer-Studer, *Einführung in die Ethik*, Wien: WUV Facultas, 2003 (UTB 2350)

고전 윤리학의 입장들을 간략하고 명료하게 기술하고 있으며, 그 논쟁의 토대들을 응용 윤리학의 문제들과 연계하고 있다. 페미니즘 윤리학, 니체의 반도덕주의, 그리고 메타 윤리학 관련 장들도 포함하고 있다.

『도덕 개념. 윤리학 입문』 Bernard Williams, *Der Begriff der Moral.Eine Einführung in die Ethik*, Stuttgart: Reclam, 2003.

이 책은 훌륭한 메타 윤리학 입문서이다.

IV. 20세기

『현대 철학의 입장들. 실용주의에서 포스트모던까지』 Andreas Graeser, *Positionen der Gegenwartsphilosophie. Vom Pragmatismus bis zur Postmodeme*, München: Beck, 2002.

20세기에 이루어진 철학의 발전에 대한 훌륭한 개관이다.

10. 말과 의미

고전 텍스트

존 로크, 『인간 지성론』 1, 2, 정병훈 외 역, 한길사, 2015.

John Locke, *Versuch über den menschlichen Verstand*, übers. von Carl Winckler, Hamburg: Meiner, 2000.

3권은 관념 의미론의 고전적 기술이다.

고틀로프 프레게, 『뜻과 지시체에 관하여』, 김은정 역, 전기 가오리, 2017.

Gottlob Frege, "Über Sinn und Bedeutung", in: G. F., *Funktion, Begriff, Bedeutung*, Göttingen: Vandenhoeck und Ruprecht, 1994, S. 40-65

이 논문은 지시의미론의 고전적 비판이다.

루드비히 비트겐슈타인, 『논리 철학 논고』, 김양순 역, 동서문화사, 2016.

Ludwig Wittgenstein, *Tractatus Logico-Philosophicus*, in: L. W., Werkausgabe, Bd. 1, Frankfurt a. M.: Suhrkamp, 1984.

비트겐슈타인은 이 초기작에서 언어가 세계를 모사한다는 전통적인 이론을 제시한다.

루드비히 비트겐슈타인, 『철학적 탐구』, 이승종 역, 아카넷, 2016.

Ludwig Wittgenstein, *Philosophische Untersuchungen*, in: L. W., Werkausgabe, Bd. 1, Frankfurt a. M.: Suhrkamp, 1984.

비트겐슈타인은 이 후기작에서 자신의 초기 이론을 비판하면서 의미의 사용 이론을 전개한다.

「의미」 『철학적 리뷰』, 그라이스 Paul Grice, "Meaning", in: *The Philosophical Review*, Bd. 66 (1957), S. 377-388.

의도주의적 의미론의 기념비적인 저작이다.

『단어와 대상』, 콰인 Willard van Orman Quine, *Word and Object*, MIT Press 1960.

콰인은 자신의 주저로 알려진 이 책 2장에서 가와가이 사례를 소개하면서 '의미'를 우리가 언어 행위에서 관찰할 수 있는 것을 통해 규정하려고 시도한다.

도널드 데이비슨, 『진리와 해석에 관한 탐구』, 이윤일 역, 나남, 2011.

이 논문집에는 데이비드슨의 진리조건적 의미론에 관한 가장 중요한 논문들이 포함되어 있다.

솔 크립키, 『비트겐슈타인 규칙과 사적 언어』, 철학과현실사, 2008.

존 설, 『정신 언어 사회』, 심철호 역, 해냄출판사, 2000.

입문서

박병철, 『쉽게 읽는 언어철학』, 서광사, 2009.

『분석적 언어 철학』 Edmund Runggaldier, *Analytische Sprachphilosophie*, Stuttgart: Kohlhammer, 1990.

이 작은 책은 언어철학적 개념에 대한 좋은 소개를 제공한다.

『언어 철학』 Peter Prechtl, *Sprachphilosophie*, Stuttgart: Metzler, 1999.

이 언어철학적 이론의 입문서는 언어철학의 전반적인 발전사에 관한 개관을 제공한다.

『논리-의미론 입문』 Ernst Tugendhat / Ursula Wolf, *Logisch-semantische Propädeutik*, Stuttgart: Reclam, 1983 [u. ö.].

언어 논리학에 관한 이 입문서는 논리적-언어분석적 수단의 도움을 받아 철학의 근본 물음들을 탐구한다.

『언어 철학 입문』 Albert Newen & Markus A. Schrenk, *Einführung in die Sprachphilosophie*, Darmstadt: Wissenschaftliche Buchgesellschaft, 2008.

언어 철학에 대한 뛰어난 입문서이다.

11. 과학

고전 텍스트

『과학적 설명의 여러 측면』, 헴펠 Carl Hempel, *Aspekte wissenschaftlicher Erklärung*, übers. von Wolfgang Lenzen, Berlin: de Gruyter, 1977.

헴펠이 과학적 설명과 증명의 문제에 관해서 논한 주요 논문들을 포함한 논문집이다.

칼 포퍼, 『과학적 발견의 논리』, 박우석 역, 고려원, 1994.

Karl Popper, *Logik der Forschung*, Tübingen: Mohr/Siebeck, 2002.

과학 철학에 관한 포퍼의 대표작이다.

넬슨 굿맨, 『사실, 허구, 그리고 예측』, 김희정 역, 관악, 2005.

Nelson Goodman, *Tatsache, Fiktion, Voraussage*, übers. von Hermann Vetter, Frankfurt a. M.: Suhrkamp, 1988.

굿맨은 3장에서 '귀납의 새로운 수수께끼'를 소개한다.

토마스 쿤, 『과학 혁명의 구조』, 홍성욱 역, 까치 글방, 2013.

Thomas Kuhn, *Die Struktur wissensaftlicher Revolutionen*, übers. von Kurt Simom und Hermann Vetter, Frankfurt a. M.: Suhrkamp, 2003.

쿤의 이 책은 큰 논란의 대상이 되었다. 과학은 합리적이고 연속적으로 발전하지 않고 혁명적인 특징, 즉 패러다임 교체를 보인다.

입문서

장하석, 『장하석의 과학 철학을 만나다』, 지식플러스, 2015.

앨런 차머스, 『현대의 과학철학』, 신일철 외 역, 서광사, 1985.

피터 고드프리 스미스, 『이론과 실재: 과학철학 입문』, 한상기 옮김, 서광사, 2014.

『과학 철학 입문』 Karel Lambert / Gordon Brittan, *Eine Einführung in die Wissenschaftsphilosophie*, übers. von Joachim Schulte, Berlin: de Gruyter, 1991.

몇 개의 중심 문제와 입장에 관한 훌륭한 개관을 제공한다. 쉽게 이해할 수 있는 과학 철학 입문서이다.

『논리학』 Wesley C. Salmon, *Logik*, übers. von Joachim Buhl, Stuttart: Reclam, 1983.
제3장은 귀납 추론의 소개이다.

12. 예술

고전 텍스트

넬슨 굿맨, 『예술의 언어들』, 김혜숙 역, 이화여자대학교출판부, 2002.

Nelson Goodman, *Sprachen der Kunst. Entwurf einer Symboltheorie*, übers. von Bernd Philippi, Frankfurt a. M.: Suhrkamp, 1995.
굿맨은 보편적인 상징 이론을 고안하려 시도한다. 이는 예술 철학의 고전으로 간주된다.

아서 단토, 『무엇이 예술인가』, 김한영 역, 은행나무, 2015.

『일상적인 것의 변용. 예술 철학』 Arthur Danto, *Die Verklärung des Gewöhnlichen. Eine Philosophie des Kunst*, übers. von Marx Looser, Frankfurt a.M.: Suhrkamp, 1984.
단토의 이 책은 예술 철학에 관한 한 교과서처럼 간주된다.

입문서

이하준, 『철학이 말하는 예술의 모든 것』, 북코리아, 2013.

『예술에 대한 분석 철학적 입문』 Karlheinz Lüdeking, *Analytische Philosophie der Kunst. Eine Einführung*, München: Fink, 1998.
쉽게 이해할 수 있는 예술 철학 입문서이다.

『예술이란 무엇인가? 입문』 Reinold Schmücker, *Was ist Kunst? Eine Grundlage*, München: Fink, 1998(UTB 2030).
예술이란 무엇인가에 관한 물음을 다루고 있다. 읽어 볼 만한 가치가 있는 학술서이다.

13. 인간

칼 마르크스 / 엥겔스, 『독일 이데올로기』, 김대웅 역, 두레, 2015.

Karl Marx / Friedrich Engels, *Die deutsche Ideologie*, Berlin: Akademie-Verlag, 2004.

역사적 유물론을 설명하는 이 책은 마르크스 철학에 좋은 입문을 제공한다. 마르크스는 주저인 『자본론(*Das Kapital*)』에서 자신의 철학을 완성하였다. 이 두 저작과 다른 저작에서 추려 낸 부분들을 다음 책에서 매우 실용적으로 찾을 수 있다.

『철학 및 경제학 논문집』 Karl Marx, *Philosophische und ökonomische Schriften*, hrsg. von Johannes Rohbeck und Peggy H. Breitensein, Stuttgart: Reclam, 2008.

프리드리히 니체, 『선악의 저편』, 『도덕의 계보』, 김정현 역, 책세상, 2002.

Friedrich Nietzsche, *Jenseits von gut und böse*, Stuttgart: Reclam, 1988.

Friedrich Nietzsche, *Genealogie der Moral*, Stuttgart: Reclam, 1988.

전통적인 도덕관을 신랄하게 비판하는 니체의 생각을 이해하는 데에 필수적인 저작들이다.

시몬 드 보부아르, 『제2의 성』 1, 2, 이희영 역, 동서문화사, 2017.

Simone de Beauvoir, *Das andere Geschlecht*, übers. von Eva Rechel-Mertens und Fritz Monfort, Reinbek: Rowohlt, 1951.

여성의 상황에 대한 광범위한 연구는 페미니즘 연구에 있어 기본적인 자료이다.

장 폴 사르트르, 『실존주의는 휴머니즘이다』, 방곤 역, 문예출판사, 2013.

Jean-Paul Sartre, *Ist der Existentialismus ein Humanismus?*, Frankfurt a.M.: Ullstein, 1989.

사르트르의 주저인 『존재와 무』(정소성 역, 동서문화사, 2016)가 난해한 반면, 위의 책은 비교적 이해하기 쉽다.

한나 아렌트, 『전체주의의 기원』 1, 2, 이진우 외 역, 한길사, 2006.

Hannah Arendt, *Elemente und Ursprünge totalitärer Gesellschaft*, München: Piper, 1986.

아렌트는 이 광범위한 연구에서 나치의 유대인 학살을 근본악으로 분석한다.

한나 아렌트, 『예루살렘의 아이히만 (악의 평범성에 대한 보고서)』, 김선욱 외, 한길사, 2006.

Hannah Arendt, *Eichmann in Jersalem, Ein Bericht von der Banalität des Bösen*, München: Piper, 1964.

아렌트는 아돌프 아이히만에 대한 재판을 다룬다. 이 보고서에서 '악의 평범성'이라는 유명한 주장을 제시한다. 이는 논쟁적으로 토론되었던 개념이다.

『사랑, 욕망, 배려의 구성』 Martha Nussbaum, *Konstruktionen der Liebe, des Begehrens und der Fürsorge*, Stuttgart: Reclam, 2002.

누스바움은 인간의 기본 욕구의 리스트를 제시하고, 감정에 관한 인지 이론을 주장한다.

입문서

마이클 가자니가, 『왜 인간인가』, 박인규 역, 추수밭, 2009.

마쿠스 가브리엘, 『나는 뇌가 아니다』, 전대호 역, 열린책들, 2018.

백종현, 『인간이란 무엇인가: 칸트 3대 비판서 특강』, 아카넷, 2018.

14. 응용 윤리학

피터 싱어, 『실천 윤리학』, 황경식 역, 연암서가, 2013.

Peter Singer, *Praktische Ethik*, übers. von Oscar Bischoff, Jean-Claude Wolf und Klose, Neuausgabe, Stuttgart: Reclam, 1994.

응용 윤리학에 대한 탁월한 입문서이다. 동물 윤리, 낙태, 안락사, 빈곤과 부, 난민, 환경 등의 주제도 다루고 있다.

최훈, 『동물을 위한 윤리학』, 사월의책, 2015.

닐 레비, 『신경 윤리학이란 무엇인가』,신경인문학 연구회 역, 바다출판사, 2011.

조세프 R. 데자르댕, 『환경 윤리』, 김명식 외 역, 연암서가, 2017.

『사랑, 생명, 죽음』 Wolfgang Lenzen, *Liebe, Leben, Tod*, Stuttgart: Reclam, 1999.

이 역시 응용 윤리학의 주제들에 대한 아주 좋은 입문서이다. 사랑, 섹스, 생식, 죽음과의 연관성 속에서 응용 윤리학을 다루고 있다.

『생태학과 윤리학』 Dieter Birnbacher(Hrsg.), *Ökologie und Ethik*, Stuttgart: Reclam, 1980.

초기의 환경 윤리에 관한 논문들을 묶어 정리하고 있다.

『의료 윤리학』 Urban Wiesing(Hrsg.), *Ethik in der Medizin*, Stuttgart: Reclam, 2004.

의료 윤리의 다양한 주제를 다루고 있는 텍스트들을 광범위하게 모은 선집이다.

『동물 윤리학을 위한 텍스트』 Ursula Wolf(Hrsg.), *Texte zur Tierethik*, Stuttgart: Reclam, 2008.

동물 윤리에 관한 중요한 논문들로 구성되어 있다.

15. 논리학

코피, 『논리학 입문』, 경문사, 2015.

벤슨 메이츠 지음, 김영정 · 선우환 역, 『기호 논리학』, 문예출판사, 1999.

『논리학의 특징』 Willardard van Orman Quine, *Grundzüge der Logik*, übers. von Dirk Siefkes, Frankfurt a. M.: Suhrkamp, 91995.

고전적 논리학 입문서이다. 이 책은 연습 문제를 포함한다.

『논리학 입문』 Ansgar Beckermann, *Einfürung in die Logik*, Berlin: de Gruyter, 2002.

해설이 일목요연하고 연습 문제가 많다. 탁월한 논리학 입문서이다.

『형식 논리학, 철학적 입문』 Paul Hoyningen-Heune, *Formale Logilk. Eine philosophische Einführung*, Stuttgart: Reclam, 1998.

이 책은 논리학의 철학적 배경을 비춰 주는 훌륭한 입문서이다.

철학의 모든 것

초판1쇄 발행 2019년 2월 28일
초판2쇄 발행 2019년 8월 30일
초판3쇄 발행 2022년 3월 2일

지은이 요나스 피스터
옮긴이 손영식 · 김보현 · 권용혁 · 이상엽 ·
강웅경 · 조창오 · 김남호
펴낸이 이찬규
펴낸곳 북코리아
등록번호 제03-01240호
주소 13209 경기도 성남시 중원구 사기막골로 45번길 14
우림2차 A동 1007호
전화 02-704-7840
팩스 02-704-7848
이메일 ibookorea@naver.com
홈페이지 www.북코리아.kr
ISBN 978-89-6324-651-2 93100

값 16,000원